AF523570

Lars Fr. H. Svendsen

Philosophie der Hoffnung

Lars Fr. H. Svendsen

Philosophie der Hoffnung

Aus dem Norwegischen von
Daniela Stilzebach

S. Marix Verlag

Lars Fredrik Händler Svendsen
geboren 1970, ist Philosoph und Professor für Philosophie an der Universität Bergen. Seine Werke wurden in mehr als 20 Sprachen übersetzt und mehrfach ausgezeichnet. Für das Buch *Philosophie der Einsamkeit* (2016) erhielt Svendsen den *Philosophischen Buchpreis 2022*. Gert Scobel kürte es zum »derzeit wohl besten philosophischen Überblick über dieses Thema«. Zuletzt erschien 2022 von ihm bei S. Marix das Buch *Philosophie der Lüge*.

Daniela Stilzebach
studierte Kommunikations- und Medienwissenschaft, Psychologie und Kulturwissenschaften an der Universität Leipzig sowie Nordische Sprachen und Literatur an der Universität Bergen/Norwegen. Sie arbeitete viele Jahre in den Bereichen Presse und Öffentlichkeitsarbeit und übersetzt aus dem Norwegischen, Dänischen und Schwedischen.

Inhalt

Einleitung 7

Was ist Hoffnung? 25

»Hoffnung« definieren 51

Ist es irrational zu hoffen? 73

Hoffnung und Freiheit 93

Die Politik der Hoffnung 109

Gut und schlecht hoffen 133

Ewige und irdische Hoffnung 153

Was darf ich hoffen?
Immanuel Kant und Maria von Herbert 169

Optimismus, Pessimismus und Hoffnung 189

Die Hoffnung verlieren 219

Hoffnung und Lebenssinn 245

Anmerkungen 271
Literaturverzeichnis 293
Personenregister 302

Aus einer hartnäckigen Vorahnung
des großen Zusammenbruchs heraus
erfanden wir immer wieder Hoffnung.

Don DeLillo:
Weißes Rauschen (1985)

Einleitung

Das Leben des Menschen ist von Hoffnung durchdrungen. Es ist schwer, sich einen Menschen vorzustellen, der nicht hofft, aber dennoch funktioniert. Man kann ohne Hoffnung durchaus am Leben sein, aber nicht wirklich *leben*. Nach allem, was wir wissen, ist der Mensch das einzige Tier, das hofft. Geschuldet ist dies dem Umstand, dass die Hoffnung eng mit sehr vielen anderen Eigenschaften verwoben ist, von denen angenommen werden kann, dass nur Menschen sie haben. So ist zum Beispiel Sprache eine Bedingung für Hoffnung. Hoffnung ist ein weitaus komplexeres Phänomen, als wir – und die meisten Philosophen im Laufe der Geschichte – anzunehmen pflegen. Gerade weil das Hoffen grundlegend ist und in nahezu all unser Tun einfließt, verlieren wir es in einer Art Selbstverständlichkeit leicht aus dem Blick. Bei näherer Betrachtung stellt man fest, dass es sich um ein recht schwer zu verstehendes Phänomen handelt. Hoffnung ist nichts, was plötzlich, wie aus dem Nichts im Gefühlsleben eines Menschen auftaucht. Sie muss gelernt und weiterentwickelt werden. Oft wird Hoffnung als ein Gefühl beschrieben, und obwohl sie zweifellos eine emotionale Seite aufweist, ist sie ebenso sehr an die Vernunft gebunden wie an die Gefühle. Hoffnung als solche ist weder als rational noch als irrational zu beschreiben, und man kann sowohl gut als auch schlecht hoffen. Hoffnung ist keineswegs das gleiche wie Optimismus, man kann pessimistisch und gleichzeitig hoffnungsvoll sein. Es ist zwar möglich, ein gut funktionierender Pessimist zu sein, doch ohne Hoffnung wird man kein gänzlich menschliches Leben führen.

Meine Bücher sind stets von Hoffnung motiviert. Schreiben bedeutet, etwas nicht Verstandenes darzulegen und ihm eine Form zu geben, in der Hoffnung, letztendlich die gesuchte Klarheit zu erlangen. Manchmal läuft es wie erhofft, andere Male nicht. Dieses Mal habe ich mir nun vorgenommen, die Hoffnung zu verstehen. Es ist an der Zeit, dass ich dieses Buch schreibe. Der Grundstein dafür wurde womöglich gegen Ende meines Buches über die Angst gelegt. Im ersten Entwurf lautete der letzte Satz darin: »Was wir vielleicht brauchen – und was ich hätte schreiben sollen – ist eine Philosophie der Hoffnung statt einer Philosophie der Angst.« Dieser Satz wurde vor der Veröffentlichung gestrichen, und ich bin dem Gedanken nicht nachgegangen, der somit fünfzehn Jahre lang unbearbeitet liegen geblieben ist.

Der konkrete Anlass dafür, dass das Thema für mich wieder Präsenz erlangte, war die russische Invasion in die Ukraine am 24. Februar 2022. Was mich mehr als irgendetwas anderes dazu bewegt hat, dieses kleine Buch über die Hoffnung zu schreiben, war die Reaktion der ukrainischen Bevölkerung auf den russischen Einmarsch. Selbstverständlich war bei den

Menschen eine Vielfalt an Gefühlen zugegen, Wut, Verzweiflung, Sorge und andere, das hervorstechendste war jedoch die Hoffnung, sich dem Angriff der russischen Übermacht widersetzen und die Freiheit bewahren zu können.

In Anbetracht der Militärmacht Russland, der die Ukrainer gegenüberstanden, dachte ich gleichzeitig, dass diese Hoffnung nur eine Form von Wahnsinn sein konnte. Es erinnerte mitunter an den athenischen Feldzug gegen Melos, wie er von dem griechischen Historiker Thukydides beschrieben wird, als die Melier ihr Vertrauen in die Hoffnung setzten, anstatt sich dem übermächtigen athenischen Heer zu ergeben. Die Melier waren der Meinung, die Gerechtigkeit auf ihrer Seite zu haben, womit sie wohl auch recht hatten, allerdings zogen sie auch den Schluss, dass zur Verteidigung einer gerechten Weltordnung schließlich die Götter eingreifen würden. Die Hoffnung auf eine göttliche Intervention motivierte sie zum Kampf gegen die Übermacht. Die Athener zeigten sich wenig beeindruckt von dieser Einschätzung und meinten vielmehr: Obwohl die Hoffnung ein Trost in der Not sei, sei es nur zerstörerisch, sich ihr hinzugeben, wenn sie die Erkenntnis davor verschließe, in welcher Situation man sich tatsächlich befände.[1] Anstatt den Meliern zu helfen, werde die Hoffnung sie zerstören, behaupteten die Athener – und sollten damit recht behalten. Nach einer langwierigen Belagerung von Melos geschah Folgendes: »Die Athener ließen alle erwachsenen

Melier, die sie zu fassen bekamen, ermorden, Frauen und Kinder verkauften sie als Sklaven.«[2] Die Moral lautet: Sein Vertrauen in die Hoffnung zu setzen, ist kaum etwas anderes als eine Form von Irrationalität, die zum eigenen Untergang führt. Hoffnung ist nicht zwangsläufig etwas Gutes. Eine Hoffnung auf Siege kann zu weitaus brutaleren Niederlagen führen.

Was zum Untergang der Melier führt, ist in erster Linie kein falsches Empfinden, sondern ihre mangelhafte Realitätserkenntnis. Das Problem war nicht, dass sie hofften, sondern, dass sie schlecht hofften. Ihre Hoffnung machte sie blind dafür, dass sie zum Scheitern verurteilt waren. Die Hoffnung band sie fest an eine Zukunftsvorstellung, und zwar an jene, dass sie mit göttlichem Beistand gewinnen würden. Hätten sie besser gehofft, hätten sie auf eine Weise, die nicht derart selbstzerstörerisch gewesen wäre, auch besser handeln – und verlieren – können.

Es herrscht wenig Zweifel daran, dass die ukrainische Hoffnung einen Mut und einen Widerstand erzeugt hat, die das überstiegen, was andere, nicht zuletzt die Russen, für möglich hielten, und das stoppte den russischen Vormarsch auf Kiew, der das Ziel verfolgte, die ukrainische Regierung durch russische Marionetten zu ersetzen. Auf kurze Sicht war die ukrainische Hoffnung zweifellos gut, nicht zuletzt, weil diese Hoffnung andere Länder dazu angespornt hat, die Ukrainer mit Waffen zu unterstützen, ohne die sie eher hilflos gewesen wären. Auf längere Sicht kann ich nichts anderes sagen, als dass ich hoffe, dass dies auch weiterhin so sein wird. Eine genuine Hoffnung, dass das ukrainische Volk in seinem Kampf erfolgreich ist, verlangt etwas von uns. Die ukrainische Hoffnung hat das Volk zum Kampf mobilisiert – Hoffnung fördert Handlungen, welche ihrerseits die Wahrscheinlichkeit erhöhen, dass es wie erhofft verläuft. Wenn wir wirklich auf dasselbe hoffen wie das ukrainische Volk, müssen auch wir in einer Weise handeln, die zeigt, dass unsere Hoffnung mehr ist als leere Worte: Wir müssen den Ukrainern in ihrem Kampf beistehen, unabhängig davon, ob es uns etwas kostet, zumal dies nur ein Bruchteil dessen ist, was den Ukrainern abverlangt wird. Hoffnung verpflichtet.

Ich selbst betrachte Hoffnung in der einen oder anderen Form als unumgänglich für ein normales Menschenleben. Inwieweit die Hoffnung für uns Fluch oder Segen ist, bleibt indessen offen. Im Mythos um Pandora, wie er vom griechischen Dichter Hesiod erzählt wird, bekam Pandora – was ironischerweise »Allgeberin« heißt – eine verschlossene Büchse. Dann wurde Pandora von den Göttern Prometheus' etwas einfältigem Bruder Epimetheus zur Frau gegeben, als Strafe dafür, dass Prometheus den Göttern das Feuer gestohlen hatte. Ihre Namen sind von Bedeutung: So steht »Prometheus« für »der vorher Bedenkende« und »Epimetheus« für »der danach Denkende«. Prometheus wusste, dass ein Geschenk von Zeus niemals etwas Gutes mit sich brachte. Sein Bruder hingegen war weniger aufgeweckt und nahm mit Freude Pandora mitsamt ihrer Büchse entgegen. Auch Pandora war nicht für schnelle Auffassungsgabe bekannt. Obwohl sie gewarnt worden war, öffnete sie die Büchse, woraufhin alles Übel der Welt auf die Menschen losgelassen wurde: Krankheit, Leid, Sorgen und Laster. Bis dahin hatten die Menschen ohne all dies gelebt, von nun an würde sich ihr Dasein jedoch als beschwerlich erweisen. Als Pandora sah, was sie auf die Welt losgelassen hatte, schloss sie die Büchse so schnell wie möglich wieder. Eine einzige Sache verblieb jedoch in dem Gefäß, und das war die Hoffnung.

> Früher nämlich lebten auf Erden die Stämme der Menschen weit von den Übeln entfernt und ohne drückende Plage, lästigen Krankheiten fern, die den Männern Tode bereiten. Jäh befällt ja die sterblichen Menschen das elende Alter. Aber die Frau entfernte den großen Deckel des Kruges, leerte ihn aus und sand den Menschen schmerzliche Leiden. Einzig die Hoffnung verblieb im unzerbrechlichen Hause drinnen unter den Lippen des Kruges, und nicht aus der Öffnung flog sie heraus.[3]

Wie ist diese Erzählung zu verstehen? War die Hoffnung als ein weiteres Übel zu betrachten, vor dem die Menschen verschont wurden? Oder befand sie sich in der Büchse, um die bittere Pille ein wenig zu versüßen?

Darüber sagt der Mythos nichts, und bereits in der Antike war dies ein viel diskutiertes Thema. Der Mythos ist so knapp erzählt, dass er nur wenige Hinweise auf die richtige Auslegung beinhaltet, insofern es diese überhaupt gibt.

Am verbreitetsten ist die Auffassung, dass die Büchse viele Übel und ein Gutes enthielt. Die Hoffnung ist gut, weil sie den Menschen eine Art Zugriff auf die Zukunft gibt und daher ein gewisses Maß an Kontrolle über das Leben. Die Götter brauchen keine Hoffnung, da sie allwissend sind, und Tiere können nicht hoffen, weil sie sich ihrer eigenen Vergänglichkeit nicht bewusst sind. Der Mensch, der zwischen Göttern und Tieren steht, hat hingegen ein Bedürfnis nach Hoffnung. Da die Hoffnung in der Büchse verbleibt, kann der Mythos dahingehend gedeutet werden, dass der Mensch einem Leben ohne Hoffnung preisgegeben ist.

Es passt, dass der Mythos so offen ist, da es ebenso offenbleibt, ob das Hoffen gut oder schlecht für uns ist. Hesiod scheint der Ansicht, die Hoffnung sei ein Übel, das die Menschen träge mache und sie zu schlechtem Handeln neigen ließe.[4] Der deutsche Philosoph Friedrich Nietzsche weist darauf hin, dass die Griechen der Antike eine andere Sicht auf die Hoffnung hatten als wir, und damit hat er recht; wenn er deren Ansicht jedoch damit zusammenfasst, dass die Hoffnung »blind und tückisch« sei, ist er zu einseitig.[5] Nietzsche seinerseits geht noch weiter als Hesiod und behauptet, die Hoffnung sei in der Tat das *größte* aller Übel: »Zeus wollte nämlich, daß der Mensch, auch noch so sehr durch die anderen Übel gequält, doch das Leben nicht wegwerfe, sondern fortfahre, sich immer von neuem quälen zu lassen. Dazu gibt er dem Menschen die Hoffnung: sie ist in Wahrheit das übelste der Übel, weil sie die Qual der Menschen verlängert.«[6] Vielleicht ist die Hoffnung in der Büchse ein Übel, das unter falscher Flagge segelt, und dem Menschen als ein Gut erscheint, weil der Mensch auf eine bessere Zukunft hoffen will, wohingegen das Übel darin besteht, dass dieses Hoffen sich immer als unbegründet erweist. Ist die Hoffnung schlichtweg Opium des Volkes?

Das Wort »Hoffnung« scheint für unterschiedliche Menschen ganz unterschiedliche Bedeutungen und Konnotationen zu haben. Für einige bedeutet hoffen, passiv zu werden, den Glauben daran aufzugeben, selbst etwas ausrichten zu können und sich stattdessen einem Glauben an äußere Kräfte hinzugeben, die dafür sorgen, dass es den eigenen Wünschen entsprechend läuft. Für andere hingegen ist das Hoffen aktiv und an Handlung gebunden, um die Möglichkeiten zu verwirklichen, die man in einer nicht festgelegten Zukunft sieht. Hoffnung kann beides sein. »Hoffnung« kann in einer Vielfalt von Kontexten, von den äußerst trivialen bis hin zu tiefgreifend existenziellen, in sehr vielen unterschiedlichen Weisen verwendet werden. Während ich diese Zeilen schreibe, hoffe ich, dass das Buch gut wird. Ich hoffe auch, dass meine Frau und meine Tochter von ihrer Reise nach

London gut wieder nach Hause kommen, obwohl wegen Streik und anderer Dinge im Flugverkehr chaotische Zustände herrschen. Ich hoffe, dass ich nie wieder Nieren- oder Gallensteine bekomme. Ich hoffe, dass es der Ukraine gelingt, sich der russischen Aggression zu widersetzen. Ich hoffe, dass es morgen nicht regnet, obwohl die Wettervorhersage Gewitter ankündigt, da ich gern Tennis spielen möchte. Ich hoffe auf Glück, sowohl auf mein eigenes als auch das anderer. Ich hoffe für mich allein, aber auch zusammen mit anderen. Ich hoffe auf andere Menschen, darauf, dass sie zum Beispiel ein Versprechen halten. Beim Ausführen kollektiver Handlungen müssen wir auf andere hoffen, darauf, dass auch sie wie wir hoffen und handeln, sodass unsere gemeinsamen Ziele erreicht werden können. Ich hoffe, dass wir uns nicht auf dem Weg in eine umfassende Rezession befinden, mit den unmittelbaren Konsequenzen, die das für die Lebensqualität vieler Menschen und in der Folge für die politische Stabilität in der Welt haben würde. Ich hoffe, dass die Entwicklung der zunehmenden Schwächung der liberalen Demokratie in einem Land nach dem anderen sich umkehren wird. Ich hoffe, dass wir die globale Erwärmung bremsen und bestenfalls umkehren können und dass wir mit den kommenden Klimaänderungen umgehen können. Manchmal hoffe ich stark, andere Male schwach: Es kann den Großteil meiner Aufmerksamkeit in Anspruch nehmen oder etwas sein, dem ich im Grunde nicht viele Gedanken opfere. Ich verfüge auch über eine generellere Hoffnung, die mit Optimismus verwechselt werden kann, dahingehend, dass die Zukunft Grundlage für Hoffnung geben wird, dass sie wesentliche Möglichkeiten bereithält, obwohl die Lage der Welt momentan düster erscheinen kann. Findet sich in dieser Vielfalt an Hoffnung irgendeine Einheit? Gibt es einen oder zwei kleinste gemeinsame Nenner? Würde ein solcher gemeinsamer Nenner gegebenenfalls ein besseres Verständnis davon liefern, was Hoffnung ist?

Das, was Philosophen über Hoffnung geschrieben haben, ist begrenzt, weil sie dem Phänomen äußerst skeptisch gegenüberstehen, was wohl damit erklärt werden kann, dass in der Philosophie mitunter eine Vorliebe für das Sichere und Absolute vorherrscht, während die Hoffnung unsicher und begrenzt ist. Sie findet bei vielen Philosophen Erwähnung, einer umfassenderen Analyse hingegen wird sie selten unterzogen. Obwohl die Hoffnung nicht zu den am meisten untersuchten Begriffen in der philosophischen Literatur zählt, muss ich dennoch eine Auswahl vornehmen. So habe ich mich zum Beispiel dazu entschlossen, kein nennenswertes Gewicht auf das wohl umfassendste Werk über die Hoffnung zu legen, *Das Prinzip Hoffnung* (1954–1959) des deutschen Marxisten Ernst Bloch, aus dem einfachen Grund, weil es meiner Meinung nach nicht wesentlich dazu geeignet ist, zu einer Klärung des Verständnisses von Hoffnung beizutragen, obwohl Bloch sich auf 1500 Seiten lang und breit mit der Hoffnung auseinandersetzt.

Ich bin geneigt zu sagen, dass die aus diesem Werk zu erlangende Einsicht umgekehrt proportional zu seinem Umfang ist, der sich, durchzogen von einer angedeuteten marxistischen Metaphysik, aus einer scheinbar endlosen Aneinanderreihung von Analysen diverser kultureller Phänomene generiert. Ist dies gesagt, so gibt es in dem von Bloch in diesem Buch Geschriebenen durchaus das eine oder andere, dem ich mich beherzt anschließe: »Es kommt darauf an, das Hoffen zu lernen. Seine Arbeit entsagt nicht, sie ist ins Gelingen verliebt statt ins Scheitern. Hoffen, über dem Fürchten gelegen, ist weder passiv wie dieses, noch gar in ein Nichts gesperrt. Der Affekt des Hoffens geht aus sich heraus, macht die Menschen weit, statt sie zu verengen […].«[7]

Früher wurde das Phänomen Hoffnung vor allem von eher kontinentalphilosophischen Denkern mit einer existenzialistischen oder religiösen Perspektive behandelt. In den letzten Jahrzehnten hat das Feld eine stärkere Dominanz eher analytischer Philosophen erfahren. Letztgenannte haben der philosophischen Debatte über die Hoffnung bedeutend mehr Präzision hinzugefügt, was zweifellos von großem Wert ist, da Philosophen trotz allem Begriffsarbeiter sind, der Preis bestand jedoch darin, dass die Debatte oft ziemlich kurzsichtig war und um spitzfindige Diskussionen über die *Definition* von Hoffnung kreiste. In der Literatur herrscht im Übrigen wenig Konsens hinsichtlich einer Definition. Vielmehr begegnet man einer leicht chaotischen Vielfalt unterschiedlicher Definitionsversuche. Mein Ziel besteht auch nicht darin, zu einer neuen *Definition* von Hoffnung zu gelangen, sondern vielmehr darin, eine breite Beschreibung des Platzes der Hoffnung im Leben eines Menschen zu liefern.[8]

Die ersten Kapitel des Buches sind vermutlich ebenso komplizierend wie aufklärend. In der Philosophie ist es häufig so, dass das, was auf den ersten Blick kompliziert erscheint, bei näherer Betrachtung recht einfach ist. Umgekehrt erweist sich das scheinbar Einfache oft als ziemlich schwierig, wenn man ein wenig unter die Oberfläche blickt. Hoffnung ist ein Beispiel dafür. Es mag eindeutig erscheinen, was Hoffnung ist, denkt man jedoch genauer darüber nach, verflüchtigt sich diese Selbstverständlichkeit. Die ersten Kapitel sind daher der Komplexität dieses Phänomens gewidmet, um ein besseres Bild vom Hoffen generell zu erlangen. Es gibt einige unbestrittene Aspekte, zum Beispiel, dass Hoffnung sich um das Mögliche drehen muss, um das, was weder sicher noch unmöglich ist, dann aber beginnen die Schwierigkeiten. Soll Hoffnung als ein Gefühl beschrieben werden oder ist sie etwas anderes? Können auch Tiere hoffen? Wenn nicht: warum nicht? Viele behaupten, Hoffnung sei ein Ausdruck von Irrationalität, wohingegen ich dafür argumentiere, dass Hoffnung höchst rational sein kann, sowie dafür, dass derjenige, der hofft, faktisch die Wahrscheinlichkeit eines gewünschten Ausgangs erhöht. Im sich anschließenden Kapitel wird das Verhältnis von Hoffnung, Determinismus und Freiheit behandelt. Mein »Widersacher« in diesem Kapitel ist Baruch de Spinoza, der behauptet hat, Hoffnung mache den Menschen unfrei und der Weg zur Freiheit bestehe in der Einsicht, dass alles mit strenger Naturnotwendigkeit geschehe. Ganz im Gegenteil behaupte ich, dass die Hoffnung sich im Möglichen abspielt, in der Freiheit, in unserer Fähigkeit, eine gewisse Zukunft statt einer anderen zu erschaffen. Anschließend greife ich die Politik der Hoffnung auf, den Umstand, dass eine freie Gesellschaft auf Hoffnung statt auf Angst basieren muss. Obwohl ich an anderer Stelle des Buches bereits festgestellt habe, dass Hoffnung nicht irrational ist, kann Hoffnung katastrophal sein, wenn sie fehlplatziert ist. Ein Kapitel beschäftigt sich daher mit der Unterscheidung zwischen gutem und schlechtem Hoffen, die bis auf Aristoteles zurückzuverfolgen ist. Dieses Thema wird im sich anschließenden Kapitel über ewige und irdische Hoffnung fortgeführt, wobei ich dafür argumentiere, dass die ewige oder religiöse Hoffnung die säkulare oder irdische verdrängt – das Himmelreich entleert die Erde ihres Sinns. Laut Immanuel Kant ist die Frage, worauf wir hoffen können, eine der drei Hauptfragen der Philosophie, weshalb wir uns seine Antwort darauf näher anschauen werden – nicht zuletzt werden einige Briefe einer jungen Frau, die Kant einst um Rat bat, aufdecken, dass seine Antworten, genau genommen, wenig zufriedenstellend waren. Oft werden Hoffnung und Optimismus verwechselt. Ein Kapitel zeigt jedoch auf, wie man zweifellos auch ein hoffnungsvoller Pessimist sein kann – das Ausschlaggebende für jede Hoffnung ist, dass die Zukunft offen ist. Ob man nun pessimistisch oder optimistisch veranlagt ist, so behaupte ich, dass jeder die Pflicht hat, hoffnungsvoll zu sein. Hoffen ist eine Pflicht gegenüber sich selbst, weil es eine Voraussetzung dafür ist, ein wirklich lebenswertes Leben führen zu können. Hoffnung kann auch verlorengehen. Was dies beinhaltet, wird im sich anschließenden Kapitel näher behandelt. Die Analyse des Verlusts von Hoffnung deckt auch zwei Ebenen der Hoffnung auf, wobei wir auf der einen auf dieses oder jenes hoffen und uns auf einer grundlegenderen Ebene auf die Welt beziehen als einem Ort, auf dem überhaupt gehofft werden kann. Letztendlich kommen wir zu dem Kapitel, das alle vorhergehenden in gewisser Hinsicht aufgebaut haben, in dem ich versuchen werde aufzuzeigen, inwiefern Hoffnung eine Voraussetzung für Lebenssinn ist. Das Leben stellt uns alle vor Prüfungen, die Hoffnung jedoch gibt dem Blick Halt in etwas Erreichbarem, etwas, das den momentan erlebten Schmerz überschreitet. Die Hoffnung ist nicht in der Lage, die Welt auf magische Weise den eigenen Wünschen entsprechend umzugestalten, aber sie kann uns – und daher auch die Welt – in die richtige Richtung bewegen.

Das Buch liefert eine breitgefächerte Beschreibung vieler Aspekte der Hoffnung. Die umfangreichste Arbeit bleibt jedoch dem Leser überlassen, nämlich einzuschätzen, welche Relevanz es für ihr oder sein Leben haben kann. Philosophie dreht sich im Großen und Ganzen um Selbsterkenntnis, eine Arbeit mit den eigenen Denkgewohnheiten und Sichtweisen, und damit diese Arbeit über einen Eigenwert verfügt, muss es eine Rolle spielen, wie man sich zu leben entscheidet. Eine solche Selbsterkenntnis kann ich nicht stellvertretend für andere vornehmen – das muss jeder Einzelne selbst tun – ich kann höchstens einige Perspektiven aufzeigen, die den Leser etwas bisher Unbedachtes denken oder etwas bisher Übersehenes sehen lassen.

Was ist Hoffnung?

Man kann nur auf das Mögliche hoffen

»Hoffnung« im heutigen Gebrauch des Wortes ist an einen guten Ausgang gebunden. Dies steht im Gegensatz zum altgriechischen Wort *elpis*, das Zukunftsvorstellungen bezeichnete, die negativ, positiv oder wertneutral sein konnten.[9] *Elpis* ist also nicht ganz deckungsgleich mit dem, was wir als Hoffnung bezeichnen, aber ebenso wie die Hoffnung muss es mit einem Ergebnis verbunden sein, das weder sicher noch unmöglich ist. Wohlgemerkt ist die subjektive Unsicherheit ausschlaggebend. Beispielsweise kann mein Verständnis für einfache Kausalzusammenhänge so schlecht sein, dass ich glaube, X sei möglich, wenn auch unwahrscheinlich, während es in Wirklichkeit vollkommen unmöglich ist. In diesem Fall kann ich auf X hoffen. Sollte mich jemand darauf hinweisen, dass X faktisch nicht möglich ist und ich diese Tatsache akzeptieren, kann ich nicht mehr auf X hoffen, aber dennoch weiterhin *wünschen*, dass es möglich gewesen wäre. Ebenso wenig kann ich darauf hoffen, dass X geschieht, wenn ich vollkommen davon überzeugt bin, dass es in der Tat passieren wird. In diesem Fall befände ich mich vielmehr in einem Zustand der Gewissheit anstatt der Hoffnung.

Hoffnung setzt eine reale Möglichkeit voraus, wobei diese reale Möglichkeit jedoch ganz subjektiv verstanden werden muss, ausgehend davon, was der Einzelne als real möglich betrachtet. In der Alltagssprache werden »wünschen« und »hoffen« oft synonym verwendet, was normalerweise kein Problem darstellt. Geht es um eine präzisere Abgrenzung, kann man sagen, dass sich beide auf etwas als positiv Aufgefasstes richten, von dem aber nicht sicher ist, ob man es erreichen wird. Der Unterschied besteht darin, dass man nur auf etwas hoffen kann, was man als real *möglich* betrachtet, während der Wunsch dieser Begrenzung nicht unterliegt. Ich kann zum Beispiel wünschen zu fliegen, um frei durch mein Büro schweben zu können, während ich philosophische Theorien studiere, jedoch kann ich nicht hoffen, dies zu tun, aufgrund der einfachen Einsicht, dass die Schwerkraft es verhindern wird. So gesehen kann ich alles wünschen, worauf ich hoffe, aber nicht auf alles hoffen, was ich mir wünsche. Wie groß muss die Wahrscheinlichkeit sein, damit es sich um Hoffnung handelt? Im Prinzip gibt es keine Untergrenze für die Wahrscheinlichkeit, solange sie über Null liegt.

Wer wirklich hofft, wird anders handeln, reflektieren und sich ausdrücken als derjenige, der nur wünscht. Denn wer hofft, *bewegt* sich in Richtung des Ziels. Hoffnung wird oft an die eigenen Handlungen gebunden sein: Wenn ich A tue, hoffe ich, dass B geschieht. Hoffnung kann auch Situationen betreffen, die voll und ganz von äußeren Faktoren abhängig sind, auf die man keinen Einfluss hat. Hat man beispielsweise ein Los gezogen, kann man hoffen, den Hauptgewinn einzukassieren, der allen finanziellen Sorgen ein Ende bereiten würde, jedoch hat man keinerlei Möglichkeit zu beeinflussen, ob man gewinnt oder nicht. Man kann das eine als aktive und das andere als passive Hoffnung bezeichnen. Vielleicht kann die Hoffnung als ein Zwischending von wünschen und wollen betrachtet werden. Sie ist mehr als ein Wunsch, weil sie möglich sein muss, aber weniger als ein Wille, weil die Unsicherheit hinsichtlich der Durchführbarkeit besteht – denn diese obliegt nicht allein der eigenen Tatkraft.

Der Unterschied zwischen Hoffnung und Wunschträumen besteht darin, dass man, solange man sich in der Domäne des Wunschtraums befindet, sich nicht gegenüber irgendwelchen Realitäten verhalten muss. Der Wunschtraum wird nicht durch das real Mögliche beschränkt – es reicht aus, dass etwas logisch möglich ist, und das heißt, denkbar. Die Hoffnung muss sich hingegen auf das real Mögliche beschränken. Der Wunschtraum kann sich vorstellen, dass etwas wie durch einen Zauberschlag entsteht, während sich die Hoffnung auch damit auseinandersetzen muss, wie etwas faktisch Realität werden kann.

Hoffnung muss sich also an etwas Ungeklärtes knüpfen. Wie Paulus im Brief an die Römer (8:24) ganz richtig festhält: »Die Hoffnung aber, die man sieht, ist nicht Hoffnung; denn wie kann man auf das hoffen, was man sieht?« Darlegungen zur Hoffnung setzen oft voraus, dass sich das Hoffen nur auf Zukünftiges richten kann. Zum Beispiel schreibt Aristoteles, dass die Hoffnung per Definition an die Zukunft gebunden ist, während alles Vergangene an die Erinnerung und alles Gegenwärtige an die Wahrnehmung geknüpft ist: »Denn wahrgenommen wird das Gegenwärtige, erinnert das Vergangene und erhofft wird das Zukünftige.«[10] Doch obwohl Zukunftshoffnung wohl am üblichsten ist, kann Hoffnung auch an Vergangenes oder Gegenwärtiges gebunden sein. Was daraus Hoffnung macht, ist nicht, dass sie etwas Zukünftiges behandelt, sondern vielmehr, dass sie etwas Erwünschtes ist, etwas, das nur möglich, aber nicht sicher ist. Ich kann beispielsweise hoffen, dass ich mich nicht zu sehr blamiert habe, obwohl ich am Vorabend auf einem Fest enorm betrunken war. Oder ich kann über eine Freundin, die zu Besuch war und in einem entsetzlichen Unwetter nach Hause gefahren ist, sagen: »Ich hoffe, dass sie sicher nach Hause kommt.« Ich kann auch hoffen, dass Bekannte, die sich in Kiew befinden, nicht von Marschflugkörpern getroffen werden, die in diesem Moment auf die Stadt abgefeuert werden, oder, um sich eines weniger dramatischen Beispiels zu bedienen: dass eine Freundin einen guten Eindruck bei dem Vorstellungsgespräch macht, das sie gerade führt.

Man kann versuchen, diese Beispiele so umzuformulieren, dass sie trotzdem etwas Zukünftiges behandeln, nämlich, dass die Hoffnung darin besteht, dass *sich zeigen* soll, dass ich mich nicht blamiert habe, dass die Freundin gut nach Hause gekommen ist, dass niemand von den Marschflugkörpern getroffen wurde, oder dass sie einen so guten Eindruck gemacht hat, dass sie die Stelle bekommt. Wir würden es mit anderen Worten zu dieser Form umschreiben: »Ich hoffe, dass sich zeigen wird, dass X der Fall war«, wobei X ein vergangenes oder gegenwärtiges Ereignis ist, die Hoffnung selbst jedoch an eine in der Zukunft liegende Bestätigung gebunden ist. Das klärt aber kaum die Frage. Angenommen ich wäre gespannt auf die Ergebnisse einer Studie über norwegische Frontkämpfer während des Zweiten Weltkriegs, weil mein eigener Großvater, zu dem ich immer ein gutes Verhältnis hatte, einer dieser Frontkämpfer gewesen ist. Ich befürchte, dass er an ernsthaften Übergriffen auf die Zivilbevölkerung beteiligt war, hoffe jedoch, dass dies nicht der Fall war. Meine Hoffnung bezieht sich nicht nur auf das zukünftige Ereignis, nämlich die Dokumentation, dass er an solchen Untaten nicht beteiligt war. Das Wesentliche ist vielmehr das vergangene Ereignis: ob mein Großvater tatsächlich an diesem oder jenem Massaker beteiligt war. Die Umschreibung von Vergangenheitshoffnung in Zukunftshoffnung ist nicht überzeugend, weil Hoffnung ausdrücklich an die konkreten Ereignisse gebunden ist, an das, was tatsächlich geschehen ist, anstatt daran, dass ich in der Zukunft eine Bestätigung dafür bekomme, dass X oder Y der Fall ist.

In meinem Beispiel der Trunkenheit auf dem Fest besteht meine Hoffnung nicht in erster Linie darin, in der Zukunft eine Versicherung dafür zu erhalten, mich nicht blamiert zu haben, obwohl ich auch darauf hoffen kann. Die Hoffnung ist, dass ich mich tatsächlich nicht blamiert habe. An die Vergangenheit geknüpfte Hoffnung muss zwangsläufig eine passive Hoffnung sein, da man absolut nichts tun kann, um Vergangenes zu ändern. Die Vergangenheit ist das, was sie ist. Damit sie Gegenstand für Hoffnung werden kann, muss ungeklärt sein, wie sie überhaupt war. Die Vergangenheit ist festgelegt, solange ich aber nicht über zuverlässige Kenntnisse verfüge, was geschehen ist, befindet sie sich noch immer in der Domäne des subjektiv Möglichen und kann daher Gegenstand von Hoffnung sein. Schickt mir ein Freund einen Link zu einer Internetseite mit einer Aufnahme von mir vom Vorabend, die eindeutig belegt, wie ich mich in einem Zustand des übermäßigen Rausches wieder und wieder danebenbenehme, während die übrigen Gäste das Ganze kopfschüttelnd beobachten, kann ich nicht mehr hoffen, mich nicht blamiert zu haben, da es nunmehr eine feststehende Tatsache ist, dass ich genau dies getan habe.

Auf Gegenwart oder Zukunft bezogenes Hoffen kann sowohl aktiv als auch passiv sein. Wenn ich hoffe, einen guten Eindruck in einem Vorstellungsgespräch zu machen, in dem ich selbst gerade sitze, wird mich das dazu motivieren, besonderen Einsatz an den Tag zu legen, um mich von meiner vorteilhaftesten Seite zu zeigen. Dann wäre die Hoffnung aktiv. Hoffe ich hingegen, dass meine Freundin in ihrem momentan stattfindenden Vorstellungsgespräch eine gute Figur macht, wäre dies eine passive Hoffnung, weil ich nichts tun kann, um den Verlauf zu beeinflussen. Obwohl Hoffnung also auf alle drei Dimensionen der Zeit gerichtet sein kann, wird Zukunftshoffnung wohl am typischsten sein, weshalb ich mich in diesem Buch auf sie konzentriere.

Hoffnung muss sich an die Vorstellung eines Zustands des Eintreffens von etwas Gewünschtem knüpfen, wobei jedoch unsicher ist, ob dieses tatsächlich erreicht wird. Man hofft auf nichts, das einem ganz und gar gleichgültig ist. Man kann zwar immer eine Ahnung davon haben, wie unsicher es ist, ob X oder Y eintreffen werden, interessiert es einen jedoch überhaupt nicht, ob X oder Y geschieht, kann man nicht behaupten, auf X oder Y zu hoffen.

Hoffnung als Gefühl

Inwieweit Hoffnung als ein Gefühl bezeichnet werden muss, hängt natürlich davon ab, was man unter »Gefühl« versteht. In der Alltagssprache wird Hoffnung oft als ein Gefühl beschrieben, und sie hat zweifellos emotionale Aspekte, unterscheidet sich aber auch von den meisten anderen Gefühlen, da bei ihr die Rationalität so stark involviert ist. Wenn ich hoffe, dass der Kleptokrat Putin die Macht verliert, bedeutet das mehr, als wenn ich es nur wünsche – es beinhaltet auch, dass ich mir die reale Möglichkeit, dass dies geschieht, vorstellen kann und mitunter auch Gedanken dazu habe, was erforderlich ist, damit es geschehen kann. Noch deutlicher tritt dieser Aspekt womöglich hervor, wenn vom »Verlieren der Hoffnung« die Rede ist. Die Hoffnung zu verlieren kann nicht als deckungsgleich damit beschrieben werden, dass nur ein bestimmtes Gefühl verschwunden ist. Hoffnung basiert auch auf *Gründen*, und verliert man die Hoffnung, so hat man auch einen oder mehrere Gründe verloren, zu hoffen.

Der österreichische Philosoph Ludwig Wittgenstein stellt die Frage, ob das Gefühl dem Ausdruck »Hoffnung« erst seine Bedeutung verleiht:

> Wenn man aber sagt »Ich *hoffe*, er wird kommen« – gibt das Gefühl nicht dem Worte »hoffen« seine Bedeutung? (Und wie ist es mit dem Satz »Ich hoffe *nicht* mehr, dass er kommen wird?«) Das Gefühl gibt dem Wort »hoffen« vielleicht seinen besonderen Klang; d. h., es hat seinen Ausdruck im Klang. – Wenn das Gefühl dem Wort seine Bedeutung gibt, so heißt »Bedeutung« hier: *das, worauf es ankommt*. Warum aber kommt es aufs Gefühl an? Ist die Hoffnung ein Gefühl?[11]

Es mag eindeutig erscheinen, dass die Hoffnung ein Gefühl ist, und trotz allem sagen wir, dass wir uns hoffnungsvoll *fühlen*. Die Alltagssprache unterscheidet nicht so klar zwischen dem, was Gefühle sind und was nicht.[12] So sind Angst und Wut paradigmatische Beispiele für Gefühle, während Überraschung eher ein Grenzphänomen darstellt. In der Alltagssprache ist es auch üblicher geworden, zu behaupten: »Ich fühle, dass X«, wobei X irgendein Sachverhalt ist und das Gefühl hier eine Art Empfindung oder Gewissheit sein muss. Der Ausdruck »Gefühl« bezeichnet eine große Vielfalt an Phänomenen, die von Schmerz, Hunger und Durst bis zu Eifersucht, Neid und Liebe reichen, wobei die erstgenannten eher körperlich und die letztgenannten eher gedanklich sind. Einige ziehen davon ausgehend eine Grenze zwischen »Gefühlen« und »Emotionen«, wobei erstere eher physisch und letztere eher mental sind, jedoch ist umstritten, inwieweit eine solche Grenze besonders klar gezogen werden kann. Ich selbst bezweifle, ob es eine gute Definition gibt, die notwendige und hinreichende Bedingungen dafür anführt, dass etwas ein Gefühl ist.[13]

Vereinzelt wird Hoffnung als eine Form von Freude kategorisiert, jedoch sind diese beiden eindeutig verschieden. Oft wird eine Hoffnung überhaupt nicht gefühlt, besonders, wenn das, worauf wir hoffen, nicht von sonderlich großer Bedeutung für uns ist. Ich kann gegenüber einem Kollegen, der auf dem Weg in die Ferien ist, äußern, dass ich hoffe, dass er unterwegs gutes Wetter hat, ohne dass dies mein Gefühlsleben in irgendeiner Weise in Wallungen versetzt, wobei es sich aber dennoch um eine aufrichtige Hoffnung handelt. Andere Male kann das Hoffen emotional so stark sein, dass sie den ganzen Körper durchdringt, zum Beispiel, wenn ich auf der Sofakante sitze und die letzten Ballwechsel im *Tiebreak* des entscheidenden Satzes bei einem wichtigen Tennisturnier verfolge oder wenn ich im Warteraum einer Tierklinik sitze, während mein Hund operiert wird. Und ich kann zweifellos hoffnungsvoll sein, ohne auch nur ein Fünkchen Freude zu empfinden. Beispielsweise kann ich denken, dass etwas sehr wahrscheinlich richtig schlecht laufen wird, und aus diesem Grund bedrückt sein, aber trotzdem hoffen, dass es besser läuft als erwartet. Dennoch wäre ich weniger niedergeschlagen, als wenn ich geglaubt hätte, alle Hoffnung sei verloren.

Einer Behauptung der kanadischen Philosophin Katie Stockdale zufolge gibt es auch Hoffnung, die durch negative Gefühle charakterisiert ist, was sie als »furchtsame Hoffnung« bezeichnet, die sich im Kern nicht um den Wunsch dreht, etwas Positives zu erreichen, sondern vielmehr darum, einer Bedrohung zu entgehen.[14] Ein Beispiel dafür wäre eine junge Frau, die in einer Stadt, in der es zuletzt eine Reihe von Vergewaltigungen gegeben hat, allein durch menschenleere Straßen nach Hause geht. Sie hofft, sicher nach Hause zu kommen, ihr Gefühlszustand ist jedoch definitiv nicht positiv geladen. Man könnte zwar durchaus darauf bestehen, dass Hoffnung *per Definition* durch positive Gefühle charakterisiert ist und dass sich diese Frau schlichtweg in einem Zustand der Angst, nicht der Hoffnung, befindet. Ab und an wird uns jedoch unklar sein, ob wir hoffen oder fürchten oder wechselweise beides, nicht zuletzt, wenn etwas auf dem Spiel steht, das uns viel bedeutet.

Oft wird es auch gleitende Übergänge zwischen den anderen Gefühlen geben, wie zwischen Angst und Wut. Werden Menschen gebeten, anhand von Fotos den Gefühlszustand der abgebildeten Personen zu benennen, herrscht recht große Einigkeit darüber, wer fröhlich oder traurig ist, während es eine deutliche Uneinigkeit bei den Personen gibt, die entweder als ängstlich, wütend, überrascht oder misstrauisch beschrieben werden.[15] Auch wenn Menschen gebeten werden, ihren eigenen Gefühlszustand einzuschätzen, findet sich Raum für Interpretationen. Zwei Personen, die sich in der gleichen Situation und im gleichen physischen Zustand befinden, können das betreffende Gefühl, abhängig von der jeweiligen Deutung der Situation, als Angst beziehungsweise Wut identifizieren. Beide können recht haben. Es kommt auch vor, dass wir uns hinsichtlich unserer eigenen Gefühle irren oder zumindest, dass wir später feststellen, unsere Gefühle zu einem bestimmten Zeitpunkt falsch identifiziert zu haben.[16] Die Deutung, in welchem Gefühlszustand wir uns zu einem gegebenen Zeitpunkt befunden haben, kann sich über die Zeit hinweg verändern, indem wir uns selbst nunmehr in einem neuen Licht sehen und unsere Reaktionen anders interpretieren.

Es ist nicht einfach zu erklären, was ein Gefühl überhaupt ist, welche Gefühle es gibt und wie sie voneinander unterschieden werden sollten. Indessen können einige typische Züge von Gefühlen hervorgehoben werden: Erstens sind sie *subjektiv* – sie drehen sich um die Reaktion eines Subjekts auf etwas. Zweitens haben sie ein intentionales Objekt – sie sind auf etwas *gerichtet*. Drittens haben Gefühle *Valenz* – sie sind positiv oder negativ. Viertens sind viele Gefühle von relativ kurzer *Dauer*, und diese Dauer wird von einer Veränderung der Valenz bestimmt, zum Beispiel ein Umschwung des Erlebens dessen, ob ich mich statt in einem negativen Zustand in einem neutralen oder positiven Zustand befinde. Dieser vierte Aspekt verfügt über so viele Ausnahmen, dass er möglicherweise überhaupt nicht als irgendein Kriterium betrachtet werden sollte. Schmerzen können chronisch sein, man kann jahrelang auf jemanden wütend oder neidisch sein und man kann Glück haben, indem man jemandem begegnet, zu dem man ein Leben lang tiefe Liebe empfindet. Die kurze Dauer wird also nur für einige Gefühle charakteristisch sein, wie Überraschung, und für andere nicht.

Betrachtet man die Hoffnung im Hinblick auf ihre emotionalen Aspekte, so ist sie offensichtlich subjektiv. Zwei Personen können sich in derselben Situation befinden und dasselbe intellektuelle Verständnis für die Wahrscheinlichkeit eines bestimmten Ausgangs haben, die eine aber ist hoffnungsvoll und die andere nicht. Es dreht sich also eindeutig um eine rein subjektive Reaktion. Zudem hat gewöhnliche Hoffnung immer ein intentionales Objekt – die

Hoffnung richtet sich *auf* etwas. Wie wir im letzten Kapitel sehen werden, kann man indessen auch von einer grundlegenden oder radikalen Hoffnung sprechen, die kein solches Objekt hat. Hoffnung hat auch eine Valenz – sie ist normalerweise positiv geladen, auch wenn Katie Stockdales Begriff der »furchtsamen Hoffnung« ein Beispiel für negativ geladene Hoffnung ist. Was das vierte Kriterium betrifft, so kann man sagen, dass sich die Hoffnung typischerweise über einen längeren Zeitraum erstreckt als viele andere Gefühle. Die Dauer der Hoffnung erstreckt sich normalerweise über einen längeren Zeitraum als etwas, das für einen Augenblick aufflackert und dann ebenso schnell wieder verschwindet. Dies ist nicht zuletzt dem Umstand geschuldet, dass sich das Objekt der Hoffnung für gewöhnlich in der Zeit ein Stück entfernt von uns befindet, während zum Beispiel Angst weitaus momentaner sein kann, wenn etwas als gefährlich Empfundenes in unserer unmittelbaren Umgebung auftaucht. Die Hoffnung muss im Vergleich zu den meisten anderen Gefühlen auch als weniger intensiv beschrieben werden. Hat man Angst oder wird man wütend, führt das zu einem intensiveren Erleben als zu hoffen. Die Hoffnung verfügt ganz klar über eine emotionale Seite, was aber nicht bedeutet, dass sie grundlegend als ein Gefühl beschrieben werden muss, weil es sich dabei auch um das eigene Verständnis dessen dreht, was geschehen kann und was dem eigenen Wunsch zufolge geschehen soll.

Können nur Menschen hoffen?

Beim Hoffen ist das komplette Gedanken- und Gefühlsleben des Menschen involviert. Können auch nicht-menschliche Tiere hoffen? Wittgenstein bezweifelt das und leitet den zweiten Teil der *Philosophischen Untersuchungen* (1953) mit folgender Passage ein:

> Man kann sich ein Tier zornig, furchtsam, traurig, freudig, erschrocken vorstellen. Aber hoffend? Und warum nicht? Der Hund glaubt, sein Herr sei an der Tür. Aber kann er auch glauben, sein Herr werde übermorgen kommen? – Und was kann er nun nicht? – Wie mache denn ich's? – Was soll ich darauf antworten?
> Kann nur hoffen, wer sprechen kann? Nur der, der die Verwendung einer Sprache beherrscht. D. h., die Erscheinungen des Hoffens sind Modifikationen dieser komplizierten Lebensform.[17]

Das vielleicht Allerbeste, das sich meine Hündin vorstellen kann, ist der norwegische Schnittkäse Gulost. Sie kann in einem anderen Zimmer unter mehreren Schichten Decken liegen, sobald ich jedoch den Gulost aus dem Schrank nehme, um mir ein Brot zu machen, sitzt sie plötzlich neben mir auf dem Küchenboden und sieht mich mit flehendem Blick an. Manchmal bekommt sie Käse, andere Male nicht. Meistens bekommt sie etwas. Es ist offensichtlich, dass sie großen Gefallen an Käse findet, aber kann man aus diesem Grund sagen, dass sie *hofft*, welchen zu bekommen? In diesem Fall müsste man ihr ein Bewusstsein dessen zuschreiben, vielleicht keinen Käse zu bekommen, dass also nur eine gewisse Wahrscheinlichkeit dafür besteht. Allerdings gibt es an ihrem Verhalten nichts, das besagt, dass sie über ein solches Bewusstsein verfügt. Was ihr Verhalten mir mitteilt, ist, dass sie schlicht und einfach Lust auf Käse hat. Wenn man um des Arguments willen annimmt, dass sie unsicher ist, ob sie Käse bekommen wird, könnte man ihr vielleicht eine Art Protohoffnung zuschreiben.

Hoffnung erstreckt sich über Zeit, und die Zeit des Tieres ist eine andere als die des Menschen. Wittgenstein schreibt: »Könnte Einer eine Sekunde lang innige Liebe oder Hoffnung empfinden, – was *immer* dieser Sekunde voranging, oder ihr folgt? – Was jetzt geschieht, hat Bedeutung – in dieser Umgebung. Die Umgebung gibt ihm die Wichtigkeit. Und das Wort ›hoffen‹ bezieht sich auf ein Phänomen des menschlichen Lebens.«[18] Ein Phänomen wie Schmerz bedarf eines solchen Kontextes nicht. Wir können uns einen Schmerz vorstellen, der den Körper in einem Augenblick durchfährt, vollkommen losgelöst von dem, was davor war und dem, was danach folgt. Der Schmerz bedarf keines Kontextes, die Hoffnung hingegen schon. Hoffnung schaut über den Augenblick hinaus. Ich kann beispielsweise hoffen, dass morgen irgendetwas Bestimmtes passiert. Meine Hündin kann nicht darauf hoffen, morgen Käse zu bekommen, aus dem einfachen Grund, weil sie keinen Begriff von »morgen« hat. Auch gibt es keinen Grund zu der Annahme, dass der Käse irgendeinen Platz in ihrer Vorstellungswelt hat, bevor er aus dem Kühlschrank genommen und auf die Arbeitsplatte der Küche gelegt wird. Die »Protohoffnung« der Hündin ist an das geknüpft, was den Sinnen im Hier und Jetzt geboten wird, und so liegt sie ein gutes Stück von dem entfernt, was wir im menschlichen Dasein normalerweise unter Hoffnung verstehen.

Wittgenstein knüpft Hoffnung an die Fähigkeit zur Sprache, ohne zu erklären, worin diese Verbindung besteht. Nur Menschen verfügen über das, was wir gewöhnlich unter Sprache verstehen. Tiere können kommunizieren, eine Sprache haben sie jedoch nicht.[19] Die Befähigung des Menschen zur Sprache führt dazu, dass sich die Zeit in unserem Leben in anderer Weise abspielt als bei Tieren. Die Sprachfähigkeit gibt uns eine gewisse Unabhängigkeit in unserem Verhältnis zur Welt, weil wir Gegenstände durch Symbole ersetzen können.[20] Unsere Vorstellungswelt hat daher einen größeren Umfang als die irgendeines anderen Tiers und das gibt auch unseren Gefühlen einen anderen Spielraum. Sprache befähigt uns dazu, das zu repräsentieren, was nicht vorhanden ist, was uns fehlt, was wir vermissen oder wünschen, und das ist ganz entscheidend für die Fähigkeit zu hoffen.

Die Fähigkeit zu hoffen, entwickelt sich, ebenso wie die Sprachfähigkeit, über die Zeit hinweg. Ich würde über einen Säugling nicht sagen, dass er hofft, über größere Kinder und Erwachsene hingegen schon. Wann entwickelt man die Fähigkeit zu hoffen? Das ist schwer auszumachen. Man kann durchaus den Zeitpunkt festhalten, wann ein Kind zum ersten Mal den Ausdruck »Hoffnung« verwendet, jedoch wäre es seltsam zu sagen, die eigene Tochter habe »heute zum ersten Mal gehofft«.[21] Hoffnung kann im Leben eines Menschen erst entstehen, wenn viele andere Fähigkeiten bereits entwickelt sind. Dann ist sie jedoch so mit diesen anderen Fähigkeiten verwoben, dass es schwer vorstellbar ist, wie diese ohne eine Verbindung zur Hoffnung funktionieren würden. Wittgenstein schreibt: »Wie aber müßte sich ein Mensch verhalten, von dem man sagen würde: er hofft nie? – Die erste Antwort ist: Ich weiß es nicht. Eher könnte ich sagen, wie ein Mensch sich benehmen müßte, der sich nie nach irgend etwas sehnt; oder der sich nie über irgend etwas freut; oder der nie erschrickt, oder sich vor nichts fürchtet.«[22] Nicht allzu schwer ist es, sich einen Menschen vorzustellen, der sich genau in diesem Moment nicht in irgendeinem offensichtlichen Zustand der Hoffnung befindet, schwer vorstellbar ist hingegen ein gut funktionierender Mensch, der nicht über die Fähigkeit zur Hoffnung verfügt.

Wittgenstein weist darauf hin, dass man Angst zeigen kann, indem man sie durch einen Ausdruck darstellt, dass Hoffnung sich so aber nicht darstellen lässt.[23] Welche Art von Ausdruck könnte man wählen, um Hoffnung zu zeigen? Wittgensteins Behauptung zufolge ist die Hoffnung mit dem Glauben verwandt, der auch keine körperliche Ausdrucksform hat.[24] Es ist einfach, sich einen Menschen vorzustellen, der sich nie fürchtet, schlicht und einfach, indem ich mir einen Menschen vorstelle, der nie den Ausdruck hat, den ich mit Angst verbinde. Selbstverständlich kann Angst bei bestimmten Anlässen verborgen werden, hat ein Mensch jedoch nie einen Ausdruck von Angst gezeigt, gibt es keinen Grund, diesem Menschen die Fähigkeit zur Angst zuzuschreiben. Es besteht eine verhältnismäßig klare Verbindung zwischen der Angst als körperlichem Ausdruck und als Gefühl. Was die Hoffnung betrifft, gibt es keine solche Verbindung. Sich einen Menschen vorzustellen, der nie hofft, ist weitaus schwieriger als einen, der sich nie fürchtet. Was fehlt demjenigen, der nicht hofft? Eine kurze Antwort lautet: Der Betreffende ist nicht auf die Zukunft ausgerichtet, sondern verharrt in einem Jetzt.

Um sich einen Menschen ohne Hoffnung vorzustellen, muss man sich einen Menschen denken, der sich nicht dem Möglichen gegenüber verhält, indem er nämlich eher das eine als das andere wünscht. Dann könnte man nicht verstehen, warum der Betreffende so handelt, wie er es tut, weil er keinerlei Grund zu haben scheint, eher das eine als das andere zu tun. Ein solches Wesen wäre einem fremder als ein Hund, der nicht hoffen kann, da dieser Hund trotz allem ein Verhalten aufweist, das von seinen Präferenzen bestimmt ist. Man kann verstehen, warum ein Hund so handelt, wie er es tut, weil man seine Intentionen verstehen kann, der Mensch ohne Hoffnung hingegen ist vielmehr ein Mysterium. Es gibt Menschen, die nicht hoffen, entweder, weil sie die Fähigkeit noch nicht entwickelt haben, oder, weil sie sie aufgrund eines Hirnschadens oder ähnlichem verloren haben, eine normal funktionierende erwachsene Person jedoch, die eine Handlungsrationalität besitzt, ist ohne die Voraussetzung einer Fähigkeit zum Hoffen schwer vorstellbar. Was ist mit Menschen, die »die Hoffnung verloren« haben, die aufgegeben haben? Selbst ein solcher Mensch verfügt normalerweise noch immer über die *Fähigkeit* zu hoffen, er hat jedoch ein oder mehrere Hoffnungsobjekte verloren.

Was darunter zu verstehen ist, ohne Hoffnung zu leben, wird im letzten Kapitel dieses Buches thematisiert.

Die Hoffnung und die Zeit

In *Faust II* (1832) beschreibt der Schriftsteller und Wissenschaftler Johann Wolfgang von Goethe Furcht und Hoffnung als »zwei der größten Menschenfeinde«.[25] Sowohl Furcht als auch Hoffnung können uns im Leben auf Abwege führen, aber sie führen uns zumindest irgendwohin. Ein Leben ohne Furcht und Hoffnung wäre ein Leben, in dem nichts wirklich etwas bedeutet. Es wäre ein Leben in nahezu vegetativem Zustand. Nun könnte man behaupten, dass auch ein vegetatives Leben seine Faszination haben kann. Goethes Freund, der romantische Dichter, Philologe und Philosoph Friedrich Schlegel schreibt: »Und also wäre ja das höchste vollendetste Leben nichts als ein *reines Vegetieren.*«[26] Dieser präsumtiv vegetierende Zustand ist indessen nicht ohne Ziel. Es geht darum, eine Ruhe in einer Sehnsucht und eine Sehnsucht in der Ruhe zu finden.[27] Für Schlegel ist von der Liebe die Rede, es könnte sich aber auch um ein anderes Ziel handeln. Mit der Sehnsucht nach einem Ziel schleicht sich die Hoffnung wieder ins Bild. Man könnte einwenden, dass wir Augenblicke des Glücks erleben, in denen wir voll und ganz im Hier und Jetzt anwesend sind, vollkommen zufrieden, ohne einen an die Vergangenheit oder Zukunft gerichteten Gedanken. Es gibt solche Augenblicke, jedoch stellen sie Ausnahmen vom Erleben der Zeit als etwas dar, das sich nach hinten und nach vorn erstreckt, wobei dieses Glück etwas ist, auf das man zurückblickt oder vorausschaut. Der Augenblick dauert nicht an und kann niemals zu einer permanenten Gegenwart werden. Selbst dieser Augenblick, der beispielsweise eine ästhetische Seligkeit auf einem Konzert sein kann, ist, was er kraft seiner Relation zur Vergangenheit und Zukunft ist. Ist man von der Musik gefesselt, ist man nur aufgrund all der

Musik, die man bereits zuvor gehört hat, imstande, das zu hören, was man hört, und jeder gehörte Ton ist gleichzeitig ein Vorgreifen auf den nächsten, auch wenn es sich dabei um ein Musikstück handelt, das man nie zuvor gehört hat. Das reine Jetzt ist eine Abstraktion. Jede gelebte Zeit umfasst alle drei Zeitdimensionen.

Alle drei Dimensionen der Zeit sind auch in der Hoffnung enthalten. Die eigene Erfahrung aus der Vergangenheit teilt einem mit, worauf man in der Zukunft hoffen kann, und dies sagt einem wiederum, wie man sich in der Gegenwart verhalten muss, um dazu beizutragen, dass es real werden kann. Die Hoffnung ist ekstatisch – man tritt aus sich selbst in die Zukunft heraus. Hoffnung ist Transzendenz, eine Überschreitung des Jetzt. Hoffen bedeutet, nicht nur abzuwarten, sich zurückzulehnen, um zu schauen, was passiert, sondern sich zur Zukunft hinziehen zu lassen. Es beeinflusst das eigene Handeln, weil man bereits – oder zumindest teilweise – so auftritt, als sei diese Zukunft eine Tatsache. Unsere Vorstellungen von der Zukunft beeinflussen unsere Vorstellungen von der Gegenwart und disponieren uns, in bestimmter Weise zu handeln. Die Hoffnung ist ein *Vorgreifen*. Sie zieht uns in eine vorgestellte Zukunft, in der das Gewünschte realisiert ist. Die Hoffnung greift dort vor, wo eine Erwartung abwartet. Die Hoffnung kann unterschiedliche Konnotationen haben, von der furchtsamen Hoffnung, die an Angst grenzt oder mit dieser vermischt ist, bis hin zur selbstsicheren Hoffnung, die an Erwartung grenzt.

Der französische Essayist Michel de Montaigne gehört zu jenen, die davor warnen, Hoffnung könne uns dazu bringen, die Gegenwart zum Vorteil einer vorgestellten Zukunft zu übersehen: »Furcht, Begierde und Hoffnung drängen uns zu dem, was geschehen soll und nehmen uns das Gefühl für und die Reflexion über das, was ist, nur um uns damit zu beschäftigen, was einmal werden soll, ja, selbst nachdem wir nicht mehr sind.«[28] An und für sich ist es richtig, dass man die Gegenwart aus dem Blick verlieren kann, indem man nostalgisch wird und sich in einer vergangenen Zeit verliert oder sich in eine Zukunft davonträumt, die vielleicht niemals kommen wird. Indessen ist es zu einfach, Vergangenheit, Gegenwart und Zukunft als drei streng voneinander getrennte Zeitachsen zu betrachten, da das, was wir als Gegenwart bezeichnen, seinen Sinn durch das bekommt, was war und was sein wird, die Vergangenheit und die Zukunft. Besser trifft es Montaigne, wenn er behauptet: »Ohne Hoffnung und Begehren sind unsere Fortschritte wenig wert.«[29] Denn wozu sollten sie dann dienen?

»Hoffnung« definieren

Im vorhergehenden Kapitel wurden einige Grundzüge der Hoffnung beschrieben. Jetzt lautet die Frage, ob das Phänomen durch eine Definition eingefangen werden kann. Es herrscht Uneinigkeit darüber, inwieweit »Hoffnung« sich überhaupt in einer zufriedenstellenden Weise definieren lässt. Das Problem wird offensichtlich, sobald man sich ein bisschen näher mit der über die Hoffnung vorhandenen Literatur beschäftigt, worin sie unter anderem als ein Gefühl, eine Emotion, eine Stimmung, ein Gemütszustand, eine Aktivität, eine Praxis, eine Gewohnheit, eine Disposition, ein kognitiver Prozess, eine existenzielle Grundhaltung sowie als eine Mischung aus all dem beschrieben wird. Einige betrachten Hoffnung als eine anthropologische Konstante, die in unser Erbgut hineincodiert ist, andere als eine höchst veränderliche soziale Konstruktion. Die Literatur bietet eine große Vielfalt an Theorien und Definitionen. Dass die meisten Theorien und Definitionen wesentliche Seiten der Hoffnung einzufangen scheinen, macht es nicht einfacher. Wenn auch nicht mehr, so zeigt dies immerhin, dass die Hoffnung ein komplexes Phänomen ist, das schwer durch eine Theorie oder Definition beschrieben werden kann. Vielleicht ist das, was wir Hoffnung nennen, kein einheitliches Phänomen, sondern mehrere, sich teilweise überlappende Phänomene.

Eine Reihe von Philosophen hat Hoffnung als das Gefühl definiert, dass etwas so laufen wird, wie man es sich wünscht, nicht zwangsläufig, aber aller Wahrscheinlichkeit nach. Dem französischen Philosophen René Descartes zufolge ist Hoffnung die Vorstellung davon, dass etwas ein Gut für uns sein wird, wobei jedoch nur wahrscheinlich, aber nicht sicher ist, dass dieses Gut erreicht wird.[30] Aufgrund des unsicheren Ausgangs sei Hoffnung immer von Angst begleitet.[31] Seiner Behauptung nach erzeugt eine hohe Wahrscheinlichkeit meist Hoffnung und eine niedrige Wahrscheinlichkeit meist Angst. Hier aber liegt Descartes falsch: Es kann eine sehr niedrige Wahrscheinlichkeit für einen gewünschten Ausgang bestehen, aber dennoch kann man darauf hoffen. Der britische Philosoph Thomas Hobbes definiert Hoffnung als eine »Neigung [verbunden] mit der Vorstellung von dem zu erhaltenden Besitze«.[32] Hobbes scheint der Meinung, Hoffnung sei nur möglich, wenn man meint, es sei am wahrscheinlichsten, dass das Gewünschte eintrifft. Der britische Philosoph John Locke definiert Hoffnung als ein Gefühl der Lust, das beim Gedanken daran entsteht, wahrscheinlich eine zukünftige Freude zu erleben.[33] Auch Lockes philosophischer Erbe, David Hume, behauptet, dass Hoffnung ein Wahrscheinlichkeitsübergewicht erfordere. Hume zufolge ist Hoffnung ein Gefühl, genauer gesagt eine Mischung aus Schmerz und Genuss. Er schreibt: »Ganz dasselbe Ereignis, das im Falle seiner Gewißheit Kummer oder Freude erzeugen würde, gibt Anlaß zu Furcht oder Hoffnung, wenn es uns nur wahrscheinlich und ungewiß ist.«[34] Die Gewissheit über ein Gut erzeugt Genuss, während die Gewissheit über ein Übel zu Schmerz führt. Da Hoffnung an Unsicherheit gebunden ist, ergibt sich eine Mischung dieser beiden.

Es ist keine Übertreibung zu sagen, dass diese Philosophen eine ziemlich primitive Vorstellung von Hoffnung haben. Außerdem ist es, wie bereits erwähnt, schlicht und einfach falsch, dass die Hoffnung den Glauben voraussetzt, dass etwas am wahrscheinlichsten so läuft, wie man es sich wünscht. Angenommen, ein Arzt teilt mir mit, dass ich eine neunundvierzigprozentige Chance habe zu überleben und ein einundfünfzigprozentiges Risiko zu sterben, und ich würde diese Einschätzung teilen. Es herrscht also ein kleines Wahrscheinlichkeitsübergewicht für den fatalen Ausgang. Ausgehend von dem Begriff der Hoffnung, den Descartes, Hobbes, Locke und Hume haben, kann ich in einer solchen Situation nicht darauf hoffen zu überleben, sondern nur fürchten zu sterben, eigentlich jedoch steht außer Frage, dass ich durchaus hoffen kann, selbst wenn ich noch weit schlechtere Chancen hätte. Teilt mir der Arzt mit, dass die Wahrscheinlichkeit zu sterben bei neunundneunzig Prozent liegt und die Chance zu Überleben bei nur einem Prozent, kann ich immer noch hoffen zu überleben. Ein Wahrscheinlichkeitsübergewicht ist schlichtweg nicht erforderlich, lediglich, dass das Gewünschte real nicht unmöglich ist. Zum Beispiel schreibt der österreichische Psychiater Viktor Frankl, dass er annahm, nur eine zwanzigprozentige Überlebenschance zu haben, als er während des Zweiten Weltkriegs drei Jahre in Konzentrationslagern in Gefangenschaft war, dass dies jedoch kein Grund war, die Hoffnung aufzugeben, eben weil die Zukunft noch immer offen war.[35] Gleichzeitig führt ein Wahrscheinlichkeitsübergewicht nicht einmal zwangsläufig dazu, dass man eher hofft als fürchtet. Erfährt man beispielsweise, dass die Wahrscheinlichkeit dafür, dass das eigene Kind eine Operation überlebt, bei neunzig Prozent liegt, kann man sich dennoch mehr in einem Zustand der Angst als der Hoffnung befinden, gerade weil das, was auf dem Spiel steht, vollkommen unersetzlich ist. Umgekehrt könnte man erfahren, dass die Wahrscheinlichkeit einer erfolgreichen Operation bei lediglich zehn Prozent liegt, aber dennoch dominiert die Hoffnung. Der Punkt ist, dass Hoffnung und Angst nicht allein von Wahrscheinlichkeit bestimmt werden.

Der sogenannten orthodoxen Definition von Hoffnung zufolge ist sie eine Kombination aus einem Wunsch nach einem bestimmten Ergebnis und der Auffassung, dass es möglich, aber nicht sicher ist, dass dieses Ergebnis Realität wird. Zugegebenermaßen fängt diese Definition eine Vielzahl an Fällen von Hoffnung ein, sie ist aber dennoch nicht zufriedenstellend, weil sie zum einen nicht alle Fälle von Hoffnung abdeckt und zum anderen Fälle aufgreift, die definitiv nicht als Hoffnung beschrieben werden können. Des Weiteren ist sie so weit von unserem Handlungsleben und Bewusstseinsleben entfernt, dass sie im Grunde keine nennenswerte Aufklärung darüber liefert, was Hoffnung ist. Das Hoffen ist typischerweise mit unserer Einbildungskraft verknüpft, indem wir uns den Ausgang und mögliche Wege dahin vorstellen, sowie mit unserem Handlungsleben, indem wir etwas tun, um den gewünschten Ausgang zu verwirklichen. Außerdem hat die Hoffnung eine motivierende Kraft – sie liefert uns oft einen mentalen Schub, der es uns erleichtert, Widrigkeiten zu ertragen. Nun ist es nicht Aufgabe einer Definition, *alles* zu beinhalten, was über ein Phänomen gesagt werden kann, allerdings können Definitionen auch so dürftig ausfallen, dass sie wenig informativ sind.

Ein Problem der orthodoxen Definition ist, dass sie nur eine spezifische Hoffnung abdeckt und nicht das, was ich später als transzendentale, grundlegende oder radikale Hoffnung bezeichnen werde, die dadurch charakterisiert ist, dass sie kein Objekt hat und dementsprechend auch nicht als Wunsch nach einem spezifischen Resultat beschrieben werden kann. Diese andere Form der Hoffnung werde ich erst im letzten Kapitel diskutieren, weshalb ich diesen spezifischen Einwand gegen die orthodoxe Definition bis auf Weiteres außer Acht lasse. Weiterhin könnte eingewendet werden, dass man selbst noch auf Dinge hoffen kann, von denen man nur eine äußerst vage Vorstellung hat. Zum Beispiel glaube ich, dass jeder Mensch die Hoffnung hegt, glücklich zu werden, ohne dass sehr viele von uns eine besonders klare Vorstellung davon haben, woraus das Glück genau besteht. Insofern ist es problematisch zu fordern, dass Hoffnung einen Wunsch nach einem bestimmten Resultat voraussetzt, wenn uns doch unklar ist, was genau dieses Ergebnis beinhaltet.

Die Definition weist auch noch andere Schwächen auf. Sie ist nicht zuletzt problematisch, weil es Fälle gibt, die wir nicht als Fälle von Hoffnung betrachten, die aber die Bedingungen der Definition erfüllen. Angenommen ich bin drogenabhängig und möchte meiner Abhängigkeit entkommen, weil ich begriffen habe, dass sie mein Leben zerstört und weil ich denke, dass es möglich ist, clean zu werden, ich bin mir aber höchst unsicher, ob es mir gelingen wird. Dieses Beispiel erfüllt die Kriterien der orthodoxen Definition, jedoch kann es sich ebenso gut um eine Beschreibung von Verzweiflung wie von Hoffnung handeln. Der Einwand besteht also darin, dass die Definition nicht in der Lage ist, zwischen diesen höchst verschiedenartigen Phänomenen zu unterscheiden.[36]

Ein anderes Beispiel könnte so lauten, dass Sie und ich am 5. Juli 1980 auf der Tribüne in Wimbledon saßen, um das Finale zwischen Björn Borg und John McEnroe zu sehen. Zudem hatten wir beide den Wunsch, Borg würde gewinnen und seinen fünften

Titel in Folge einheimsen. In den Spielen bis zum Finale hatte Borgs Form geschwankt, aber nichtsdestoweniger war er der amtierende Meister und der beste Spieler der Welt. McEnroe seinerseits stand auf Rang zwei der Weltrangliste und hatte bis zum Finale sehr überzeugende Spiele abgeliefert. In der Auseinandersetzung zwischen den beiden stand es zu diesem Zeitpunkt 4:3 für Borg. Wir sind uns einig, dass vollkommen ungewiss ist, ob sich das Spiel in die eine oder in die andere Richtung entwickeln wird, und beurteilen die Wahrscheinlichkeit mit Fünfzigfünfzig. Unsere Positionen gleichen sich also, sowohl im Wunsch als auch in der Einschätzung der Wahrscheinlichkeit. Den ganzen Kampf hindurch, 3 Stunden und 53 Minuten, befinden wir uns jedoch in diametral entgegengesetztem Zustand, wobei Sie von Hoffnung erfüllt sind, dass Borg gewinnt, während ich voller Furcht bin, dass er verliert. Diesen Unterschied zwischen uns kann die orthodoxe Definition nicht erklären.

Ein weiteres mögliches Beispiel könnte sein: Sie und ich kaufen jeweils ein Los einer Lotterie, die Einnahmen für die Krebsgesellschaft generiert. Nehmen wir zudem an, dass wir beide gern den ersten Preis haben würden und dass wir die Wahrscheinlichkeit zu gewinnen gleich einschätzen. Der Unterschied zwischen uns besteht nun darin, dass Sie hoffen zu gewinnen, obwohl Sie wissen, dass die Wahrscheinlichkeit dafür sehr gering ist, während ich die Wahrscheinlichkeit für so niedrig halte, dass ich keinerlei Hoffnung auf den Gewinn habe – dennoch finde ich es gut, die Krebsgesellschaft mit ein paar Euro zu unterstützen. Wir würden beide die orthodoxe Definition von Hoffnung erfüllen, obwohl nur von einem von uns gesagt werden kann, dass er hofft. Es scheint etwas mehr erforderlich zu sein als nur die Erfüllung der beiden Kriterien des Hoffens. Worin besteht der Unterschied zwischen dem Hoffenden und dem Nicht-Hoffenden? Es scheint an die jeweils eigene Einstellung geknüpft zu sein, an den eigenen emotionalen Zustand, und dennoch kann Hoffnung nicht darauf reduziert werden, nur ein Gefühl zu sein.

Verschiedene Philosophen und Psychologen haben versucht, die orthodoxe Definition zu verbessern, indem sie neue Kriterien hinzugefügt haben, die dafür sorgen sollen, die Definition zweckmäßiger abzugrenzen, das heißt besser einzufangen, welche Fälle als Hoffnung betrachtet werden sollten und welche nicht.[37] Der belgische Philosoph Luc Bovens behauptet, Hoffnung setze »mentale Vorstellungen« voraus.[38] Die Prämisse ist, dass man nur dann sagen kann, dass eine Person hofft, wenn der Betreffende über das Objekt der Hoffnung nachgedacht hat. Treffe ich beispielsweise bei einer Konferenz auf einen ehemaligen Kollegen und sage, ich hätte gehofft, ihn dort zu treffen, wäre das unwahr, wenn ich der Möglichkeit, ihm auf der Konferenz zu begegnen, keinen Gedanken geopfert hätte. Bovens setzt nicht voraus, dass wir mentale *Bilder* haben müssen –

es kann sich um rein begriffliche Vorstellungen handeln. Es wirkt recht einleuchtend, dass man nur hoffen kann, sofern das, worauf man hofft, in irgendeiner Form Gegenstand der eigenen bewussten Gedanken ist. Das schließt »unbewusste Hoffnung« aus, falls jemand den Wunsch hatte, hierfür das Wort zu ergreifen. Auch ich akzeptiere keine Kategorie namens »unbewusste Hoffnung«, jedoch gibt es zweifellos eine Unmenge *unthematisierter* Hoffnung, das heißt Hoffnung, die im eigenen Handlungs- und Bewusstseinsleben operativ ist, ohne dass man sie explizit zum Gegenstand der eigenen Aufmerksamkeit gemacht hat. Über mich könnte man zum Beispiel sagen, ich hoffe, dass der Bus, den ich nehmen will, auch auftaucht – weil es sich dabei um etwas handelt, von dem ich erwarte, dass es geschieht, ohne es sicher wissen zu können –, sollte es jedoch keine bekannten Probleme mit dem öffentlichen Nahverkehr geben, ist das nichts, worauf ich mein Bewusstsein in besonderem Maß gerichtet hätte. Meinem Ermessen nach tragen Bovens' »mentale Vorstellungen« nicht nennenswert dazu bei, das Phänomen Hoffnung zu beleuchten.

Der irische Philosoph Philip Pettit unterscheidet zwischen oberflächlicher und substanzieller Hoffnung und behauptet, letztgenannte erfordere kognitive Entschlossenheit (*cognitive resolve*).[39] Damit ist gemeint, dass eine Person, die substanziell hofft, sich gleichzeitig dazu entschließen wird, so zu handeln, als werde die Hoffnung erfüllt oder zumindest aller

Wahrscheinlichkeit nach erfüllt. Pettit akzeptiert die orthodoxe Definition als eine Analyse »oberflächlicher« Hoffnung, meint jedoch, sie decke nicht das ab, was uns in einer Reihe wichtiger Fälle von Hoffnung interessiert, und bringt uns zudem dazu, der Hoffnung Wert beizumessen. Es ist einfach, Beispiele für Formen der Hoffnung anzuführen, bei der man nur oberflächlich hofft – kauft man etwa ein Los für eine Lotterie, ohne gleichzeitig den Beschluss zu fassen, so zu handeln, als würde man gewinnen. Substanziell würde man hingegen hoffen, wenn man den Gewinn als gegeben betrachtet und sich einen teuren Sportwagen kauft. Der Großteil unserer Hoffnung liegt vermutlich irgendwo zwischen diesen Extremen, wobei wir teils so handeln, als würde es sich wie erhofft entwickeln und teils so, als würde es dies nicht tun. Angenommen ich bekomme eine ernsthafte Krankheitsdiagnose und hoffe zu überleben, obwohl ich weiß, dass die Chancen dafür nicht sehr gut stehen. In einer solchen Situation kann ich zwar das Kriterium der substanziellen Hoffnung erfüllen, indem ich Pläne mache, was ich mit meiner Familie unternehme, nachdem ich gesund geworden bin, zum Beispiel eine tolle Reise in ferne Gefilde, gleichzeitig aber kann ich die Kriterien nicht erfüllen, weil ich auch so handle, als würden die Dinge sich nicht nach meinen Wünschen entwickeln, indem ich ein Testament aufsetze und für Ordnung in meinen Hinterlassenschaften sorge. Sollte diese Hoffnung also als »oberflächlich« oder als »substanziell« betrachtet werden? Ist die Hoffnung des Patienten weniger »substanziell« als die des Sportwagenkäufers, weil Erstgenannter auch für einen ungünstigen Ausgang plant? Obwohl man hofft, wird man also oft nicht alles auf eine Karte setzen, sondern auch für ein alternatives Szenario planen. Was Pettit beschreibt, ist eine Art absolute Hoffnung, aber normalerweise haben wir mehrere Gedanken zugleich im Kopf. Man kann sagen, dass die typische Hoffnung, selbst dann, wenn etwas Wichtiges auf dem Spiel steht, eine teilweise Hoffnung ist. Normalerweise betrachtet der Hoffende den gewünschten Ausgang nicht als gegeben, sondern hält an der *Möglichkeit* fest, dass es gut gehen kann, und wird gern so handeln, dass sich die Wahrscheinlichkeit für das gewünschte Ergebnis erhöht. Eine »substanzielle« Hoffnung im Sinne von Pettit scheint eher ein Beispiel für subjektive Gewissheit oder Erwartung zu sein statt für Hoffnung. Vielleicht ist es angemessener zu sagen, dass eine solche kognitive Entschlossenheit ein Teil der eigenen Hoffnung sein kann, sofern der Ausgang weiterhin nur als Möglichkeit betrachtet wird, und dass dies eine zweifelhafte Basis ist, um zwischen distinkten Typen der Hoffnung zu unterscheiden.

Die amerikanische Philosophin Adrienne Martin hat eigenen Worten zufolge eine »Inkorporationstheorie« der Hoffnung entworfen, nach der ein Akteur das erhoffte X wollen muss, er muss glauben, dass X einen gewissen Grad an Wahrscheinlichkeit hat, glauben, dass es rational akzeptabel ist, die Wahrscheinlichkeitsbewertung als Grundlage für die Planung von X zu verwenden, und schließlich glauben, dass die attraktiven Aspekte von X ein ausreichender Grund sind, auf X zu hoffen.[40] Aus einer »Inkorporationsperspektive« heraus ist das Handeln auf Grundlage eines Gefühls oder einer Neigung gleichbedeutend damit, wenn man das Gefühl oder die Neigung als einen hinreichenden *Grund* zum Handeln betrachtet. Die Parallele zwischen Hoffnung und Handlung ist indessen unzulänglich. Um in einer bestimmten Weise zu handeln, muss man der Meinung sein, hinreichend Grund zum Handeln zu haben, um zu hoffen, scheint man jedoch nicht erst glauben zu müssen, hinreichend Grund zum Hoffen zu haben. Man kann der Meinung sein, die eigene Hoffnung sei faktisch nicht vertretbar, beispielsweise, weil diese Hoffnung über unmoralische Seiten verfügt, die man rational nicht vertreten kann, während man gleichzeitig anerkennen muss, diese Hoffnung tatsächlich zu haben. So betrachtet ist die Hoffnung eher mit anderen Gefühlen wie mit Angst verwandt als mit Handlungen. Ich kann zweifellos etwas fürchten, ohne zu meinen, dass es einen haltbaren Grund für diese Angst gibt. Erneut: Ein Akteur *kann* zweifellos so hoffen, wie Martin es beschreibt. So kann ich den Wunsch haben, dass das Soufflé in meinem Ofen nicht zusammenfällt, der Meinung sein, dass es das wohl kaum tun wird, guten Grund zu der Annahme haben, es den Gästen wie geplant servieren zu können und schließlich meinen, dass das Soufflé so gut wird, dass es wert ist, darauf zu hoffen. Es gibt jedoch wenig Grund zu der Annahme, dass alle Akteure immer in einer derart intellektualisierenden Weise hoffen. Die Hoffnung fügt sich nicht zwangsläufig unseren rationalen Überzeugungen; so kann man beispielsweise meinen, dass X am rationalsten ist, aber dennoch auf Y hoffen. Oder man kann auf X hoffen und sich gleichzeitig dessen bewusst sein, dass die attraktiven Seiten an X *kein* hinreichender Grund sind, auf X zu hoffen.

Ein Problem der meisten intellektualistischen Theorien der Hoffnung, wie die von Martin, besteht darin, dass sie unterschätzen, dass unsere Hoffnungen auch durch eine emotionale Widerspenstigkeit gekennzeichnet sind und sich nicht ohne Weiteres unseren rationalen Erwägungen fügen.[41] Ich kann auf etwas hoffen, von dem ich nur allzu gut weiß, dass ich nicht darauf hoffen sollte. Vermutlich haben die meisten von uns bereits die Erfahrung gemacht, auf etwas zu hoffen, von dem wir wissen, dass es nicht gut für uns ist und von dem man allgemein wünscht, dass es *nicht* eintrifft. So kann ich mir zum Beispiel völlig bewusst sein, dass eine Freundin, die mich verlassen hat, mein Leben keineswegs besser gemacht hat und ich so gesehen überaus zufrieden sein sollte, von ihr verlassen worden zu sein, aber dennoch auf nichts mehr hoffen, als dass sie zu mir zurückkehrt. Eine solche Hoffnung ist ebenso real wie eine Hoffnung, der ich meine rationale Zustimmung gebe. Ich wünsche mir, dass sie zu mir zurückkehrt, selbst wenn ich es mir meiner Vernunft zufolge nicht wünschen sollte.

Ein Drogenabhängiger kann in der Hoffnung, eine vergessene Tüte oder Dose mit Drogen zu finden, alle Sachen und Schubladen durchsuchen und gleichzeitig nicht wünschen, eine Dosis zu nehmen, weil ein drogenfreies Dasein sein größter Wunsch ist. Ein solcher Akteur hat widersprüchliche Präferenzen der ersten und zweiten Ordnung, wobei die Präferenz der ersten Ordnung darin besteht, mehr Drogen zu nehmen, während die Präferenz der zweiten Ordnung darin besteht, es nicht zu tun. Dieser Akteur hofft sozusagen auf etwas, worauf zu hoffen er nicht wünscht. Sehe ich einen Nachbarn, den ich nicht sonderlich mag, auf einer etwas wacklig platzierten Leiter stehen und eine kaputte Dachrinne reparieren, kann ich mich bei der Hoffnung ertappen, dass er herunterfallen und sich wehtun möge, und gleichzeitig wünschen, dass dies nicht passiert. Eventuell könnte man sagen, ich hätte widersprüchliche Wünsche, nämlich indem ich sowohl wünsche als auch nicht wünsche, dass er herunterfällt. Dann müsste man vielleicht sagen, dass ich sowohl hoffe als auch nicht hoffe, dass der Nachbar von der Leiter fällt. Ich kann mich meiner Wünsche und daher auch meiner Hoffnung schämen. Ich kann mich meiner Hoffnung schämen, weil ich auf etwas hoffe, von dem ich finde, dass ich nicht darauf hoffen sollte, wenn meiner Hoffnung etwa Neid zugrunde liegt. Wie der französische Moralist und Adelige François de La Rochefoucauld anmerkte: »Man prahlt oft mit Leidenschaften, selbst den strafbarsten; aber der Neid ist eine scheue und verschämte Leidenschaft, die man nie einzugestehen wagt.«[42] Zu hoffen, dass es jemandem schlecht geht, weil man neidisch auf den Betreffenden ist, ist so niederträchtig, dass man sich dafür schämen sollte. Und doch kommt genau das vor.

Eines der beiden Grundelemente der orthodoxen Definition, nämlich dass es um etwas gehen muss, das man sich wünscht, ist problematisch, weil unsere Wünsche widersprüchlich sein können, weil wir gleichzeitig etwas wünschen und nicht wünschen können, und wir können wünschen, keinen Wunsch zu haben und so weiter. Das letzte Kriterium, nach dem es sich um etwas handeln muss, das möglich, aber nicht sicher ist, betrachte ich als überzeugend, allerdings ist es gleichzeitig unzureichend, um Hoffnung von unzähligen anderen Phänomenen zu unterscheiden, bei denen ein Akteur die Zukunft als ungewiss betrachtet, wo jedoch »Hoffnung« nicht der naheliegendste Ausdruck ist, um den mentalen Zustand des Betreffenden zu beschreiben.

Der orthodoxen Definition fehlt es auch an einer Verbindung zu unserem Handlungsleben. Neben anderen weist der amerikanische Psychologe Charles R. Snyder darauf hin, dass hoffen bedeutet, sich selbst dazu in der Lage zu sehen, mögliche

Wege zum Erreichen der eigenen Ziele zu finden und dementsprechende Wege zu gehen.[43] In einer solchen Perspektive wird Hoffnung sich typischerweise in Handlung manifestieren. Hoffen ist dann etwas, das man *tut*. Einer solchen Betrachtung zufolge wird die Hoffnung überdies wahrscheinlichkeitssteigernd sein. Weil Sie hoffen, wird es wahrscheinlicher, dass Sie erreichen, was Sie hoffen. Dies ist dem Umstand geschuldet, dass Hoffnung sich in Handlungen manifestiert, die uns an ein Ziel führen, und auf diese Weise kommen wir dem Ziel näher, als wenn wir nicht hoffen und nicht handeln. Was gegen die starke Betonung der Hoffnung als Handlung bei Snyder und anderen spricht, ist, dass wir auch in Kontexten hoffen, in denen unsere Handlungen für den Ausgang irrelevant sind, in denen wir nichts anderes tun können, als zu beobachten, wie es sich letztendlich entwickelt. Angenommen wir befänden uns in der gleichen Situation wie in Lars von Triers Film *Melancholia* (2011), in dem ein gleichnamiger Planet Kurs auf die Erde hält und bei einem Zusammenprall alles Leben auslöschen würde. Solange es eine Möglichkeit gibt, dass die Erde nicht vom Planeten Melancholia getroffen wird, ist Raum für Hoffnung, obwohl faktisch niemand irgendetwas tun kann, um den Ausgang in die eine oder andere Richtung zu beeinflussen. Ein weniger spektakuläres Beispiel wäre die eintreffende Nachricht, dass jemand mir Nahestehendes mit dem Krankenwagen abgeholt wurde und nunmehr auf dem OP-Tisch liegt, wo es um Leben und Tod geht. Selbstverständlich werde ich auf eine erfolgreiche Operation hoffen, obwohl ich nicht beeinflussen kann, was im OP passiert. Ich kann also zweifellos hoffen, obwohl ich den Ausgang nicht durch eigenes Handeln beeinflussen kann. Nicht nur das: Man kann auch auf ein Ergebnis hoffen und dabei faktisch, wenn auch nur marginal, einen Beitrag zu diesem Ausgang leisten, und trotzdem nicht handeln. Beispielsweise kann man auf einen Regierungswechsel hoffen, aber dennoch keine Zeitungsbeiträge verfassen, sich nicht in einer Partei engagieren, keine finanzielle Unterstützung leisten oder aus Bequemlichkeit nicht einmal seine Stimme abgeben, weil es am Wahltag regnet. Eine solche Hoffnung kann nicht als sonderlich tiefgreifend beschrieben werden, aber dennoch ist es eine Hoffnung.

Hoffnung muss also nicht in Handlung münden, obwohl sie das oft tut. Auch in den Fällen, in denen man einen eigenen Beitrag weder leisten kann noch will, ist die Hoffnung Ausdruck dafür, dass man ein aktiver Akteur mit einem Interesse und einer Bereitschaft zum Handeln ist, sollte sich die Möglichkeit dafür eröffnen. Führt Hoffnung zu Handlung, beinhaltet dies immer eine Einsicht in die *Begrenzungen* unserer Tatkraft. Könnten wir ohne Weiteres, ohne irgendwelche Hindernisse innerer und äußerer Art, das erreichen, was wir uns wünschen, bestünde kein Raum für Hoffnung. Hoffnung impliziert das Bewusstsein, dass unser Ziel nicht zwangsläufig verwirklicht wird, unabhängig davon, wie viel Einsatz wir an den Tag legen. Wir sind begrenzte Wesen, und in der Hoffnung versuchen wir, mit diesen Begrenzungen umzugehen. Die Hoffnung gibt uns eine Richtung, ein Erleben eines gewissen Maßes an Kontrolle, weil sie der Zukunft in all der Unsicherheit Struktur verleiht. Dadurch hilft sie uns auch dabei, durchzuhalten, wenn sich das Dasein gegen uns stellt.

Die amerikanische Philosophin Margaret Urban Walker beschreibt Hoffnung als ein »Syndrom«, das heißt, als ein komplexes Phänomen, das eine Vielfalt an Gefühlen, Dispositionen, Gedanken, Handlungen und so weiter beinhaltet, und behauptet, es sei wenig fruchtbar zu versuchen, dieses auf einen kleinsten gemeinsamen Nenner einzuschränken.[44] Vielmehr sei es am zweckmäßigsten, sich der Hoffnung durch das anzunähern, was Wittgenstein als Familienähnlichkeiten bezeichnet. Wittgenstein illustriert dies anhand des Begriffes »Spiel«: Es gibt keine einzelne Eigenschaft, die allem, was als Spiel bezeichnet wird, gemein ist, dennoch sind alle Spiele durch ein Netzwerk von Ähnlichkeiten miteinander verbunden.[45] Eine Konsequenz der Annäherung an den Begriff »Hoffnung« über einen wittgensteinschen Einfallswinkel besteht darin, dass man sich der Beispiele bedienen muss. Man kann Beispiele dafür benennen, was man als Hoffnung bezeichnen würde und was nicht, aber weder kann noch sollte man eine Definition mit notwendigen und hinreichenden Bedingungen anführen. Hoffnung lässt sich isoliert schwer verstehen und muss im Zusammenhang mit unzähligen anderen Seiten des menschlichen Lebens betrachtet werden.

Ist es irrational zu hoffen?

Es kann unmittelbar irrational erscheinen zu hoffen, weil dies bedeutet, sein Vertrauen in etwas zu setzen, das höchst unsicher ist, und dass man sich dieser Unsicherheit wohl bewusst ist. Würde eine rationale Einstellung zum Leben nicht gebieten, sich vielmehr auf das Sichere zu berufen und eventuelle gute Ergebnisse, die darüber hinausgehen, als reinen Bonus zu betrachten? Dies mag möglicherweise so erscheinen, jedoch ist es auch denkbar, dass Hoffnung an sich einen besseren Ausgang wahrscheinlicher macht als Gewissheit allein.

Nietzsches Skepsis gegenüber der Hoffnung

Wie bereits gesehen, steht Nietzsche der Hoffnung milde ausgedrückt skeptisch gegenüber, als er den Pandora-Mythos kommentiert und behauptet, die Hoffnung sei das schlimmste aller Übel, weil sie die Leiden des Menschen verlängere. Besonders skeptisch ist er gegenüber jenen, die die Hoffnung an das Jenseitige knüpfen. Eine solche Hoffnung versklave die Menschen zu einem Leben in einer Illusion, und es ist eine Hoffnung, die weder widerlegt noch durch ihre Verwirklichung gegenstandslos gemacht werden kann, gerade weil sie sich in unserem irdischen Leben niemals erfüllen wird: »Die starke *Hoffnung* ist ein viel größeres Stimulans des Lebens, als irgend ein einzelnes wirklich eintretendes Glück. Man muß Leidende durch eine Hoffnung aufrecht erhalten, welcher durch keine Wirklichkeit widersprochen werden kann, – welche nicht durch eine Erfüllung *abgethan* wird: eine Jenseits-Hoffnung.«[46] Auch der mit dem Diesseitigen verbundenen Hoffnung steht Nietzsche höchst kritisch gegenüber und behauptet unter anderem, dass der Staat nicht zuletzt durch das Schulwesen junge Menschen zu einer Reihe von Vorstellungen indoktriniere, wie sie leben sollten, dass sie sich beispielsweise Karriere und Familie zulegen sollten, was »ein Netz von Hoffnungen [bildet], in welches jeder junge Mann hineinläuft«.[47] Skeptisch ist er außerdem gegenüber »sozialistischen Rattenfängern«, die die Menschen mit »tollen Hoffnungen« füttern, auf deren Erfüllung durch Kräfte außerhalb ihrer selbst sie warten müssten.[48] Die Hoffnung passiviere und sei das eigentliche »Opium des Volkes«, um sich einer Formulierung von Marx zu bedienen. Der griechische Stoiker Epiktet wird als ein Ideal hervorgehoben: Er war sich selbst genug, gerade weil er auf überhaupt nichts hoffte.[49] Epiktets Rat für das Leben lautete, man solle nicht danach streben, dass die Dinge so geschehen, wie man es sich wünschte, sondern vielmehr wünschen, dass sie genau so geschehen, wie sie es tun.[50]

Gleichzeitig finden sich in Nietzsches Schriften vereinzelt positive Bemerkungen über die Hoffnung.

So verbindet er Hoffnung beispielsweise mit einer Veränderung der Gesellschaft, die einem neuen Verständnis des menschlichen Lebens folgt:

> Unsere gesellschaftliche Ordnung wird langsam wegschmelzen, wie es alle früheren Ordnungen getan haben, sobald die Sonnen neuer Meinungen mit neuer Glut über die Menschen hinleuchteten. *Wünschen* kann man dies Wegschmelzen nur, indem man hofft: und hoffen darf man vernünftigerweise nur, wenn man sich und seinesgleichen mehr Kraft in Kopf und Herz zutraut als den Vertretern des Bestehenden. Gewöhnlich also wird diese Hoffnung eine *Anmaßung*, eine *Überschätzung* sein.[51]

Hoffnung ist nur berechtigt, wenn es Grund zu der Annahme gibt, dass sie erfüllt werden kann. Leider kann sie nur erfüllt werden, wenn es »neue Menschen« von einem anderen Kaliber gibt als jene, die die moderne Welt bisher bewohnt haben. Nietzsche scheint weiterhin der Meinung, wir würden leicht vom Hoffen zum Glauben übergehen, indem wir glaubten, dass die Hoffnung, die Welt verändern zu können, berechtigt sei, nur weil wir hoffen, dies tun zu können, was eine Fehleinschätzung in Form einer Überschätzung unserer selbst beinhalte. So macht die Hoffnung uns eingebildet. Hoffnung wird nichts anderes als Wunschdenken. Nietzsche zufolge besteht der Erbfehler der Philosophen darin, vom Menschen der Gegenwart auszugehen und zu glauben, durch dessen Analyse ihr Ziel erreichen zu können.[52] Die Hoffnung müsse vielmehr mit einem zukünftigen Menschen verbunden werden, der von anderer Art sei als der gegenwärtige. Seiner Andeutung zufolge könne dieser Mensch zwar noch »einige Jahrtausende« fern sein, dafür aber »noch größere Hoffnungen wagen« dürfen.[53] Nietzsche hofft, dass es in der Zukunft möglich sein wird, größer zu hoffen, als es für den Menschen der Gegenwart der Fall ist.

Nietzsche eröffnet also, im Gegensatz zu seinem früheren philosophischen Vorbild Arthur Schopenhauer, die Möglichkeit für eine Hoffnung. Allerdings handelt es sich dabei nicht um eine Hoffnung für uns gewöhnliche Menschen. Für uns ist es irrational zu hoffen. Das Größte für uns Erreichbare ist es, das Schicksal zu akzeptieren oder vielmehr, es zu umarmen und zu lieben: »Meine Formel für die Größe am Menschen ist *amor fati*: daß man nichts anders haben will, vorwärts nicht, rückwärts nicht, in alle Ewigkeit nicht. Das Notwendige nicht bloß ertragen, noch weniger verhehlen – aller Idealismus ist Verlogenheit vor dem Notwendigen – sondern es *lieben* …«[54] Der Gedanke ist, sich unverwundbar zu machen: »das Notwendige verletzt mich nicht; *amor fati* ist meine innerste Natur.«[55] Dadurch aber scheint Nietzsche in die Position zurückzufallen, für die er die Stoiker zurecht kritisiert. Der Irrtum der Stoiker bestand darin, Lust zu eliminieren, um der Unlust zu entkommen.[56] Der Stoiker »übt sich, Steine und Gewürm, Glassplitter und Skorpionen zu verschlucken und ohne Ekel zu sein; sein Magen soll endlich gleichgültig gegen alles werden, was der Zufall des Daseins in ihn schüttet.«[57] Obwohl uns das Dasein zweifellos vor Prüfungen stellt, sei es wirklich nicht so schlimm bestellt, dass wir Stoiker werden müssten, merkt Nietzsche an.[58] Wir sollten mehr aus dem Leben machen als das, wofür der Stoizismus Raum bietet. Wer das Schicksal liebt, müsse auch den Schmerz lieben, der ein Teil dieses Schicksals ist, behauptet Nietzsche, während der Stoiker versucht, sich vor dem Schmerz voll und ganz abzuschirmen. Ab und an scheint Nietzsche den Schmerz zu fetischisieren, wie etwa, wenn er schreibt, nach Leid zu »dürsten«, sein Argument ist jedoch, dass für denjenigen, der auch Freude erleben können soll, Schmerz unvermeidbar ist.[59]

Der Gewinn der Hoffnung

Zu hoffen bedeutet für den rumänischen Philosophen Emil M. Cioran blind für das Leben zu sein, so wie es ist, indem man sich einer Illusion hingibt. Hoffnung charakterisiere den Schwachen, der nicht in der Lage sei, wahren Pessimismus anzunehmen: »So lange man nicht von der Manie zu hoffen geheilt ist, ist und bleibt man Sklave.«[60] Aber von was genau ist man befreit, sollte es einem gelingen, diese Manie abzulegen? Für Cioran ist Hoffnung passivierend – sie macht das

Leben zu einem ewigen Prozess des Wartens.[61] So kann Hoffnung zwar sein, muss sie aber nicht. Es gibt auch aktive Hoffnung. Außerdem fällt es schwer, sich etwas Passivierenderes vorzustellen, als ohne Hoffnung zu sein. An einer Stelle schreibt Cioran darüber, dass er sich in einem Zustand ohne Hoffnung befände, in dem alles, was das Leben attraktiv machen könne, sinnlos sei, in dem er weder etwas für die Zukunft noch für die Vergangenheit empfände, während die Gegenwart giftig wirke, er nichts verlieren könne, weil er alles verloren habe und besonders, weil er von allem *entfernt* sei.[62] Allerdings kann man sich fragen: Wäre er überhaupt in der Lage gewesen, diese Zeilen zu schreiben, wenn er sich in dem von ihm beschriebenen Zustand befunden hätte? Vermutlich nicht, denn in einem solchen Zustand würde er sich nicht einmal ums Schreiben kümmern können. In diesem Sinne kann man sagen, dass Cioran zwar recht hat, dass Hoffnung passivierend sein kann, doch nichts ist passivierender als Hoffnungslosigkeit.

Der amerikanische Professor für Rechtswissenschaften William Ian Miller ist für gewöhnlich ein kluger und unterhaltsamer Autor, wenn auch mit beträchtlicher Schwermut, die mit jedem Buch stärker wurde. Über die Hoffnung, die er als eine Form von Irrationalität betrachtet, die den Mensch im Elend begleitet, hat er nicht viel Positives zu sagen.[63] Stattdessen hebt er das Phänomen *Glück* hervor. Das Gefühl, Glück gehabt zu haben, erzeuge Dankbarkeit.

Dabei handele es sich um ein rückblickendes Gefühl, weil der Ausgang bereits entschieden ist und man erleichtert aufatmen kann. Sowohl kleine als auch große Hoffnungen endeten in der Regel in Enttäuschung, weshalb man Hoffnung vergessen und vielmehr dankbar sein solle, wenn man mitunter auch einmal Glück gehabt habe, behauptet Miller. Dies ist ein schlechter Rat.

Ein Standardargument gegen die Hoffnung lautet: Wenn man nicht hofft, wird man auch nicht enttäuscht, sollte es schiefgehen, während man immer noch volle Befriedigung erlangen kann, wenn es gut läuft. Indem man nicht hofft, beseitigt man das Risiko enttäuscht zu werden, hat aber gleichwohl die Möglichkeit zu gewinnen. Dieses Argument baut auf der Voraussetzung auf, dass die Wahrscheinlichkeit X zu erreichen nicht davon beeinflusst wird, ob man auf X hofft. Dies ist eine zweifelhafte Voraussetzung, weil sie die Hoffnung losgelöst von unserem Handlungsleben betrachtet, und in vielen Fällen wird eine Hoffnung auf X Handlungen fördern, die die Wahrscheinlichkeit für das Erreichen von X erhöhen. Wie hoffnungsvoll ein Individuum ist, ist ein starker Prädikator dafür, wie gut es diesem Individuum gelingt, seine Lebensziele zu verwirklichen, wie beispielsweise gut funktionierende Beziehungen zu anderen, das Meistern von Ausbildung und Beruf, das Erleben des Daseins als sinnvoll und so weiter. Auch hoffnungsvolle Menschen erleben Rückschläge und ihnen misslingen Dinge, sie werden von

Unglücken und Tragödien getroffen, die Wahrscheinlichkeit jedoch, dass man das erreicht, was man sich im Leben wünscht, ist größer, wenn man hoffnungsvoll ist, als wenn man es nicht ist.[64]

Es gibt natürlich Fälle, in denen man das Ergebnis nicht durch die eigenen Handlungen beeinflussen kann, und in solchen Fällen mag das Argument überzeugender erscheinen. Allerdings ist die Gleichung komplizierter, als der Skeptiker es voraussetzt. Bei der Hoffnung nimmt man sich einen Teil der Freude als Vorschuss, und es ist nicht klar, ob diese Freude geringer ist als die Enttäuschung, sollten die Dinge nicht wie gewünscht laufen. Wenn die Aussichten richtig schlecht sind, kann Hoffnung auch Trost spenden.

Als mein Vater an Krebs erkrankte, hielt die Hoffnung ihn aufrecht. Ich begleitete ihn zum Arzt ins Ullevål Krankenhaus, als er die äußerst entmutigende Krebsdiagnose erhielt. Die Wahrscheinlichkeit Speiseröhrenkrebs zu überleben ist sehr gering, und der Krankheitsverlauf ist milde ausgedrückt wenig verlockend. Der Arzt, der die Botschaft überbrachte, war vor allem daran interessiert, keine falsche Hoffnung zu erzeugen. Das Problem war, dass er überhaupt keinen Raum für Hoffnung ließ. Glücklicherweise bekam mein Vater einen neuen Arzt, der die Situation keineswegs schönredete, der jedoch auf die vorhandenen Möglichkeiten hinwies. Das gab meinem Vater eine Aufgabe: sich bestmöglich in Form zu halten, sodass er eine sehr umfassende Operation überstehen und nach der Operation wieder fit werden würde. Es war ein sehr komplizierter Krankheitsverlauf und anderthalb Jahre später starb er, nicht an dem Geschwür in der Speiseröhre, sondern an der Streuung in andere Organe. Man kann sagen, dass er ein Jahr lang mit Hoffnung lebte und anschließend ein halbes Jahr mit der Akzeptanz, dass es keine Grundlage für Hoffnung mehr gab. Oder besser gesagt: Als die Hoffnung gesund zu werden vorüber war, wurde sie durch eine neue ersetzt, und zwar die Hoffnung auf einen bestmöglichen Krankheitsverlauf, bis es zu Ende gehen sollte. Dies war ihm weitestgehend auch vergönnt. Selbstverständlich war die Enttäuschung groß, als klar wurde, dass nichts mehr getan werden konnte, dass die Hoffnung, krebsfrei zu werden, vorüber war, jedoch hat das Hoffen sein Dasein während des Krankheitsverlaufs bis zu diesem Punkt zweifellos wesentlich besser gemacht. Als die Nachricht kam, dass der Krebs gestreut hatte, stellte er sich schnell von Hoffnung auf Akzeptanz um. Was die Lebensqualität betrifft, glaube ich, dass man mit großer Sicherheit sagen kann, dass ein Jahr mit Hoffnung und ein halbes mit Akzeptanz zu einem besseren Leben geführt hat, als es anderthalb Jahre Akzeptanz allein getan hätten.

Die krebskranke amerikanische Autorin Barbara Ehrenreich schrieb: »Ich hasse Hoffnung.«[65] Das verstehe ich, da sie mit einer Form von positiver Psychologie bombardiert wurde, die ihr nicht das Gefühl gestattete, dass das Leben scheiße war, selbst wenn dies genau das war, was sie gerade empfand. Sie erlebte es als einen Druck, den Ernst ihrer aktuellen Lage zu leugnen. Stattdessen befürwortete sie, frei von Hoffnung zu leben, was beinhaltete, die Realität des Krebses anzuerkennen und das Leben dementsprechend zu planen. Jedoch ist dies ein falscher Gegensatz zwischen Hoffnung und Realismus. Wer gut hofft, ist gerade derjenige, der den Zustand der Dinge versteht und anerkennt, gleichzeitig aber betont, dass die Zukunft noch nicht verschlossen ist.

Hoffnung und Selbsttäuschung

Hoffnung kann auch ein Ausdruck für Selbsttäuschung sein, der sich typischerweise an die Wahrscheinlichkeit knüpft, dass das Gewünschte eintrifft. Vielleicht ist es so, dass wir sowohl hoffen können, weil wir Opfer von Selbsttäuschung sind, als auch dass wir Opfer von Selbsttäuschung werden, weil wir hoffen. Selbsttäuschung ist in der Philosophie ein kontroverses Thema, wobei einige Philosophen gar die Existenz dieses Phänomens leugnen. Meiner Meinung nach hat der britische Philosoph Bernard Williams eine plausible Erklärung des Phänomens abgegeben. Seiner Behauptung nach versagt der Selbsttäuschende nicht im Hinblick darauf, aufrichtig sich selbst gegenüber zu sein – denn der Selbsttäuschende *glaubt* in der Tat an die Auffassung, mit der er sich selbst betrügt –, das Versagen liegt vielmehr in fehlender Genauigkeit. Der Selbsttäuschende ist aufrichtig, versagt jedoch darin, sicherzustellen, ob diese Aufrichtigkeit nicht auf wackliger Grundlage aufgebaut ist. Williams schreibt: »Unsere Irrtümer als Selbsttäuschende sind eigentlich vielmehr in unserem Mangel an erkenntnismäßiger Klugheit als Opfer zu finden, denn in unserer Unaufrichtigkeit als Täter.«[66] Weil man wünscht, dass etwas wahr sein soll, widmet man sich nicht der Information, die besagt, dass es im Grunde nicht der Fall ist. Wir verfügen alle über eine Bestätigungstendenz, was bedeutet, dass wir dazu neigen, nach Bestätigungen für das zu suchen, was wir bereits als wahr erachten, und wir sind keineswegs offen dafür, dass es wertvolle Informationen gibt, die unseren Auffassungen widersprechen. Weil man eine Hoffnung hat, sucht man nach Bestätigungen dafür, dass diese Hoffnung berechtigt ist, und übersieht Informationen, denen zufolge die Aussichten schlechter sind. Wer gut hoffen will, muss realistisch hoffen, und das setzt voraus, dass man in der Lage ist, die eigene Bestätigungstendenz zu bekämpfen.

Für einen Philosophen wie Arthur Schopenhauer, zu dem wir im vorletzten Kapitel ausführlich zurückkehren werden, ist Hoffnung wenig anderes als Selbsttäuschung, die wir versuchen sollten, loszuwerden. Doch Hoffnung als solche stellt keineswegs Selbsttäuschung dar. Dazu wird sie erst, wenn wir in irgendeiner Weise, wider besseres Wissen, wider Informationen, denen wir mit gutem Grund Vertrauen schenken können, etwas Unmögliches als möglich einschätzen oder die Möglichkeit für einen gewünschten Ausgang dramatisch überschätzen. Wir haben allerdings keinen Grund zu der Annahme, dass Hoffnungen sehr oft dieser Art sind. Meist sind sie rational vertretbar, obwohl eingeräumt werden muss, dass die überwiegende Mehrheit von uns ein recht schlechtes Verständnis von Wahrscheinlichkeit hat.

Herrscht beispielsweise lange Trockenheit, wohnt dem Wunsch nach Regen nichts Irrationales inne. Ganz im Gegenteil ist er das einzig Angemessene. Es ist auch nichts Irrationales daran, auf Regen zu hoffen, obwohl nahezu alles für eine langanhaltende Trockenheit spricht. Irrational wäre es, zu glauben, dass es zu regnen beginnt, nur weil man es sich wünscht, zu glauben, dass der eigene Wunsch an sich die Ursache für eine Veränderung in der Außenwelt sein kann. Wittgenstein hat eine umfassende Kritik über das Großwerk des Anthropologen James George Frazer verfasst, *Der goldene Zweig* (1890), eine Vergleichsstudie von Religion und Mythologie. Einer der Haupteinwände Wittgensteins war, dass Frazer den Eingeborenen irrationale Überzeugungen bemisst, für die es keine Belege gibt, dass sie zum Beispiel glaubten, ein bestimmtes Ritual würde Regen verursachen. Das Problem besteht darin, dass Frazer nicht sehen kann, was die Eingeborenen tatsächlich tun. Wittgenstein stellt fest: »Frazer ist viel mehr *savage*, als die meisten seiner *savages*, denn diese werden nicht so weit vom Verständnis einer geistigen Angelegenheit entfernt sein, wie ein Engländer des 20sten Jahrhunderts. Seine Erklärungen der primitiven Gebräuche sind viel roher als der Sinn dieser Gebräuche selbst.«[67] Während Frazer glaubt, die Eingeborenen würden ausgehend von fehlerhaften Auffassungen der Kausalzusammenhänge handeln, schlägt Wittgenstein vor, dass sie überhaupt nicht aus solchen Auffassungen heraus handeln.[68]

Einmal habe ich nach einem schlechten Spiel meinen Tennisschläger zerbrochen. Hätte mein Gegner wie Frazer gedacht, hätte er geglaubt, mein Handeln sei ein rituelles Opfer, das den Ausgang des Turniers zu meinen Gunsten verändern solle. Jedoch habe ich nicht ausgehend von einer Erwartung hinsichtlich einer derartigen Wirkung gehandelt. Ich habe schlicht und einfach einen unreifen *Ausdruck* dafür gebraucht, dass ich wütend und enttäuscht war. Das angemessenste Verständnis der rituellen Praktiken der Eingeborenen besteht darin, diese als Ausdruck von Hoffnung und anderem zu betrachten, nicht als irrationale Vorstellungen von Kausalzusammenhängen. Unser Begriff von Kausalzusammenhängen stammt von der Beobachtung von Regularitäten.[69] Wieder und wieder haben wir gesehen, dass B auf A folgt. Welche Regularitäten können die Eingeborenen dazu gebracht haben, einen Kausalzusammenhang zwischen einem bestimmten Ritual und einem bestimmten Naturphänomen wie Regen zu sehen? Es ist unwahrscheinlich, dass Regen oft durch einen bestimmten Tanz verursacht wurde, und die Eingeborenen müssen registriert haben, dass es manchmal regnete, obwohl niemand irgendein Ritual ausgeführt hatte. Nicht zuletzt hätten die Eingeborenen in den trockensten Perioden des Jahres sehr viel tanzen müssen, aber das taten sie nicht. Daher ist es weitaus plausibler, diesen Tanz als einen Ausdruck von *Hoffnung* auf Regen zu betrachten. In einer solchen Perspektive haftet den Handlungsweisen der Eingeborenen nichts Irrationales an. Der Tanz ist der gemeinsame Ausdruck eines Verständnisses davon, dass der gewünschte Regen kommen *kann*.

Hoffnung als solche ist weder rational noch irrational

Dem britischen Philosophen John Stuart Mill zufolge versetzt eine hoffnungsvolle Einstellung gegenüber der Welt unsere mentalen Kräfte in Schwung und hält diese aufrecht.[70] David Hume seinerseits äußert sich in Bezug auf Hoffnung skeptisch, gerade weil sie zu dem führe, was er als »Enthusiasmus« bezeichnet.[71] Da der Ausdruck »Enthusiasmus« heutzutage positiv geladen ist, erscheint es seltsam, dass er gegen das Hoffen sprechen soll, worauf Hume jedoch mit »Enthusiasmus« abzielt, ist eine Art religiöser Wahnsinn, den er keineswegs schätzt. Auf der anderen Seite schreibt er auch, dass die Neigung zu Hoffnung und Freude ein Reichtum im Leben sei.[72] Die Hoffnung könne das Leben bereichern, sie könne aber auch zu Irrationalität führen.

Selbstverständlich kann man in seinem Hoffen irrational sein, allerdings ist dies keine Irrationalität, die der Hoffnung als solcher anhaftet. In absolut allem, Auffassungen einbezogen, kann man fehltreten und der Irrationalität verfallen. Ob die einzelne Hoffnung als rational oder irrational beschrieben werden sollte, hängt ganz davon ab, *wie* man hofft. Ein Großteil der Hoffnung ist zudem nicht-rational, also weder rational noch irrational. Zwei Personen können die Wahrscheinlichkeit eines bestimmten, von beiden gleich stark gewünschten Ausgangs genau gleich einschätzen. Sie gleichen sich mit anderen Worten im Hinblick auf die Rationalität, dennoch kann der eine hoffen, während der andere dies nicht tut, wie wir es am Beispiel der beiden Zuschauer beim Tennismatch zwischen Borg und McEnroe gesehen haben.

Einige beschreiben die Hoffnung als eine Tugend. Tugenden sind Charakterzüge, die einen als Menschen gut funktionieren lassen. Hoffnung tut dies nicht zwangsläufig. Ohne Hoffnung kann man nicht gut funktionieren, allerdings funktioniert man auch mit Hoffnung nicht unweigerlich gut, weil man ebenso schlecht hoffen kann. Anstatt »Tugend« könnte man den Ausdruck »Tauglichkeit« verwenden. Es geht darum, als Mensch zu taugen. Und man könnte behaupten, dass man ohne Hoffnung als Mensch nicht taugen kann. Auf der anderen Seite kann man auch in einer Weise hoffen, die nicht taugt. Hoffnung lässt sich nicht ohne Weiteres mit unserer Rationalität in Einklang bringen. *Was* man hofft, hängt vom eigenen Begehren ab. Ich kann etwas begehren, von dem ich weiß, dass es nicht gut für mich ist oder etwas, das meine eigene Vernunft für wertlos erklärt. Ich werde hier keine so scharfe Trennlinie ziehen wie Hume, der behauptet hat: »Die Vernunft ist nur der Sklave der Affekte und soll es sein; sie darf niemals eine andere Funktion beanspruchen, als die, denselben zu dienen und zu gehorchen.«[73] Ohne hier ins Detail zu gehen, scheint klar, dass rationale Überlegungen eine Rolle spielen, wenn es darum geht, was und wie man begehrt; das Begehren hat aber auch eine eigene Logik, die sich nicht ohne Weiteres der Vernunft fügt.

Hoffnung hat *Gründe*. Hoffnung kann mehr oder weniger berechtigt sein. Derjenige, der hofft, kann derart mit der Wirklichkeit außer Tritt geraten sein, dass aus der Hoffnung kaum mehr als Wunschtraum oder Eskapismus wird. Hingegen ist es nicht irrational zu hoffen, wenn die Hoffnung ein angemessenes Verständnis für die Wahrscheinlichkeit des Gelingens beinhaltet. Um gut zu hoffen, ist mehr erforderlich, als über ein realistisches Verständnis der Wahrscheinlichkeit zu verfügen, dass das Gewünschte wirklich wird. Man braucht auch Geduld, da es dauern kann, es kann Ausdauer erfordern, weil sich der Weg zum Ziel als schwer erweisen kann, es kann Mut notwendig sein, weil der Weg gefährlich ist und so weiter. Hoffnung kann kurz gesagt nicht unabhängig von vielen anderen Faktoren verstanden werden. Um rational zu hoffen, muss man nicht zuletzt auf etwas hoffen, auf das es wert ist zu hoffen.

Hoffnung und Freiheit

Die Hoffnung spielt sich im Bereich des Möglichen ab. Um hoffen zu können, muss das eine oder das andere eintreffen können. Würde sich die Welt ausnahmslos aus Notwendigkeit entwickeln, bestünde neben dem, was meinem fehlenden Wissen über das endgültige Ergebnis geschuldet ist, wenig Raum für Hoffnung. Eine substanziellere Hoffnung muss sich an die eigene Fähigkeit knüpfen, das Ergebnis beeinflussen zu können, daran, dass man dazu beitragen kann, eine Zukunft statt einer anderen zu erschaffen.

Spinoza – Einsicht in Notwendigkeit ist Freiheit

Der niederländische Philosoph Baruch de Spinoza will uns zeigen, wie wir ein glückliches Leben führen können, wobei er deutlich macht, dass Hoffnung nicht Teil dieses glücklichen Lebens ist, da ein solches Leben ein rationales Leben sein muss, während Hoffnung immer ein Ausdruck von Irrationalität ist. Eine solche Irrationalität würde uns, seiner Meinung nach, unfrei machen. In seinem frühen Werk *Kurzer Traktat über Gott, den Menschen und dessen Glück* (ca. 1660) ist ein Kapitel der Furcht und der Hoffnung gewidmet. Hoffnung definiert er als Seelenfreude, die von der Vorstellung eines zukünftigen Guts, das eintreffen kann, hervorgebracht wird, fügt jedoch hinzu, dass diese Freude stets mit etwas Kummer vermischt ist.[74] Geht man hingegen von der Hoffnung zur Gewissheit über, dass das zukünftige Gut eintreffen wird, gibt es keinen Kummer. Gefühle sind für Spinoza unklare Vorstellungen, und sich ihnen hinzugeben bedeutet, sich der Irrationalität hinzugeben. Der Hoffnung gegenüber zeigt Spinoza sich abweisend, weil sie auf einer fehlerhaften Auffassung von der Beschaffenheit der Welt basiere. Hoffnung ist eben gerade damit verbunden, dass das eine *oder* das andere geschehen kann, während Spinoza behauptet, dass derjenige, der über genuine Einsicht verfügt, wisse, dass jedes Ereignis mit Notwendigkeit geschehe: Die Zukunft ist genauso festgelegt wie die Vergangenheit.

Spinozas Auffassung von Hoffnung in diesem Frühwerk liegt nah an dem, was er in der *Ethik* (1677) mit größerer Präzision entwickelt, wo er Hoffnung als eine Form von Freude beschreibt, jedoch eine der unbeständigen Art: »*Hoffnung* ist nämlich nichts anderes als unbeständige Freude, entsprungen aus dem Vorstellungsbilde eines zukünftigen oder vergangenen Dinges, über dessen Ausgang wir im Zweifel sind.«[75] Für Spinoza ist diese Hoffnung irrational, weil wir dazu tendieren, mehr zu hoffen als zu fürchten, und dies führe dazu, dass wir unter- oder überschätzen oder abergläubisch würden.[76] Zudem sei Hoffnung immer mit Furcht vermischt und dies bringe mit sich, dass Hoffnung nicht gesondert betrachtet werden könne. Gleichzeitig muss unterstrichen werden, dass Hoffnung für Spinoza eine Variante von Freude ist, und folglich etwas, das die eigene Macht stärkt, während Furcht eine Variante von Traurigkeit ist und daher etwas, das sie schwächt. Hoffnung ist jedoch ebenso ein Zeichen fehlender Einsicht in die Beschaffenheit der Welt und man müsse versuchen, sich von der Ohnmacht zu befreien, deren Ausdruck die Hoffnung ist, und sich stattdessen von der Vernunft leiten lassen: »Je mehr wir also bestrebt sind, nach Anleitung der Vernunft zu leben, desto mehr suchen wir von der Hoffnung weniger abhängig zu sein, von Furcht uns frei zu machen, das Schicksal so viel als möglich zu beherrschen und unsere Handlungen nach der sicheren Weisung der Vernunft zu regeln.«[77]

Spinoza behauptet, wir seien den Gesetzen der Natur unterworfen und unsere Gefühle würden diesen Gesetzen folgen. Wir können unsere Gefühle nicht auslöschen, aber wir können lernen, warum wir so fühlen, wie wir es tun, und werden dadurch eine gewisse Befreiung von der Herrschaft der Gefühle erlangen. Spinozas Welt ist durchdeterminiert. Das betrifft nicht nur das Physische, wenn Billardkugel B losrollt, weil sie von Billardkugel A getroffen wurde. Auch unsere Gedanken sind in der gleichen Weise determiniert und folgen einander. Der einzelne Mensch ist etwas winzig Kleines, das im Grunde im großen Zusammenhang verschwindet, einem Zusammenhang, der von einer unerbittlichen kausalen Gesetzmäßigkeit geprägt ist. Der Mensch ist äußeren

Umständen überlassen; er ist wie eine Art Gummiball, der in seiner Umgebung ständig anstößt, ohne selbst steuern zu können, wo er landet.

Gleichwohl heißt Spinozas Hauptwerk *Ethik*, und Ethik ist etwas, das mit menschlichem Handeln zu tun hat. Was bestimmt Spinoza zufolge nun das menschliche Handeln? Es ist nicht die Vernunft und es sind auch keine moralischen Rücksichten, sondern vielmehr das, was er als Affekte bezeichnet. Der Mensch habe drei grundlegende Affekte, nämlich Begierde, Freude und Trauer. Alle anderen Affekte werden auf deduktive Weise von diesen abgeleitet. Es macht keinen Sinn, Affekte und Handlungen als gut oder böse zu beschreiben, da sie mit Notwendigkeit geschehen. Verwenden wir für Handlungen die Worte »gut« und »böse«, meinen wir Spinoza zufolge nichts anderes, als dass die Handlungen, die wir gut nennen, nützlich für uns sind, während die, die wir als böse bezeichnen, dies nicht sind. Der letzte Teil der *Ethik* stellt eine Lehre von Freiheit und Glück dar, was merkwürdig erscheinen mag angesichts eines Weltbildes, in dem alles mit Notwendigkeit geschieht. Die Lösung liegt darin, dass Affekte körperliche Zustände sind, dass sie aber auch *Vorstellungen* von diesen Zuständen sind. Indem er die Affekte erkennt, erhält der Mensch Einblick in seine eigene Natur, wodurch er frei werden kann.

Freiheit ist für Spinoza nicht Willensfreiheit und die Abwesenheit von Naturnotwendigkeit, sondern Selbstbestimmtheit. Ist man selbstbestimmt, wird man von äußeren Umständen zu nichts gezwungen. Freiheit entsteht also, indem man nicht weiter von etwas bestimmt wird, das außerhalb von einem selbst liegt. Wir können Freiheit nur in dem Maße erlangen, wie wir Einsicht in die Gesetze erlangen, die alles im Dasein steuern. Denn Freiheit besteht nicht darin, diese Gesetze zu überwinden, sondern darin, ihnen freiwillig zu folgen und dies kann man nur in dem Maße tun, wie man sie kennt. Wenn man erkennt, dass die Gesetze ein Teil der eigenen Natur sind, wird man auch nicht unter ihnen leiden. Vielmehr wird man dann lernen, das Schicksal zu lieben: *amor fati*. Und wenn ich mein Schicksal liebe, weil ich durch meine Vernunft erkenne, dass nichts anders sein kann, als es ist, ist die Hoffnung völlig überflüssig. Wie wir im nächsten Kapitel sehen werden, beurteilt Spinoza dies ganz anders, wenn er den Menschen als politisches Wesen betrachtet.

Hoffnung setzt Freiheit voraus

Spinoza zufolge kann man nur frei werden, wenn man sich von der Hoffnung befreit und die Notwendigkeit akzeptiert. Ich würde im Gegenteil sagen: Hoffnung und Freiheit sind unlösbar miteinander verbunden. Nur, wenn wir über eine Fähigkeit zur Freiheit verfügen, gibt es Raum für genuine Hoffnung, umgekehrt ist es aber auch so, dass die Hoffnung unsere Fähigkeit zur Freiheit fördern kann, indem sie uns die Welt als ein Feld von Möglichkeiten eröffnet. Keiner von uns ist unfehlbar, allwissend oder allmächtig. Daher kann es Hoffnung geben. Meine Kenntnisse der Kausalzusammenhänge sind mangelhaft und meine Fähigkeit, die von mir gewünschten Wirkungen zu erzeugen, höchst begrenzt. Meine Perspektiven auf jedes Phänomen, um gar nicht erst von der Gesamtheit aller Phänomene zu sprechen, wird niemals mehr als einen Zipfel der Wahrheit ausmachen können. Des Weiteren bin ich für mich selbst nicht vollkommen transparent und kann nie mit voller Sicherheit sagen, warum ich so handle, wie ich es tue. Trotzdem muss ich handeln. Man kann sagen, dass jede Handlung auf unzulänglichen Prämissen beruht. Unsere Endlichkeit, der Umstand, dass wir begrenzte Wesen sind, die ein Leben mit einem Anfang und einem Ende führen, ist eine unbedingte Voraussetzung für Hoffnung, sowohl dafür, dass es Hoffnung überhaupt gibt, als auch dafür, wie weit diese Hoffnung reichen sollte. Allerdings ist auch die eigene Begrenzung beschränkt. Ich habe eine gewisse Kontrolle und kann über eine bessere oder schlechtere Wissensgrundlage verfügen, wenn ich handle. Ich bin meinem Umfeld nicht vollständig ausgeliefert.

Ich verfüge über eine Fähigkeit zum freien Handeln, diese Freiheit ist jedoch immer begrenzt.[78] Die Begrenzungen der Freiheit sind keine homogene Größe. Einige Begrenzungen sind absolut, so zum Beispiel, dass die Gesetze der Physik dem Grenzen setzen, was mein Körper ausrichten kann, während andere Begrenzungen durch soziale oder persönliche Prozesse veränderbar sind. Einige Begrenzungen sind moralisch und politisch legitim, während andere dies nicht sind. Ungeachtet dessen ist es eine Tatsache, dass sich die Welt nicht ohne Weiteres meinen Wünschen fügt und genau das schafft Raum für Hoffnung. Der Ausdruck »Freiheit« hat eine Vielzahl an Bedeutungen, eine Art kleinster gemeinsamer Nenner jedoch, dem sich wohl die meisten anschließen könnten, lautet, dass Freiheit mindestens die Möglichkeit beinhalten muss, eher eine Art von Leben zu führen als eine andere, dem Leben eine Form zu geben, weil wir aber begrenzte Wesen sind, wird dies eher die Form einer *Hoffnung* auf eine bestimmte Art von Leben annehmen.

Was ist das Gegenteil von Hoffnung? Da kommen mehrere Kandidaten infrage: Angst, Verzweiflung und Apathie. Angst und Hoffnung stehen in einem symmetrischen Verhältnis zueinander, indem das eine sich eine zukünftige Situation vorstellt, die man zu vermeiden wünscht, während das andere sich eine Situation vorstellt, die man zu erreichen wünscht, in beiden Fällen jedoch ist der Ausgang unsicher. Die Verzweiflung hingegen wird von einer Gewissheit charakterisiert, dass etwas zu Bruch gegangen ist oder dies tun wird – Verzweiflung eröffnet nicht die Möglichkeit für einen positiven Ausgang. Apathie ist ein Zustand jenseits der Verzweiflung, wobei man sich nicht einmal zu dem hingezogen fühlt, was hätte sein können. Sowohl Angst als auch Hoffnung haben eine offene Zukunft, während die Zukunft von Verzweiflung und Apathie geschlossen ist. Das ist der Grund, warum die Ärmsten, die sich in der *Göttlichen Komödie* des italienischen Dichters Dante Alighieri in der Hölle befinden, weder hoffen noch fürchten, sondern nur verzweifeln können. Über dem Tor zur Hölle steht geschrieben, dass alle, die dieses Tor durchqueren, jegliche Hoffnung fahren lassen müssen. Dort hätte auch stehen können, dass sie alle Furcht fahren lassen müssen. Wie der Philosoph des Mittelalters Thomas von Aquin bemerkte: »Die Furcht ist niemals ganz ohne ein wenig Hoffnung hinsichtlich eines glücklichen Ausgangs. Die Verdammten aber können keineswegs Hoffnung nähren, daher können sie auch keine Furcht verspüren.«[79] Die Verdammten sollen die Ewigkeit in genau der Situation verbringen, in der sie sich befinden. Es gibt keine Option, dass sich die Dinge für sie verbessern oder verschlechtern. Im Fegefeuer kann gefürchtet und gehofft werden, nicht jedoch in der Hölle oder im Paradies. Für Dante ist Hoffnung nicht einfach eine Sache des Fühlens, losgelöst von den Gründen, aus denen man sie empfindet. Bei der Ankunft in der Hölle muss man alle Hoffnung aufgeben, weil dort alle *Gründe*, die zu hoffen man haben könnte, zunichtegemacht sind. Man kann nur hoffen, wenn die Möglichkeit besteht, dass das Gewünschte in Erfüllung geht. Diese Möglichkeit gibt es in der Hölle nicht.

Die deutsch-amerikanische Philosophin Hannah Arendt knüpft die Möglichkeit der Hoffnung an Natalität, daran, dass Menschen *geboren* werden, da jede Geburt der Anfang von etwas *Neuem* ist.[80] Jede Geburt zeigt uns, dass die Zukunft offen liegt. Oder etwa nicht? Der französische Mathematiker und Physiker Pierre-Simon Laplace veranstaltete ein Gedankenexperiment über einen Dämon, der den vollkommenen Überblick über Position und Bewegungsmenge sämtlicher Objekte der Welt hat und zudem die Naturgesetze kennt. Dieser Dämon würde in der Lage sein, jedes zukünftige Ereignis vorherzusagen. Das würde auch beinhalten, jede menschliche Handlung voraussagen zu können. Innerhalb eines solchen Modells herrscht eine vollkommene Symmetrie zwischen Vergangenheit und Zukunft insofern, als dass die Zukunft genauso festgelegt ist wie die Vergangenheit. Es gibt nur eine mögliche Zukunft. Der amerikanische Pragmatist William James formulierte dies wie folgt: »Möglichkeiten, die nicht realisiert werden, sind für den Deterministen reine Illusionen; sie sind niemals überhaupt Möglichkeiten gewesen.«[81] Eben weil die Zukunft vollständig festgelegt ist, würde Laplaces Dämon keine Hoffnung kennen. Aus Perspektive dieses Dämons wäre es absolut sicher, was in der Zukunft passieren wird, weshalb es keinen Raum dafür gäbe, eher auf das eine Ergebnis zu hoffen als auf das andere. Hoffnung setzt eine offene Zukunft voraus.

Ein harter Determinist kann sagen: »Das, was geschieht, geschieht mit Notwendigkeit. Es gibt keinen freien Willen. Es gibt nur eine mögliche Zukunft, und nichts, was ich tue, kann diese Zukunft ändern. Dennoch gibt es Raum für Hoffnung, weil meine Kenntnis der Kausalzusammenhänge, die diese Zukunft hervorbringen, so begrenzt ist, dass ich nicht sicher wissen kann, was die Zukunft bringt. Ich kann mit anderen Worten eher auf eine gute Zukunft hoffen als auf eine schlechte und das unterscheidet mich von Laplaces Dämon.« Der harte Determinist hat recht damit, dass dies eine Art Hoffnung ist, jedoch ist es eine dürftige Hoffnung, da sie von denkbar allem losgelöst ist, was er selbst unternehmen könnte, um eine bessere Zukunft zu erschaffen.

Der Calvinist, so wie er vom deutschen Soziologen Max Weber dargestellt wird, ist ein theologisch-deterministisches Beispiel einer solchen Position.[82] Der Calvinist lebt in einem Universum, in dem das Einzige, was im Grunde eine Rolle spielt, die Frage ist, ob er himmlische Erlösung erlangt oder nicht. Was er beispielsweise an materiellen Gütern erwerben kann, ist irrelevant. Erlösung ist alles, was zählt, allerdings kann der Einzelne überhaupt nichts tun, um zu beeinflussen, ob ihm die Erlösung zuteilwird oder nicht. Einigen glücklichen Auserwählten ist es vorbestimmt, erlöst zu werden, auf alle Übrigen trifft dies jedoch nicht zu, und es gibt nichts – keine guten Taten oder Absichten –, was das Endergebnis für den Einzelnen beeinflussen kann. So gesehen ist es irrelevant, ob man ein tugendhaftes oder ein sündiges Leben führt. Ist man auserwählt, dann ist man es, und ist man nicht auserwählt, dann ist man es nicht. Das eigene Schicksal ist voll und ganz vorausbestimmt, unabhängig davon, ob man sich für ein Leben in Tugend oder Sünde entscheidet. Das große Mysterium lautet dabei, warum der Calvinist auf das Äußerste bestrebt ist, ein tugendhaftes Leben mit viel Verzicht und harter Arbeit zu führen. Dieser Einsatz bringt keinerlei Gewinn, verstanden als etwas, das den Ausgang des einzig Bedeutsamen ändern kann, mit sich. Webers Behauptung zufolge ist der Calvinist damit völlig einverstanden: Das Ergebnis lässt sich nicht ändern. Allerdings denkt der Calvinist, Gott wird wohl diejenigen Individuen ausgewählt haben, die seine Ideale im höchsten Maß verkörpern, und je mehr der Calvinist diesen Idealen entspricht, desto mehr Grund hat er zu der Annahme, selbst einer der Auserwählten zu sein. Schafft man es, ein so tugendhaftes Leben wie nur möglich zu führen, kann man dies als Zeichen dafür auslegen, einer von Gottes Auserwählten zu sein.

Wenn der Determinismus wahr ist, gibt es nur Raum für eine Hoffnung, die der Unwissenheit hinsichtlich der Zukunft geschuldet ist. Die Zukunft ist dann das, was sie ist, ebenso festgelegt wie die Vergangenheit, unsere fehlende Einsicht schafft jedoch Raum für die Hoffnung, dass sie sich eher in diese als in jene Richtung entwickeln kann. Eine substanziellere Hoffnung, bei der wir nicht dem Umstand preisgegeben sind, den Ausgang der Geschichte abwarten zu müssen, sondern im Gegenteil selbst dazu beitragen können, die Wahrscheinlichkeit zu erhöhen, dass das Objekt der Hoffnung realisiert wird, erfordert, dass der Determinismus nicht wahr ist. Haben wir Grund zu der Annahme, dass der Determinismus eine korrekte Beschreibung der Welt liefert, dass immer nur ein Ergebnis möglich ist? In den meisten Wissenschaften gelingt es nur, Ereignisse mit einer gewissen Wahrscheinlichkeit vorauszusagen, die Treffsicherheit aber variiert. Vom heutigen Wissensstand ausgehend gibt es keine Belege dafür, dass nur eine Zukunft möglich ist, weshalb es einem allgemeinen Determinismus an wissenschaftlicher Grundlage fehlt. Die meisten Ursachen, die in wissenschaftliche Erklärungen einbezogen werden, sind wahrscheinlichkeitssteigernd. Mit anderen Worten: Eine bestimmte Ursache macht es *wahrscheinlicher,* dass etwas passiert, sie besagt nicht, dass es notwendigerweise passiert. Manchmal erhöht sie die Wahrscheinlichkeit ein wenig, andere Male sehr. Und manchmal hat eine bestimmte Ursache eine zwangsläufige Wirkung. In dem, was wir meinen, über Ursachen zu wissen, findet sich sowieso wenig Unterstützung für die Annahme, dass wir in einem Universum leben, in dem strenge Notwendigkeit herrscht. Wir leben in einem Universum, in dem es völlig angemessen ist, zu behaupten, dass die Zukunft offen ist, dass sie sich in der einen oder anderen Weise abspielen kann. Wir leben in einem Universum mit Raum für substanzielle Hoffnung. In jedem Augenblick des Lebens unterliegt man einer Unendlichkeit unterschiedlicher Ursachen, von den kleinsten Elementarpartikeln bis hin zur Weltpolitik. Wir alle sind Akteure innerhalb eines Ursachenfeldes, das uns einen Handlungsraum gibt. Dieser Raum kann größer oder kleiner sein, und ein politisches Ziel muss darin liegen, den Handlungsraum für so viele Menschen wie möglich zu vergrößern. Kurz gesagt: größeren Raum für Hoffnung zu erschaffen.[83]

Hobbes weist darauf hin, dass Hoffnung bei unseren Überlegungen, wie wir handeln sollen, eine Rolle spielt, wobei wir in unseren Urteilen schwanken können, je nachdem, ob sich Hoffnung oder Angst die meiste Geltung verschafft.[84] Er beschreibt Hoffnung als »ehrenvoll«, weil sie dem Bewusstsein von Macht entspringt.[85] Gemeint ist damit die Macht über die eigene Situation. In der Hoffnung erlebt man sich selbst als den Umständen nicht vollkommen ausgeliefert. Hoffnung befreit teilweise, aber nur teilweise, weil man in der Hoffnung stets mit einem Bein in der Gegenwart und dem anderen in der Zukunft steht. Das Hoffen kann ein Teil unserer Freiheit sein, weil es unsere Fähigkeit fördert, die von uns gewünschte Zukunft zu erschaffen.

Die Politik der Hoffnung

Wie entmutigend das auch für uns Philosophen sein muss, so können wir sicher sagen, dass die politischen Überzeugungen der Menschen weniger auf philosophischen Theorien beruhen als auf ihrer Angst und Hoffnung. Es ist ausschlaggebend, inwieweit Hoffnung oder Angst uns politisch motivieren, denn nur eine Gesellschaft, die auf Hoffnung statt auf Angst basiert, kann frei sein. Gleichzeitig ist entscheidend, dass die politische Hoffnung im Zaum gehalten wird, und dass sie nicht zuletzt die Menschen so akzeptiert, wie sie *sind,* statt eine totale Transformation der menschlichen Natur vorauszusetzen.

Spinoza und die Unumgänglichkeit der politischen Hoffnung

Wie im vergangenen Kapitel zu erfahren war, behauptete Spinoza, dass es irrational sei, sich der Hoffnung hinzugeben, weil Hoffnung eine Freiheit voraussetze, die illusorisch sei. Spinoza zufolge wird ein echter Weiser, einer, der sich ganz von seiner Vernunft leiten lässt, nicht der Hoffnung verfallen – oder sich von Angst bewegen lassen –, jedoch ist es eine Tatsache, dass die wenigsten – wenn überhaupt irgendjemand – dieses Ideal gänzlich verkörpern.

In der Realität werden wir alle viel stärker von unseren Gefühlen beeinflusst als Spinozas idealisierter Weiser und die meisten von uns sind ziemlich weit von diesem Ideal entfernt. Eine vertretbare politische Philosophie muss ihren Ausgangspunkt in Menschen nehmen, wie sie tatsächlich *sind* und nicht, wie man sie sich wünschen würde.[86] Spinoza beginnt seine *Theologisch-politische Abhandlung* (1670) damit, sich darüber zu beklagen, dass die Menschen für gewöhnlich Hoffnung und Furcht verfallen seien, weil sie nicht durchweg in der Lage seien, zu einem rationalen Verständnis der eigenen Lebensumstände zu gelangen:

> Wenn die Menschen alle ihre Angelegenheiten nach einem festen Plan zu besorgen vermöchten, oder wenn das Glück ihnen immer günstig wäre, so würden sie in keinem Aberglauben befangen sein. Allein oft gerathen sie in Verlegenheiten, wo sie sich nicht zu rathen wissen, und meist verlangen sie nach den ungewissen Glücksgütern so masslos, dass sie jämmerlich zwischen Furcht und Hoffnung hin und her schwanken, und ihre Seele deshalb Alles zu glauben bereit ist. In solchen Zweifeln genügen schwache Gründe, um sie bald hier- bald dorthin schwanken zu lassen, und in höherem Masse geschieht dies, wenn sie zwischen Angst und Hoffnung eingeklemmt sind, während sie sonst zuversichtlich, prahlerisch und aufgeblasen sind.[87]

Hoffnung ist hier lediglich als eine Form von Irrationalität zu betrachten, die uns auf Abwege führt, ganz in Übereinstimmung mit dem, was Spinoza in der *Ethik* schreibt. Hoffnung sei eine Quelle von Aberglauben, vergleichbar mit Hass, Wut und Betrug, schreibt er.[88] In Spinozas Erklärung dessen, wie die von ihm gewünschte liberale Gesellschaft verwirklicht werden soll, sieht man indessen, dass er an der Hoffnung nicht vorbeikommt. Nicht nur das: Menschen, die weder etwas fürchten noch auf etwas hoffen, hätten so große Macht über sich selbst, dass sie Feinde des Staates seien und ihnen gegenüber müsse der Staat Macht anwenden, behauptet Spinoza.[89] Da derjenige, der zu einer adäquaten Einsicht gelangt ist, also der Philosoph, sich gerade nicht von Hoffnung und Angst leiten lässt, scheint die Schlussfolgerung zu lauten, dass der Philosoph ein Feind des Staates ist, auch wenn Spinoza es nicht so formuliert.

In der *Ethik* schreibt Spinoza, dass, selbst wenn die wahren Ziele des Staates darin bestünden, unsere Freiheit und Sicherheit zu schützen und die Demokratie die natürlichste Gesellschaftsordnung für einen Staat sei, er vor der Gefährlichkeit der gemeinen Menge warne, solange diese nicht durch Furcht regiert würde: »Der Pöbel ist furchtbar, wenn er nicht fürchtet.«[90] Er packt die Sache grundlegend anders an als in den politischen Traktaten und schreibt zum Beispiel, dass die Gesetze einer jeden Regierung so ausgeformt werden sollten, dass »die Menschen nicht so sehr durch die Furcht als durch die Hoffnung auf ein Gut, [...] in Schranken gehalten werden«.[91] Auf diese Weise würden die Bürger ihren Pflichten mit Freuden nachkommen. Dies ist als Kritik an Thomas Hobbes zu verstehen. Spinoza stimmt Hobbes darin zu, dass nur Gefühle von Angst oder Hoffnung Menschen überzeugen können, den Gesellschaftsvertrag zu respektieren. Hobbes zufolge ist derjenige, der aus Angst handelt, ebenso frei wie derjenige, der aus Hoffnung handelt. Freiheit sei nur als Abwesenheit von Hindernissen zu verstehen, den Körper in Bewegung zu versetzen.[92] Frei zu sein bedeute, wie gewünscht zu handeln, und etwas zu meiden, weil man es fürchtet, sei ebenso frei wie etwas zu tun, weil man einen Wunsch oder eine Hoffnung hegt. Zugrunde legt Hobbes das Prinzip vom »Stillschweigen der Gesetze«: Alles, was nicht explizit verboten ist, ist erlaubt.[93] Wenn das Gesetz nicht schweigt, dann brüllt es. Das Gesetz solle Angst erzeugen, und Hobbes unterstreicht, dass nichts die Bürger weniger geneigt mache, das Gesetz zu brechen als Angst.[94] Zwar erwähnt er die Hoffnung bei den Gefühlen, die Frieden und Ordnung fördern können, setzt sein Vertrauen aber in weit höherem Maße in die Angst. Der Staat drohe mit einer Strafe, die das übersteigt, was man erreichen kann, indem man sich an anderen vergreift, und die Angst vor dieser Strafe sorge für ein friedliches Zusammenleben der Bürger. Dieses Angstregime betrachtet Hobbes als frei. Aus Spinozas Sicht ist genau das Gegenteil der Fall: Ein solches Angstregime würde zwangsläufig unfreie Bürger erschaffen.

Nur die Hoffnung könne die Grundlage für eine freie Gesellschaft bilden.

Hoffnung wird zu einer Ressource, die Spinoza in seiner politischen Philosophie nicht entbehren kann. Gefühle wie Angst und Hoffnung liefern eine inadäquate Erkenntnis, dennoch sind es diese Gefühle, die die meisten Menschen motivieren und die daher die Grundlage für eine Gesellschaftsordnung bilden müssen. Wenn Spinoza sich in seiner politischen Philosophie von der Angst ab- und der Hoffnung zuwendet, geschieht dies paradoxerweise, weil die Angst Hoffnung erzeugt. Das Problem ist, dass Angst die falsche Art von Hoffnung fördert. Ängstliche Menschen suchen nach etwas, worauf sie hoffen können, aber sie hoffen unvernünftig und werden zur leichten Beute für politische Anführer, die in der Lage sind, diese Angst zu mobilisieren. Durch das Ängstigen der Bevölkerung können politische Anführer sich selbst als Erlöser inszenieren, als das Einzige, das zwischen den Bürgern und dem Abgrund steht. Lässt sich die Bevölkerung auf diese Weise manipulieren, sind dem, was sie vom Anführer als wahr und gut annimmt und anerkennt, kaum noch Grenzen gesetzt. Die Menschen werden politisch irrational und unfrei. Wenn Spinoza als eine der wichtigsten Aufgaben des Staates die Sicherheit (*securitas*) hervorhebt, zielt er damit nicht nur auf physische Sicherheit ab, sondern auch auf psychologische, das heißt Freiheit von Angst. Ein Staat, der sich durch Angst selbst legitimiert und den Gehorsam der Bürger sichert, untergräbt die Demokratie, weil die Angststrategie die Freiheit unterhöhlt, die den Kern der Demokratie darstellt.

Der Staat, für den Spinoza eintritt, soll stärker auf Hoffnung, denn auf Angst gründen, weil nur die Hoffnung mit einem Leben in Freiheit vereinbar ist: »Denn ein freies Volk wird mehr von Hoffnung als von Furcht geleitet, ein unterdrücktes aber mehr von Furcht als von Hoffnung geleitet. Ein freies Volk will sein Leben gestalten, ein unterdrücktes nur dem Tode entgehen; ich betone, das freie will nach eigenem Willen leben, das unterdrückte wird zum Besitz des Unterdrückers herabgewürdigt. Deshalb nenne ich das eine frei, das andere geknechtet.«[95] Aus Spinozas Sicht werden hoffnungsvolle Bürger die Gesetze und Institutionen des Staates besser bewahren als ängstliche. Hoffnung werde eine zuverlässigere und stabilere Staatsmacht erzeugen. Gefühle wie Angst und Hoffnung hat nicht nur das einzelne Individuum, es sind vereinende Gefühle. Spinoza schreibt daher von »gemeinsamer Hoffnung, Furcht«.[96] Spinoza geht nicht nennenswert ins Detail, was diese gemeinsame Hoffnung betrifft, aber hinsichtlich der politischen Hoffnung kann man zumindest zwei Dimensionen ausmachen: (1) Sie ist konstitutiv für eine politische Gemeinschaft, weil sie die Menschen um das sammelt, worauf sie hoffen und (2) sie spielt auch eine instrumentelle Rolle, indem sie die Wahrscheinlichkeit erhöht, spezifische politische Ziele zu erreichen, weil die Menschen in dieselbe Richtung streben.

Die Bürger arbeiten miteinander und mit den Behörden zusammen, weil sie hoffen, dies gereiche zu ihrem Vorteil.[97] Auch aus Angst vor Sanktionen könnten sie zwar zur Zusammenarbeit gedrängt werden, jedoch ist Hoffnung vorzuziehen, weil sie den eigenen Willen der Bürger und folglich auch deren Freiheit ausdrückt.

Hoffnung und Utopie

Die von Spinoza beschriebene politische Hoffnungskultur könnte auch als Vertrauenskultur bezeichnet werden. Es hat kaum eine weniger vertrauensvolle Gesellschaft existiert als die Sowjetunion der 1930er Jahre.[98] Keiner konnte irgendjemandem vertrauen, nicht einmal im engsten Familienkreis.[99] Jedermann konnte Informant der Geheimpolizei sein, weshalb man immer zeigen musste, dass man ein guter – das heißt: regimetreuer – Bürger war. Wie Hannah Arendt es ausdrückte: Da die Bürger zeigen mussten, dass das Regime ihnen vertrauen konnte, konnten sie einander nicht vertrauen.[100] Selbst in unschuldigen Situationen musste man große Behutsamkeit walten lassen, wie man sich äußerte und wie man Gefühlen Ausdruck verlieh. Man durfte nicht zeigen, dass man gemessen an der Norm des Idealbürgers auch nur irgendwie zurückblieb. Obwohl der Sowjetkommunismus offiziell dem Hervorbringen einer wunderbaren neuen Welt gewidmet war und so gesehen als politisches

Hoffnungsprojekt betrachtet werden könnte, war er in Wirklichkeit vor allem eine politische Angstkultur – die Norm war eher Hobbes als Spinoza.

Der Sowjetkommunismus war eine Utopie, die sich als Dystopie erwies. Der Utopist hofft sowohl zu viel als auch zu wenig. Er hofft zu wenig für diesen Teil der Welt und zu viel für die wunderbare neue Welt, die erschaffen werden soll. Abgesehen von puren Pessimisten und Optimisten, die glauben, dass es zwangsläufig richtig schlecht oder richtig gut laufen wird, hoffen wir alle auf eine bessere Welt. Warum sich nicht die bestmögliche, oder vielmehr, die perfekte Welt wünschen? Ein genuin utopisches Projekt setzt voraus, dass eine neue Welt nur nach der Zerstörung der alten erschaffen werden kann. Damit die Utopie vollkommen ist, kann sie keinerlei Rest der korrumpierten, alten Welt beinhalten, die sie ersetzen soll. »Utopie« bedeutet wörtlich »Nicht-Ort«, wird aber gern als »guter Ort« aufgefasst, also als eine »Eutopie« (nach der griechischen Vorsilbe *eu*, die »gut« bedeutet, und *topos*, das für »Ort« steht).

Der Utopist hofft auf zu Vieles und ist bereit, zu viel zu tun, um es verwirklicht zu sehen. Eine Hoffnung ohne Mäßigung ist ein Rezept für eine politische Katastrophe. Politische Utopien haben einige komische Gemeinsamkeiten. Am auffälligsten ist, dass sie keine Menschen wie uns beinhalten. Selten ist jemand krank. Kriminelle sind bloß ein Märchen. Menschen lügen nicht und noch weniger betrügen sie einander. Die Utopie bietet keinen Raum für Menschen, die keine vollkommenen Verkörperungen der höchsten Ideale sind. Es ist kurz gesagt kein Platz für unvollkommene Menschen wie uns. Das wurde in der Sowjetunion klar demonstriert, besonders unter Stalin, wo man davon ausging, dass an der Utopie selbst nichts auszusetzen sei, und wenn die wunderbare neue Welt dennoch nicht zustande kam, musste die Erklärung lauten, dass die Menschen, die nicht in die Utopie passten und sie dadurch untergruben, (noch) nicht beseitigt worden waren.[101] Dies traf im Übrigen besonders Menschen der Unterschicht. Der Utopist hofft zu wenig, weil er keine Möglichkeit für unterschiedliche Verbesserungen der Gesellschaft sieht, die wir tatsächlich bewohnen. Die existierende Gesellschaft befindet sich seiner Auffassung nach in einer derart inakzeptablen Verfassung, dass sie durch schrittweise Verbesserungen nicht gerettet werden kann. Alles Alte muss eliminiert werden, um den Weg für das Neue zu räumen. Die Wirklichkeit, so wie wir sie kennen, ist ohne Hoffnung, und alles muss eingeschmolzen werden, um in eine neue Form gegossen zu werden.

Der Liberalismus der Hoffnung und der Angst

Die liberale Demokratie muss auf Hoffnung gründen, aber sie ist nicht utopisch. Ich setze mein Vertrauen eher in einen »Liberalismus der Hoffnung« als in das, was die lettisch-amerikanische Philosophin Judith

Shklar als »Liberalismus der Angst« bezeichnet hat. Shklar zufolge müssen wir den Gedanken an ein positives Ziel, dem wir alle entgegenstreben sollten, aufgeben und stattdessen eine negative Vision fördern, die zu vermeiden wir uns alle einig sein können. Ihrer Meinung nach können wir uns in einer fragmentierten Zeit darauf einigen, dass Terror, Grausamkeit und Leid vermieden werden sollten.[102] Angst kann auf Menschen vereinend wirken – sie kann Gemeinschaft wiederherstellen, die im Zeitalter des Individualismus scheinbar verlorengegangen ist. Aus Shklars Perspektive ist systematische Angst das, was politische Freiheit erst ermöglicht. Rein deskriptiv mag Shklar zwar richtig damit liegen, dass Angst heutzutage eine stärkere Motivationskraft besitzt als Hoffnung. Dennoch schließe ich mich eher Spinoza als Shklar an.

»Am Leben zu sein bedeutet, Angst zu haben«, schreibt Shklar.[103] Damit hat sie recht, obwohl es sich dabei um eine überzogene Formulierung handelt. Die Angst *ist* im menschlichen Leben grundlegend. Es ist wohl kaum Zufall, dass das erste in der Bibel erwähnte Gefühl die Angst ist – es ist das erste Gefühl, das Adam empfindet, nachdem er vom Baum der Erkenntnis gegessen hat. Am Leben zu sein, oder besser gesagt: ein *menschliches* Leben zu leben, bedeutet auch, zu hoffen. Und hier muss darauf hingewiesen werden, dass Shklar nicht bestreitet, dass Hoffnung einen legitimen Platz im menschlichen Leben hat, die politische Hoffnung jedoch eine gezähmte Hoffnung sein müsse, die im Dienst der Vorstellung von einer wunderbaren Zukunft nicht all das tatsächlich existierende Unrecht übersieht. Shklars Argument ist vor allem antiutopisch. Sie weist darauf hin, dass Utopien nicht von sich aus historisch hoffnungsvoll sind; vielmehr sind sie Klagen über eine Gegenwart, die ungenügend ist und sich zu nichts Besserem entwickeln kann. Sie repräsentieren ein »zeitloses ›Soll‹, das niemals ›ist‹«.[104] So gesehen könnte man meinen, dass utopisches Denken allem voran Ausdruck politischer Resignation ist, wo Realpolitik zugunsten von Träumereien aufgegeben wurde. Größer wird das Problem, wenn jemand glaubt, dass diese Träume wirklich werden können. Alle unsere größten politisch geschaffenen Katastrophen haben einen solchen Ursprung.

Angst *kann* einend sein, wirkt jedoch öfter spaltend. Sie eint einige, verleitet aber auch zu einer Aufspaltung der Gemeinschaft, indem Teile von ihr als potenzielle Gefahren identifiziert werden. Die Angst, von der Shklar schreibt, ist eine Furcht davor, das zu verlieren, was für uns am wichtigsten ist. Angst hat zweifellos einen Platz in unserem Leben, neben der Hoffnung. Fürchten wir etwas, geschieht dies, weil wir erleben, dass etwas Bedeutungsvolles auf dem Spiel steht. Der britische Philosoph Francis Herbert Bradley wies darauf hin: »Wer aufhört sich zu fürchten, hat aufgehört, sich um etwas zu sorgen.«[105] Das Problem ist, dass die Angst selbst das untergraben kann, was sie zu bewahren wünscht. Angst untergräbt unsere Freiheit, teils, indem sie Maßnahmen anregt, die unseren Handlungsraum direkt begrenzen, und teils, indem sie unsere grundlegende Sicherheit untergräbt, unser Empfinden, im Alltag spontan handeln zu können, ohne im Detail über unsere Schritte nachdenken zu müssen. Wie der amerikanische Philosoph Michael Walzer es formuliert, ist dem Liberalismus der Angst ein Liberalismus der Hoffnung vorausgesetzt. Der Grund ist, dass das, um was wir fürchten, all das ist, was wir positiv bewerten.[106]

Damit eine liberale Demokratie funktionieren kann, müssen die Bürger hoffen, die Gesellschaft dahingehend beeinflussen zu können, dass sie sich in eine von ihnen als wünschenswert empfundene Richtung entwickelt. Sie ist nur dann lebensfähig, wenn die Bürger glauben, es könne nützen sich zu engagieren, auch wenn sie nicht immer das bekommen, was sie wollen – und ab und zu wünschten, nicht das bekommen zu haben, was sie wollten, weil die Konsequenzen keineswegs so waren, wie sie es vor Augen gehabt haben. Ohne Hoffnung gibt es nur politische Apathie. In der Hoffnungslosigkeit ist man paralysiert, vollkommen abgeschnitten von wesentlichen Möglichkeiten. Jede schwindende Hoffnung hinterlässt einen Horizont mit weniger wesentlichen Möglichkeiten, und schwindet die Hoffnung ganz, ist dieser Horizont verschlossen. Hoffnung kann als Ausdruck von Freiheit gelesen werden, dass wir unseren Umständen nicht vollkommen ausgeliefert sind, sondern die Situation, in der wir uns befinden, immer überwinden können.

Hoffnung und Vertrauen

Zum Erreichen politischer Ziele sind wir in demokratischen Gesellschaften aufeinander angewiesen. Wir brauchen Vertrauen. Vertrauen setzt Hoffnung voraus. Vielleicht wäre es noch präziser zu sagen, dass Vertrauen eine Form von Hoffnung ist. Die Hoffnung ist das umfassendere Phänomen, weil man hoffen kann, ohne Vertrauen zu haben, aber man kann kein Vertrauen haben ohne Hoffnung. Damit Hoffnung die Form von Vertrauen annehmen kann, muss man – implizit oder explizit – annehmen, dass es am wahrscheinlichsten ist, dass der oder das, dem man Vertrauen schenkt, sich dem Vertrauen würdig erweist. Will ich eine Garantie haben, um mit Sicherheit sagen zu können, dass Sie zum Beispiel eine Abmachung einhalten werden, weil die Konsequenzen, dies nicht zu tun, so katastrophal für Sie wären, dass es undenkbar ist, dass Sie sie brechen, habe ich weder Hoffnung noch Vertrauen, da beides Unsicherheit voraussetzt. Glaube ich, dass es am wahrscheinlichsten ist, dass Sie die Abmachung einhalten, es jedoch nicht sicher ist, habe ich Vertrauen zu Ihnen. Ich kann auch der Meinung sein, dass es nicht sehr wahrscheinlich ist, dass Sie die Abmachung einhalten, sodass man nicht sagen kann, ich hätte Vertrauen, und dennoch kann ich hoffen, dass Sie es tun.

Vertrauen kann also als eine Form von Hoffnung beschrieben werden, jedoch ist es eine Form von

Hoffnung, die dadurch charakterisiert ist, dass man es nicht nur für möglich hält, dass die Mitmenschen so handeln werden, wie man es erwartet: Man glaubt, dass sie es tun werden. Trotzdem spielt sich das Vertrauen im Rahmen der Hoffnung ab, weil man weiß, dass es nicht sicher ist, dass die Mitmenschen wie erwartet handeln. Vertrauen ist immer mit einem Risiko verbunden. Wir müssen zwischen blindem und reflektiertem Vertrauen unterscheiden. Das blinde Vertrauen zeichnet sich dadurch aus, dass man wider besseres Wissen das Risiko vernachlässigt, enttäuscht zu werden, wenn man bedingungslos auf etwas oder jemanden vertraut, ohne einzukalkulieren, dass auch Gründe dafür vorliegen könnten, die kein Vertrauen rechtfertigen. Ein Beispiel für dieses Vertrauen ist das totale, unkritische Verhältnis, das Sektenmitglieder zu ihren Anführern haben. Ein anderes Beispiel ist das grenzenlose Vertrauen, das einige Gestalten auf der politischen Bühne bei ihren Anhängern genießen. Für glühende Putinisten oder Trumpisten gibt es schlichtweg nichts, das ihre politischen Vorbilder sagen oder tun können – wie wahnsinnig es Außenstehenden auch erscheinen mag –, was am Vertrauen rütteln kann. Dies ist eine Form von Vertrauen, die zu Faktenresistenz führt, weil sie für keinerlei Gegenargumente empfänglich ist. Diese Form von Vertrauen ist auch durch ein totales Misstrauen gegenüber allem charakterisiert, was vom Glanzbild des jeweiligen großen Ideals abweicht. Es ist einleuchtend, warum ein solches Vertrauen wenig wünschenswert ist. In Wirklichkeit bedeutet es, ein unaufgeklärter, unmündiger Mensch zu sein. Wie Immanuel Kant in seinem berühmten Essay *Was ist Aufklärung?* schrieb: »*Unmündigkeit* ist das Unvermögen, sich seines Verstandes ohne Leitung eines anderen zu bedienen.«[107] Jeder, der tatsächlich seinen Verstand gebraucht, kann schwerlich behaupten, dass Wladimir Putin ein Mann ist, dem man vertrauen kann. Und Donald Trump hat so viel gelogen, dass sein Wort keinerlei Wert besitzt.

Das Vertrauen, das in einer liberalen Demokratie gepflegt werden muss, ist das reflektierte Vertrauen, das immer mit dem Bewusstsein eines Risikos verbunden ist, mit dem stets ein Hauch von Misstrauen einhergeht. Das reflektierte Vertrauen nimmt sich Gegenargumenten an. Es erkennt an, dass es schwerwiegende, spezifische Gründe geben kann, kein Vertrauen zu erweisen. Das reflektierte Vertrauen ist immer begrenzt und bedingt. Es ist eher hoffnungsvoll als sicher. Reflektiertes Vertrauen ist nur dort möglich, wo derjenige, der Vertrauen entgegenbringt, bereit ist zu akzeptieren, dass es ein gewisses Risiko oder eine gewisse Gefährdung gibt. Erweisen wir Vertrauen, hoffen wir gerade, dass diese Gefährdung oder Verletzbarkeit nicht ausgenutzt wird.

Anderen zu vertrauen, beinhaltet, sich ihrer gewiss zu fühlen und sie als zuverlässig wahrzunehmen. Eine gut funktionierende Gesellschaft setzt voraus, dass die Bürger einander im Wesentlichen auf diese Weise betrachten und sich moralisch verpflichtet fühlen, sich dieses Vertrauens würdig zu erweisen. Eine Gesellschaft kann in einer, wenn auch nicht guten, Weise mit minimalem Vertrauen funktionieren – das haben totalitäre Regime gezeigt –, eine demokratische Gesellschaft jedoch kann ohne Vertrauen nicht funktionieren, nicht ohne dass die Bürger Vertrauen haben, dass ihre grundlegenden Rechte und Freiheiten beschützt werden. Ohne ein solches Vertrauen wäre die Demokratie auf wackliger Grundlage errichtet. Auf der anderen Seite ist es wichtig zu betonen, dass ein gewisses Maß an Misstrauen für die Demokratie entscheidend ist, gerade indem Bürger nicht nur blind auf ihre politische Führung vertrauen müssen, sondern indem sie sie auch eingehend prüfen können. Man kann sagen, dass Raum für demokratisches Misstrauen geschaffen werden muss, um demokratisches Vertrauen zu erschaffen. Demokratische Anführer bitten um reflektiertes Vertrauen. Autoritäre Anführer fordern blindes Vertrauen.

Die Hoffnung auf eine realistische Utopie

Sofern Hoffnung die Form einer politischen Utopie annehmen soll, muss sie sich auf das beschränken, was der amerikanische Philosoph John Rawls eine »realistische Utopie« nennt. Diese hat wenig gemein mit den klassischen politischen Utopien, weil sie stark mit der Welt verbunden bleibt, wie diese tatsächlich ist, und sollte daher vielleicht eher ein Ideal genannt werden, das wir Schritt für Schritt zu erreichen versuchen, statt eine genuine Utopie. Eine realistische Utopie geht über den bloßen Realismus hinaus, indem sie uns etwas gibt, nach dem wir streben können. Sie begrenzt sich auf die Möglichkeit einer »vernünftigen«, gerechten Gesellschaft, in der wir Einigkeit darüber erlangen können, wie diese Gerechtigkeit verstanden werden soll.[108] Sie setzt voraus, dass es in jeder liberalen Gesellschaft einen vernünftigen Pluralismus gibt, denn es besteht kein Grund zu der Annahme, dass rationale und aufrichtige Menschen nach einer völlig freien Diskussion immer zum selben Schluss gelangen.[109] Wir müssen uns nicht einig darüber sein, *warum* wir ein bestimmtes Ziel erreichen wollen, können uns aber über das Ziel an sich einig werden. Der Punkt ist, dass unsere Tendenz zur Idealisierung im Zaum gehalten werden muss. Unsere politischen Hoffnungen müssen den Menschen vielmehr auch so akzeptieren, wie er *ist*, anstatt eine totale Transformation der menschlichen Natur vorauszusetzen.[110]

Eine relevante politische Theorie muss sich dem Möglichen gegenüber verhalten. Eine realistische Utopie zeigt uns Alternativen zu der Welt auf, die wir bewohnen, wobei es sich um Alternativen handelt, die zu verwirklichen wir zumindest eine reale Möglichkeit haben. Die realistische Utopie führt uns aus der bloßen Sehnsucht nach etwas Besserem heraus, hin zu einer vernünftigen Hoffnung.[111] Weder der idealistische Utopist noch der realistische Zyniker verfügt über eine vernünftige Hoffnung, wobei der Utopist uns auffordert, auf etwas Unmögliches zu hoffen, während der Zyniker uns auffordert, alle Hoffnung fallen zu lassen. Eine realistische Utopie ist nicht als Kompromiss zwischen Realismus und Utopismus zu verstehen.[112] Die realistische Utopie ist es *wert*, realisiert zu werden, und sie muss sich mit moralisch akzeptablen Mitteln realisieren lassen. Die realistische Utopie ist nicht nur etwas, worauf wir hoffen *können*, sondern auch etwas, worauf zu hoffen wir einen vernünftigen *Grund* haben.

Die liberale Demokratie muss moderat auf das real Mögliche hoffen. Sie darf keine Hoffnung fördern, die jenseits des Erfüllbaren liegt. Wir können keine realistische Utopie haben, in der alle Ungleichheiten zwischen Menschen eliminiert sind, aus dem einfachen Grund, weil dies prinzipiell unmöglich ist.[113] Wir können auch keine realistische Utopie haben, in der die Bürger keine Meinungsfreiheit haben, weil dies einen moralisch inakzeptablen Zwang beinhalten würde. Die Grenzen für die realistische Utopie werden also teils von dem gesetzt, was überhaupt möglich ist, und teils von dem, was moralisch akzeptabel ist. Dies sind zugleich die Grenzen für eine gute politische Hoffnung. Rawls zufolge können wir die vernünftige Hoffnung hegen, eines Tages eine realistische Utopie zu verwirklichen, und daher auch so handeln, dass wir zur Förderung dieses Ziels beitragen.[114] Eine realistische

Utopie muss unter günstigen Verhältnissen zumindest erreichbar sein, aber sie kann durchaus schwer erreichbar sein. Und sie ist notwendig, um unsere Ziele zu benennen und unsere politische Hoffnung zu stärken.

Dies ist der Liberalismus der Hoffnung. Ein solcher Liberalismus muss für eine ständige Revision der Ziele offen sein. Nicht zuletzt muss er nach einer schrittweisen Verbesserung statt revolutionärer Umwälzungen streben. Er muss sich eher als das entfalten, was der österreichische Philosoph Karl Popper als »Technik des schrittweisen Umbaus der Gesellschaftsordnung« bezeichnet, anstelle eines utopischen Umbaus.[115] Vielmehr als nach einem zu realisierenden Endziel sollten wir nach naheliegenderen Zielen streben, die selbstverständlich anspruchsvoll sein können, aber nicht unmöglich zu erreichen. Jedes solches Ziel, das zu erreichen uns gelingt, gibt der Hoffnung Nahrung, Schritt für Schritt eine bessere Welt zu realisieren. Im demokratischen Experimentalismus des amerikanischen Pragmatisten John Dewey besteht Hoffnung darin, dass die Bürger der Überzeugung sind, Probleme in Gemeinschaft, Schritt für Schritt, lösen zu können. Demokratische Hoffnung ist die Hoffnung, dass demokratische Prozesse uns in eine bessere Welt führen können. Es ist gerade deshalb eine Hoffnung, weil es keine Garantien gibt. Der Inhalt dieser Hoffnung ist offen, da er davon abhängt, welche Probleme zu einem gegebenen Zeitpunkt dringend sind.

Wie Dewey betont, verstehen wir oft nicht einmal, worin das Problem besteht, bevor wir die Lösung gefunden haben.[116] Es ist ein Prozess. In diesem Prozess wird es Konflikte zwischen Sonderinteressen geben, und die beste Art und Weise, mit diesen Konflikten umzugehen, besteht darin, sie in den öffentlichen Raum zu tragen, »wo sie im Licht umfassenderer Interessen als denen, die sie jeweils für sich repräsentieren, diskutiert und abgewogen werden können«.[117] Es ist legitim für den Einzelnen, seine Eigeninteressen zu verfolgen, seine persönliche Hoffnung jedoch, oder die Art, in der er dies tut, kann in Konflikt mit den Versuchen anderer geraten, die dasselbe tun. Demokratie als öffentliche Debatte ist die beste Art und Weise, mit solchen Konflikten umzugehen. Wir müssen anerkennen, dass jede Handlung uns auf Abwege führen kann, auch dann, wenn wir in Gemeinschaft handeln, und wir müssen hoffen, dass wir uns voran bewegen können, ohne einen (eigentlichen) Plan in der Hand zu haben, wohin wir gehen und wie wir dorthin gelangen.

So wie die Welt aktuell aussieht, besteht zweifellos Grund zu Missmut. Bis zum Jahrhundertwechsel schienen alle Pfeile geradewegs gen Himmel zu weisen. Aktuell haben wir definitiv weniger Grund zu Optimismus als noch vor wenigen Jahrzehnten, aber gerade deshalb gibt es umso größeren Raum für Hoffnung. Nicht in dem Sinne, dass unsere Hoffnungen jetzt über eine größere Wahrscheinlichkeit verfügen, erfüllt zu werden, sondern weil Hoffnung

Ressourcen beherbergt, die uns dabei helfen, mit den Rückschlägen umzugehen, die wir aktuell erleben, und weil sie uns Ziele weist, nach denen wir streben können, Ziele, die auch dazu beitragen, uns einander näherzubringen.

Gut und schlecht hoffen

Wie wir bereits gesehen haben, lässt sich Hoffnung nicht generell als rational oder irrational beschreiben. Abhängig davon, welches Verständnis der Hoffende von seiner Situation sowie von der Wahrscheinlichkeit eines guten Ausgangs hat, kann die einzelne Hoffnung rational oder irrational sein. Außerdem kommt es darauf an, worauf man hofft. Eigene Hoffnungen und die anderer werden von uns kritisch beurteilt. Jemand, der an einer Hoffnung festhält, obwohl die Aussichten auf Erfolg schlecht sind, kann als mutig oder standhaft gelobt, aber auch als waghalsig oder unvernünftig kritisiert werden. Anderen, die nicht hoffen, kann man Feigheit oder Passivität vorwerfen, weil sie in einer Situation, in der sie nicht bloß hoffen, sondern auch entsprechend handeln sollten, nicht hoffen. Sie können beispielsweise dafür kritisiert werden, die Wahrscheinlichkeit eines schlechten Ausgangs überzubewerten. Kritisch evaluieren können wir auch, *was* wir hoffen. Hoffnung birgt ein Begehren und dieses Begehren kann auf gute oder schlechte Objekte gerichtet sein. Sowohl das *Was* als auch das *Wie* der Hoffnung können gut oder schlecht sein.

Aristoteles: Die Hoffnung als Traum eines Wachenden

Die vielleicht bekannteste aristotelische Bemerkung zur Hoffnung findet sich nicht in Aristoteles' eigenen Schriften, sondern in einem Werk über Leben und Meinungen der Philosophen des Philosophiehistorikers Diogenes Laertios: *Der Traum eines Wachenden*[118] Das Zitat passt gut zu dem, was Aristoteles an anderen Stellen schreibt. Aristoteles zufolge gehören Träume zur Rezeptivität, allerdings als »Vorstellungsbilder«, sie sind keine Wahrnehmung als solche.[119] Er setzt sich mit der in seiner Zeit verbreiteten Auffassung auseinander, dass Träume prophetisch sind, steht dem offenbar aber skeptisch gegenüber und behauptet, dass es sich meist um reinen Zufall handelt, wenn der Traum mit einem späteren Ereignis zusammenfällt.[120] Wie soll man da die Bemerkung verstehen, zu hoffen sei, als würde man wach träumen? Hoffnung ist nicht prophetisch. Zu hoffen, dass etwas geschieht, bedeutet nicht, dass es in der Tat passieren wird. Die Hoffnung ist mit einem Gegenstand oder einem Ereignis verbunden, der oder das den Sinnen nicht zugänglich ist, mit etwas, das nicht ist, das aber werden kann. Hoffnung liegt näher an der Fantasie als an der Wahrnehmung – sie dreht sich um das Mögliche, nicht um das Wirkliche. Wie bereits erwähnt, ist die griechische Hoffnung, *elpis*, immer auf die Zukunft gerichtet. Aristoteles weist darauf hin, dass man die Zukunft nicht erinnern kann, nur die

Vergangenheit.[121] Die Zukunft hingegen kann erwartet oder erhofft werden. Der Unterschied zwischen Erwartung (*prosdokia*) und Hoffnung (*elpis*) besteht offenbar im Grad der Wahrscheinlichkeit, dass die Zukunft etwas Bestimmtes bringen wird.

Ebenso wie Glück für Aristoteles kein Gefühl ist, sondern vielmehr darin besteht, als Mensch gut zu funktionieren, was bei Gelegenheit ein gutes Gefühl erzeugt, scheint auch die Hoffnung kein Gefühl zu sein, sondern vielmehr etwas, das ein Gefühl erschafft. »Überhaupt das, was erfreut, wäre es gegenwärtig, tut dies auch in der Hoffnung und in der Erinnerung in den meisten Fällen.«[122] Erinnerung ist kein Genuss, jedoch kann es Genuss wecken, an etwas früher Erlebtes zu denken. Entsprechend ist die Hoffnung kein Gefühl, sondern wird von einem Gefühl begleitet. Aristoteles schreibt, »dass Lustempfindungen zugleich beim Sich-Erinnern und beim Hoffen bestehen«.[123] Zu hoffen heißt, sich eine Zukunft vorzustellen, wohl wissend, dass nicht sicher ist, ob sie eintreffen wird. Des Weiteren ist diese Zukunft weder unmöglich noch sicher – die Hoffnung knüpft sich an das Mögliche. Man kann zum Beispiel nicht auf Unsterblichkeit hoffen – obwohl man sie sich durchaus wünschen kann.[124]

Aristoteles ist sich darüber im Klaren, dass es nicht allein von uns abhängt, wie wir im Leben zurechtkommen, und dass es Glück und Unglück gibt.[125] Dementsprechend hat er eine Erklärung für Hoffnung und nicht zuletzt dafür, »gut zu hoffen«.

Da Aristoteles es gern als entweder eine moralische oder eine intellektuelle Tugend beschreibt, als Mensch in irgendeinem Sinne gut zu funktionieren, können wir annehmen, dass er auch Hoffnung, jedenfalls die gute Hoffnung, als eine Tugend betrachtet. Unterdessen ist Hoffnung nicht unter den Tugenden in Kapitel IV der *Nikomachischen Ethik* aufgelistet. Er knüpft sie an andere Tugenden und Laster, wie Mut und Feigheit, betrachtet Hoffnung als solche jedoch nicht als eine Tugend. Hoffnung wird auch nicht unter den Gefühlen erwähnt. Gleichzeitig ist sie aber sowohl mit Tugenden als auch mit Gefühlen verwandt. Sie ähnelt einer Tugend in dem Sinne, dass sie an das eigene Verständnis davon geknüpft ist, welche Art von Handlung in einer bestimmten Situation passend ist. Und es ist klar, dass die Hoffnung, auch wenn sie kein eigenes Gefühl sein sollte, mit den Gefühlen einer Person verbunden ist.[126]

Aus Aristoteles' Sicht kann man auf gute und schlechte Weisen hoffen, und er schreibt davon, ›angemessene Hoffnungen‹ zu haben.[127] Junge Menschen sind in einer schlechten Weise hoffnungsvoll, weil es ihnen an Erfahrung fehlt. Sie haben noch nicht hinreichend viele Enttäuschungen erlebt, die das Leben bereithält, was sie unverhältnismäßig optimistisch macht. »Sie leben meistens in der Hoffnung; denn die Hoffnung bezieht sich auf die Zukunft, die Erinnerung aber auf das Vergangene. Für die Jugend aber ist die Zukunft lang, die Vergangenheit dagegen kurz.«[128] Aristoteles vergleicht die Jugend mit Betrunkenen, weil die Urteilskraft bei beiden gleich schlecht sei und sie leicht zu täuschen seien, eben weil sie so leicht in der Hoffnung Zuflucht nehmen. Auf der anderen Seite seien die Älteren »viel zu vorsichtig«, nachdem sie so oft enttäuscht wurden, und lebten eher ein egozentrisches Leben in der Erinnerung als in der Hoffnung.[129] Keines dieser Beispiele steht für gutes Hoffen; es bleibt die große Frage, was Aristoteles mit gutem Hoffen meint. Darüber schreibt er nicht viel. Am meisten ist über jene zu lesen, die schlecht hoffen. Interessanterweise erwähnt er die Hoffnung mit keinem Wort, wenn er den reifen Menschen beschreibt, der sich auf der Höhe zwischen Jugend und Alter befindet, der den Mittelweg findet und eine ›vernünftige Haltung‹ innehat.[130] Vielleicht liegt dahinter der Gedanke, dass derjenige, der tugendhaft ist, der im Leben das Gleichgewicht gefunden hat, keine Hoffnung braucht, weil er sich jederzeit demgegenüber verhält, was ihm das Leben im Hier und Jetzt bietet, und es handhaben kann. Das schreibt er jedoch nicht – wir können nur festhalten, dass die Hoffnung in seiner Erklärung des reifen Menschen nicht erwähnt wird –, jedoch wird das Hoffen an anderen Stellen hervorgehoben, wenn er gut funktionierende Menschen beschreibt.

Aristoteles unterscheidet zwischen dem Mutigen und dem Hoffnungsvollen und sagt: Obwohl sie sich im Verhalten ähneln können, sei der Mutige mutig, weil er Erfahrung im Beherrschen gefährlicher

Situationen habe, während sich der Hoffnungsvolle ausgehend von einem übertriebenen Vertrauen in die eigenen Fähigkeiten und die Gunst der Umstände in Dinge hineinstürze.[131] An anderer Stelle betont er, dass der Hoffnungsvolle für gewöhnlich mutig sei. »Der Feige hofft also zu wenig, weil er vor allem zurückschreckt. Von dem Mutigen gilt das Gegenteil. Denn die Zuversicht verrät den Mann der frohen Hoffnung.«[132] Scheinbar widerspricht sich Aristoteles hier selbst, jedoch kann man den Gegensatz aufheben, indem man darauf hinweist, dass der Mutige bei Aristoteles eine Person ist, die aufgrund ihrer Erfahrung ein angemessenes Risiko eingeht, im Gegensatz zum Feigen, der jegliches Risiko meidet, und dem Waghalsigen, der ein irrationales Risiko eingeht. Der Mutige ist mutig, weil er *Grund* hat mutig zu sein. Entsprechend verfügt der Mutige dann über eine solche Erfahrung und Einsicht, dass seine Hoffnung eine gute Hoffnung ist, während der Feige ohne Hoffnung ist und der Waghalsige schlecht hofft. Aristoteles hebt Seeleute hervor, die selbst unter schwierigen Verhältnissen »aufgrund ihrer Erfahrung voller Zuversicht« sind.[133] Damit eine Hoffnung gut ist, scheint sie an Erfahrung geknüpft sein zu müssen. Eine gute Hoffnung muss eine gut begründete Hoffnung sein. Aristoteles schreibt indessen nicht viel darüber, was es heißt, auf gute Weise zu hoffen, außer dass es auf Erfahrung und praktischer Vernunft basieren muss.

Was unterscheidet gute und schlechte Hoffnung?

Auch einzelne neuere Theoretiker, wie die kanadische Philosophin Victoria McGeer, unterscheiden zwischen gutem und schlechtem Hoffen, zudem unterscheidet sie zwischen verschiedenen Formen des schlechten Hoffens.[134] Eine Form schlechten Hoffens nennt sie wünschend (*wishful*) und eine andere wollend (*willful*). Wer wünschend hofft, ist passiv und wartet darauf, dass andere Menschen – oder andere äußere Umstände – die eigene Hoffnung verwirklichen, und in der Regel fehlt es den Betreffenden an einem realen Verständnis dessen, was für die Realisierung erforderlich wäre. Wer wollend hofft, ist hingegen aktiv und entwickelt ein Verständnis für das, was zur Realisierung erforderlich wäre, ist jedoch so einseitig auf die Realisierung der Hoffnung gerichtet, dass er rücksichtslos wird. Zur Norm erhebt McGeer stattdessen das, was sie als »responsive Hoffnung« bezeichnet. Wer responsiv hofft, übernimmt Verantwortung für das, was er selbst leisten kann, hofft aber in Gemeinschaft mit anderen und nimmt Rücksicht auf sie. Wo die wünschende Hoffnung sich vollkommen von anderen abhängig macht, macht die wollende vollkommen unabhängig; die responsive Hoffnung soll ein Gleichgewicht zwischen beiden finden.

Ich selbst bin nicht ganz überzeugt von McGeers Theorie. Einerseits scheint es naheliegend, dass man auch alleine gut hoffen kann, ohne hoffende Gemeinschaften, ohne über Leichen zu gehen, um die Hoffnung zu verwirklichen. Und andererseits scheint es offensichtlich, dass eine Gemeinschaft schlecht hoffen kann, wenn sie fehlerhafte Auffassungen hinsichtlich der Wahrscheinlichkeit zugrunde legt oder auf falsche Dinge hofft. Politische Massenbewegungen können moralisch entsetzliche Hoffnungen haben und zu ihrer Verwirklichung im wahrsten Sinne des Wortes über Leichen gehen.

Hoffnung kann in vielen verschiedenen Hinsichten schlecht sein: (1) in einem unzureichenden Verständnis der Wahrscheinlichkeit, dass sie realisiert wird, (2) sie hat ein schlechtes Objekt, (3) ihre Realisierung erfordert inakzeptable Mittel oder (4) sie passiviert eher, als zu einer Verbesserung beizutragen. Eine Hoffnung kann zudem zur selben Zeit in mehreren dieser Hinsichten schlecht sein.

(1) Eine gute Hoffnung setzt voraus, dass man ein einigermaßen realistisches Verständnis von der Situation hat, in der man – oder jemand, in dessen Namen man hofft – sich befindet. Ohne ein solches Fundament ist Hoffnung irrational. Ein Problem hierbei ist, dass die Hoffnung selbst uns leicht dazu verleitet, die Wahrscheinlichkeit für einen guten Ausgang überzubewerten, weil sie unserer Bestätigungstendenz Aufwind verleiht. In der Hoffnung ist unsere Aufmerksamkeit auf das gewünschte Ergebnis gerichtet, was dazu führt, dass wir dazu tendieren, alles,

was für ein solches Ergebnis spricht, stärker zu gewichten, und von dem abzusehen, was einen schlechten Ausgang verheißt. Der Hoffnung wohnt daher eine Gefahr von Selbsttäuschung inne. Genauso wie Mut in Übermut ausarten kann, kann Hoffnung in »Überhoffnung« ausarten. Wie Luc Bovens es formuliert, stellt Hoffnung eine offene Einladung für das Wunschdenken dar, wobei man die realen Begrenzungen, die die Welt den eigenen Wünschen setzt, nicht hinreichend einkalkuliert.[135] Jemand, der gut hofft, hat eine realistische Vorstellung von den Begrenzungen der eigenen Tatkraft sowie davon, was womöglich zum Ziel führt und was nicht. Ich kann überschätzen, wie sehr meine eigenen Handlungen das endgültige Ergebnis beeinflussen können, aber ich kann auch unterschätzen, was von mir verlangt wird, und mich zu sehr auf äußere Faktoren verlassen, die den eigenen Weg einschlagen werden. Gut zu hoffen ist mehr, als sich ein gewünschtes Ergebnis vorzustellen – es ist auch, sich realistische Wege zum Ziel sowie Strategien und Handlungsweisen vorzustellen, die uns auf diesen Wegen voranbringen. Die gute Hoffnung ist zudem flexibel. Sehen wir ein, dass das, worauf wir hoffen, doch nicht erreichbar ist, müssen wir das Objekt der Hoffnung zu etwas ändern, das möglich ist. In chaotischen Situationen wie im Krieg oder bei Naturkatastrophen ist oft völlig unklar, worauf man hoffen kann und wie viel Hoffnung berechtigt ist, allerdings steht zu diesem Zeitpunkt kein anderes Hoffen zur Verfügung. Man kann schwerlich jemanden dafür tadeln, auf unzulänglicher Grundlage zu hoffen, wenn es keine weniger unzulängliche Grundlage gibt. Streng genommen findet alles menschliche Handeln auf unzulänglicher Grundlage statt, jedoch in höherem oder geringerem Maße.

(2) Die Hoffnung muss auf etwas gerichtet sein, worauf es wert ist zu hoffen. Hoffnung ist nicht wertneutral. Der Wert kann allein für mich selbst bestimmt sein, weil das, worauf ich hoffe, nur mir selbst Genugtuung verschafft, oder er kann gut für andere sein, in der äußersten Konsequenz für die gesamte Menschheit und andere Teile des Tierreichs oder für den Planeten. Die meisten unserer Hoffnungen sind klein und trivial. Ich hoffe, die nächste S-Bahn zu erreichen und dass es nicht anfängt zu regnen, bevor ich im Haus bin. Ab und an ist unsere Hoffnung an etwas geknüpft, das für uns am allerwichtigsten ist, an etwas, das den Rest unseres Lebens prägt, ob es sich nun in die eine oder andere Richtung entwickelt. Hoffnung wird oft spezifisch sein, indem man hofft, dass etwas Bestimmtes eintritt, aber sie kann auch genereller sein, wie der Gedanke, dass es im Großen und Ganzen gut läuft für uns, für einen Nahestehenden oder die gesamte Menschheit. Oft ist Hoffnung daran gebunden, etwas Besseres zu erreichen, als das, was man hat, jedoch kann ich auch auf eine Aufrechterhaltung des *Status quo* hoffen, dass beispielsweise eine geliebte Person mich ein

Leben lang lieben wird oder dass sich ein Zustand nicht so sehr verschlechtert, wie ich es befürchten könnte, wie etwa, dass ich bis ins hohe Alter bei guter Gesundheit bin, obwohl ich einsehe, dass sie nicht so gut bleiben kann wie in meiner Jugend. Hoffnung kann indessen auch fehlplatziert sein, wenn ich auf etwas hoffe, worauf ich nicht hoffen sollte. Sie kann sich auch unproportional zu ihrem Objekt verhalten, sodass man im Verhältnis zur Bedeutung entweder zu wenig oder zu viel hofft. Dass die Verwirklichung einer Hoffnung mir oder anderen Genugtuung verschafft, reicht nicht aus, um insgesamt als gute Hoffnung betrachtet werden zu können, etwa wenn diese Genugtuung das Leid anderer voraussetzt. Angenommen ich würde glühenden Hass auf eine ethnische Gruppe verspüren und hoffen, dass alle ihre Mitglieder von der Erdoberfläche ausradiert würden, wäre dies eine schlechte – oder vielmehr eine schlichtweg böse – Hoffnung. Der Traum eines Nazis vom Tausendjährigen Reich ist eine böse Hoffnung. Die Frage lautet nicht nur, worauf man hoffen *kann*, sondern auch, worauf man hoffen *sollte*. Ich muss mir selbst klarmachen, was mir etwas bedeutet, und anschließend versuchen zu klären, ob das, was mir wirklich etwas bedeutet, das ist, was mir etwas bedeuten sollte.

(3) Die eigene Hoffnung kann auf ein Objekt gerichtet sein, das isoliert betrachtet ganz gut ist, das aber nur durch den Einsatz inakzeptabler Mittel erreicht

werden kann. Habe ich beispielsweise die Hoffnung, in einem Land die Macht zu übernehmen, ist das im Ansatz eine legitime Hoffnung, setzt eine solche Machtübernahme jedoch voraus, dass ich den demokratischen Prozess sabotiere, Meinungsgegner verfolge usw., sollte ich die Hoffnung aufgeben, zumindest, bis ich zu einem Verständnis gelange, wie das Ziel mit demokratisch legitimen Mitteln erreicht werden kann. Es ist legitim, sich Reichtum zu wünschen, nicht aber, wenn man gleichzeitig glaubt, diese Hoffnung könne nur durch groß angelegten Betrug verwirklicht werden. Es ist legitim zu hoffen, dass die Klimaveränderungen gestoppt oder zumindest begrenzt werden können, jedoch wird daraus eine schlechte Hoffnung, wenn man gleichzeitig glaubt, der Kampf fürs Klima könne nur durch den Einsatz gewalttätiger Mittel gelingen.

(4) Die Hoffnung kann passivieren, wenn der eigene Blick so eindeutig auf die Zukunft gerichtet ist, dass man die Gegenwart übersieht und daher auch das, was genau jetzt getan werden kann und sollte, um die eigene Situation und die anderer zu verbessern. Hoffnung kann auch konservierend wirken, wenn man durch Hoffen in einer Situation verharrt, die überwunden werden sollte, wie beispielsweise eine Frau, die in einer Beziehung mit einem gewalttätigen Mann bleibt, weil sie hofft, er würde sich ändern, wie er es wieder und wieder versprochen hat, anstatt einzusehen, dass sie ihn verlassen muss.

In ihrer vielzitierten Rede in Davos 2018 sagte Greta Thunberg: »Ich möchte nicht, dass Sie hoffnungsvoll sind. Ich möchte, dass Sie Panik verspüren. Ich möchte, dass Sie die Angst fühlen, die ich jeden Tag fühle. Und dann möchte ich, dass Sie so handeln, wie Sie es in einer Krise tun würden. Ich wünsche, dass Sie so handeln, als würde das Haus in Flammen stehen – denn das tut es.« In diesem Zitat wird ein falscher Gegensatz zwischen Hoffnung und Handlung aufgestellt, so als führe Hoffnung zwangsläufig zu Passivität. Wie ich wiederholt betont habe, führt Hoffnung in der Regel zum Handeln. Selbstverständlich kann man auch eher von Angst als von Hoffnung motiviert werden, jedoch ist es keineswegs ausgemacht, ob diese besser ist, um das Ziel zu erreichen. Hoffnung *kann* passivierend sein, aber auch Angst kann zu vollkommener Handlungsunfähigkeit führen. Die Hoffnung kann, zugunsten eines fernen Ziels, die Aufmerksamkeit von dem abziehen, was hier und jetzt getan werden sollte. Um mich Thunbergs Rhetorik ein wenig anzupassen: Wenn das Haus brennt, ist die Hoffnung, irgendwann mit der Entwicklung einer neuen Art von Brandlöscher erfolgreich zu sein, wenig wert. Nicht zuletzt in der Politik ist es ungünstig, die eigene Gegenwart zugunsten einer vorgestellten Zukunft aus dem Blick zu verlieren. Auf der anderen Seite kann nur eine vorgestellte Zukunft, eine Hoffnung, der Politik eine Richtung geben.

Hoffnung kann lückenhaft epistemisch (1 und 4) oder moralisch (2 und 3) sein. Auch schlechte Hoffnung kann ihre Mission haben, wenn etwa jemand eine äußerst falsche Auffassung von der Wahrscheinlichkeit hat, einen katastrophalen Ausgang zu vermeiden, wobei diese Hoffnung die Situation leichter erträglich macht. Aber das ist so, wie im betrunkenen Zustand Auto zu fahren. Um gut zu hoffen, muss man offen sein für das, worauf es wert ist zu hoffen, und eine realistische Auffassung davon haben, ob und wie es erreicht werden kann.

Die wirkungsvollste Korrektur der eigenen Hoffnungen erhält man, indem man alles in seiner Macht Stehende tut, um sie zu verwirklichen. Als ich jung war, hoffte ich, ein guter Tennisspieler zu werden, doch was mir über viele Jahre hinweg Tausende von Trainingsstunden und Turniere gezeigt haben, war, dass ich höchstens ein brauchbarer Spieler werden konnte, der während eines Turniers irgendwie über ein oder zwei – ein seltenes Mal drei – Runden kommen konnte, der das Turnier jedoch niemals gewinnen würde. Das Problem war, dass es an natürlichem Talent fehlte, und es gibt Grenzen dafür, wie viel hartes Training einen solchen Mangel ausbügeln kann. Im Alter von 17 Jahren habe ich aufgehört, weil ich begriff, dass ich in einer Sache so weit gekommen war, wie es mir möglich war, was ein gutes Stück unter dem Niveau der besten Spieler Norwegens lag. Die Hoffnung, ein guter Tennisspieler zu werden, wurde *ad acta* gelegt und stattdessen kamen andere Hoffnungen auf. Hoffnung wird – zumindest, wenn wir auf etwas hoffen, das für uns von großer Bedeutung ist – von Reflexion begleitet. Diese Reflexion kann die Hoffnung verändern. Ich kann einsehen, dass das, worauf ich hoffe, in keinem angemessenen Verhältnis zu den Aufopferungen steht, die zu seinem Erreichen erforderlich sind. Oder vielleicht sehe ich ganz im Gegenteil ein, dass das, worauf ich gehofft habe, viel wichtiger ist, als ich angenommen habe, und dass ich einen größeren Einsatz an den Tag legen sollte, um es zu erreichen.

Eine gute Hoffnung muss flexibel sein. Sind es die Klimaveränderungen, die einem die größten Sorgen bereiten, kann man darüber verzweifeln, dass der Permafrost und das Grönlandeis schmelzen, dass unser Planet unter beträchtlichen Verlusten im Bereich Flora und Fauna leidet, dass Extremwetterlagen größere Zerstörungen verursachen, dass die Bedingungen für die Lebensmittelproduktion schlechter werden und dass die umfassende Migration von Klimaflüchtlingen politische Instabilität verursachen wird. Man kann darüber verzweifeln, dass die eigene Hoffnung auf das sogenannte 1,5-Grad-Ziel unmöglich erfüllt werden kann. Die Frage ist, wie man sich dem gegenüber verhält. Man kann denken, dass jegliche Hoffnung vergebens ist und wir ebenso gut aufgeben können, oder man kann denken, dass uns vielleicht ein 2- oder 2,5-Grad-Ziel gelingen wird. Ohne Hoffnung werden wir auch ein 3-Grad-Ziel nicht erreichen, mit Hoffnung gelingt uns aber vielleicht ein 2-Grad-Ziel. Wenn es keinen realistischen Grund mehr gibt zu glauben, dass das 1,5-Grad-Ziel bei der globalen Erwärmung erreicht werden kann, müssen wir die Hoffnung auf etwas nachjustieren, das tatsächlich erreicht werden kann. Man darf durchaus traurig oder wütend darüber sein, dass das 1,5-Grad-Ziel nicht erreichbar war, jedoch erschaffen Wut und Trauer keine bessere Welt, es sei denn, sie werden in die Verwirklichung von etwas Erreichbarem kanalisiert.

Eine solche Hoffnung verpflichtet und motiviert uns, jetzt Opfer zu bringen, damit wir in Zukunft davon profitieren können. Wenn Sie wirklich hoffen, schafft dies den Rahmen für Ihr Handeln und für Ihr Leben, für das, was Sie glauben, tun zu sollen oder zu müssen. Um gut zu hoffen, muss man aber auch über ein Verständnis davon verfügen, was man überhaupt tun *kann*, davon, was möglich ist.

Ewige und irdische Hoffnung

Meine Perspektive auf die Hoffnung ist eine naturalistische oder säkulare. Sollte sich jemand ein philosophisches Glaubensbekenntnis von mir wünschen, würde ich mich als »Naturalist« im weitesten Sinne des Wortes kategorisieren. Ich setze voraus, dass jenseits des natürlichen Universums nichts existiert oder dass es, sollte es existieren, keinen Einfluss auf das natürliche Universum hat und folglich auch nicht dazu verwendet werden kann, dieses zu erklären. Hingegen bin ich kein Wissenschaftler, und ich glaube folglich nicht, dass die Wissenschaften generell oder die Naturwissenschaften speziell uns alles erklären können, was es über das menschliche Leben zu wissen gibt. Ungeachtet dessen beinhaltet ein solcher Naturalismus, dass wir uns selbst überlassen sind, ohne die Möglichkeit jedweder göttlichen Assistenz. Das bedeutet, dass Denker, die die Problematik der Hoffnung sehr eng mit einem Gottesglauben verbinden, in meiner Untersuchung nicht wichtig für mich sind. Daher werden zum Beispiel Augustinus, Thomas von Aquin, Søren Kierkegaard und Gabriel Marcel nicht in dem Maße behandelt, wie manch einer es vielleicht wünschen würde. Obwohl beispielsweise Thomas von Aquin eine umfassende – und interessante – Erklärung von Hoffnung hat, fällt er aus dieser Untersuchung heraus, weil für ihn alle Hoffnung letztendlich eine Hoffnung auf Gott ist, denn alle Hoffnung ist seiner Meinung nach eine Hoffnung auf etwas Gutes und Gott ist die Quelle alles Guten. Auch für Gabriel Marcel ist die Form von Hoffnung, die genuinen Wert besitzt, von religiösem Glauben untrennbar: Hoffnung ist in letzter Instanz etwas, das von Gott erfüllt werden muss. Immanuel Kant landet in einer Grauzone, denn obwohl er Hoffnung in einer Weise thematisiert, die auf Gottesglauben verweist, verbleibt er dennoch im Diesseitigen, indem er den Glauben mehr in der Hoffnung begründet sieht als umgekehrt.

Hoffnung auf das Jenseits

Es ist offensichtlich, dass viele, die sich für Hoffnung interessieren, diese Hoffnung mit dem Jenseits verbinden. Vermutlich weist auch der Löwenanteil dessen, was in der Geschichte der Philosophie über Hoffnung geschrieben wurde, eine Verbindung zum Jenseits auf. Stellt es nicht einen ernsthaften Mangel dar, dies auszulassen? Ich selbst sehe keine reale Möglichkeit für ein Leben im Jenseits oder ähnliches. Das liegt darin begründet, dass es mir am Verständnis dessen fehlt, was ein solches Dasein im Jenseits sein soll und ich es daher in der Kategorie des Nicht-Möglichen platzieren würde, da ich die tatsächliche Möglichkeit dafür nicht sehe, obwohl ich die logische Möglichkeit nicht ausschließen kann. Dementsprechend möchte ich behaupten, dass Vorstellungen von einem Leben im Jenseits – oder Beistand von einer übernatürlichen Macht in diesem Leben – eher als Wünsche, denn als Hoffnung zu betrachten sind. Meine Mutter konnte darauf hoffen, meinem Vater wiederzubegegnen, nachdem sie beide verstorben waren, weil dies, ausgehend von ihren Glaubensvorstellungen, eine reale Möglichkeit darstellte. Ich selbst könnte mir dasselbe höchstens wünschen, da es aufgrund meiner Überzeugungen keine reale Möglichkeit darstellt.

Für den katholischen Kirchengelehrten und Philosophen Augustinus ist klar, dass die einzige wirkliche Hoffnung die an Gott gebundene Hoffnung ist:

> Wie wir also durch Hoffnung geheilt sind, so sind wir auch durch Hoffnung selig gemacht und halten demnach wie das Heil, so auch die Seligkeit noch nicht gegenwärtig in Händen, sondern warten auf die zukünftige Seligkeit, und zwar in Geduld. Denn jetzt sind wir von Übeln umringt, die wir geduldig ertragen müssen, bis wir zu jenen Gütern gelangen, wo all das ist, dessen wir uns unsagbar freuen, aber nichts mehr, das wir noch erdulden müßten. Solch ein Heil, wie es die zukünftige Welt uns bescheren soll, wird dann auch die endgültige Seligkeit sein. An diese Seligkeit wollen die Philosophen, da sie sie nicht sehen, auch nicht glauben und versuchen darum,

> sich eine falsche zurechtzuzimmern mit Hilfe einer Tugend, die um so trügerischer ist, je hochmütiger sie ist.[136]

Ich bin offensichtlich aus dem gleichen Guss wie »die Philosophen« von denen Augustinus schreibt. Man kann einwenden, dass es, selbst wenn ewige Seligkeit der Hauptgewinn sein sollte, nicht vergebens ist, auf ein paar Trostpreise von einem etwas niedrigeren Niveau zu hoffen. Wenn man sich nicht mit dem real Möglichen begnügen kann, sondern auch das Nicht-Mögliche braucht, um das Leben zu meistern, wird die säkulare Hoffnung nicht ausreichen. Wenn alle Hoffnung mit dem Jenseits verbunden ist, bleibt kein Raum für Hoffnungen des Diesseits.

Ein Problem mit der religiösen Hoffnung ist, dass sie die säkulare verdrängen kann. Ein Beispiel hierfür ist der »Glaubensritter« beim dänischen Existenzphilosophen Søren Kierkegaard. Diese Gestalt hat eine doppelte Bewegung durchlaufen, wobei sie erst durch eine »unendliche Resignation« alle mit dem Irdischen verbundene Hoffnung aufgegeben hat, dann durch den Glauben aber all das Verlorene wiedergewinnen soll. Der unendlich Resignierte wendet sich vom Irdischen ab und setzt sich stattdessen die ewige Seligkeit zum Ziel. Das ist nichts, was ein für alle Mal geschieht. Man wird stets versucht sein, seine Hoffnung an das Irdische zu heften, weshalb die Resignation wieder und wieder durchlaufen werden muss. Man kann sagen, dass sich der

Glaube bei Kierkegaard aufgrund der ewigen Resignation seinen Weg bahnt. Was diesen Glaubensritter charakterisiert, ist, dass er selbst dann, wenn etwas, worauf er anscheinend gehofft hat, nicht erfüllt wird, konstatieren kann, dass er fortwährend »gänzlich derselbe« bleibt.[137] Obwohl auch der Glaubensritter in Verbindung mit seinem irdischen Leben seine Wünsche und Hoffnungen haben kann, spielt es für ihn eigentlich keine Rolle, ob sie erfüllt werden oder nicht. Welchem Verlust er auch ausgesetzt wird, er erfährt sich selbst als unverändert. Anders ausgedrückt: Der Glaubensritter hat sich von jeglicher Verlusterfahrung abgeschnitten. Kierkegaard zufolge ist der Glaubende im Besitz des einzig sicheren Gegengifts gegen die Verzweiflung, da für Gott alles möglich ist.[138] Für einen solchen Gläubigen ist nichts unmöglich, nichts ist unwiederbringlich und kein Verlust ist definitiv. Sich von der Verlusterfahrung abzuschneiden, bedeutet auch, sich von der Erfahrung abzuschneiden, dass etwas in diesem Leben wirklich von Bedeutung sein kann. Der Glaubensritter wirkt, als habe er an der Welt teil, jedoch nur zum Schein. Sollte ein solcher Glaubensritter sich zum Beispiel als enger Freund von jemandem ausgeben, aber nach dem Tod des Freundes schlichtweg konstatieren, immer noch derselbe zu sein, dann ist er niemals ein echter Freund gewesen. Bedeutet mir jemand etwas, dann verändert es mich, wenn diese Person stirbt – ich werde nie wieder derselbe sein, weil man von dem Verlust gezeichnet ist.

Der Glaubensritter lebt nur scheinbar unter den Menschen im Irdischen: Er ist »inkognito«, wie Kierkegaard es formuliert, denn sein wirkliches Leben ist nicht hier auf Erden.[139] Kierkegaard fährt mit der Beschreibung dieser Gestalt fort, wie sie, wenn ihr alles angeboten wird, was diese Welt zu bieten hat, es vielleicht annimmt, gleichzeitig aber leicht mit den Schultern zuckt, und wie sie, wenn die Welt ihr alles nimmt, auch dann mit den Schultern zuckt. Nichts in dieser Welt, auch nicht andere Menschen, kann für sie im Grunde etwas bedeuten. Wenn Sie zum Beispiel einen anderen Menschen lieben, kann es sein, dass Sie zurückgewiesen werden. Man ist etwas preisgegeben, das außerhalb von einem selbst liegt, etwas, das man nicht kontrollieren kann. Der Glaubensritter hingegen muss sich mit nichts außerhalb seiner selbst, außerhalb seines Glaubens auseinandersetzen. Er hat sich unverwundbar gemacht. Zwar behauptet Kierkegaard, der Glaubensritter fände Freude in seinem irdischen Leben durch seine Tätigkeiten und Beziehungen zu anderen, jedoch ist es am naheliegendsten, dies als eine hohle Freude zu beschreiben, weil eigentlich nichts jemals auf dem Spiel steht. Der Glaubensritter ist sorgenfrei und kann keinen Verlust erleiden, denn all seine Hoffnungen sind mit Gott verbunden, nicht mit dem Irdischen. Der Glaubensritter ist ein guter Christ, denn wie es Jesus im Matthäusevangelium (10:37) sagt: »Wer Vater oder Mutter mehr liebt als mich, der ist meiner nicht wert; und wer Sohn oder Tochter mehr liebt als mich, der ist meiner nicht wert.« Der Preis, den der Glaubensritter bezahlt, besteht darin, dass nichts von dem, womit er sich umgibt, wirklich etwas bedeutet. Das ist ein armes Leben. Wenn der Preis dafür, auf die Ewigkeit zu hoffen, darin besteht, alle reale Hoffnung für dieses Leben aufzugeben, dann ist dieser Preis zu hoch.[140]

Vergänglichkeit als Voraussetzung für Lebenssinn

Der Schmerz des Lebens, die unvermeidliche Erfahrung des Verlusts, etwas Unentbehrliches zu verlieren, ist an sich nicht attraktiv. Ohne diesen Schmerz kann man indessen kein Leben führen, das lebens*wert* ist, sofern man mit »lebenswert« ein Leben meint, das Sinn und genuine Freude beinhaltet. Der Schmerz des Lebens ist für die allermeisten Menschen jedoch unvermeidlich. Diese Erfahrung machte auch Augustinus, der sich selbst dafür tadelte, beim Tod seiner Mutter geweint zu haben, weil dies bedeutete, sich viel zu stark an das Irdische, das Vergängliche, zu binden, während das Einzige, was zählt, sich jenseits dieser Welt befindet.[141] Nach einer Weile behauptete er indessen: »Heut aber [ist] mein Herz heil [...] von jener Wunde, die mir die allzu starke sündige Neigung meines Fleisches offenbarte.«[142] In diesem Fall würde ich sagen, dass die Kur schlimmer war als die Krankheit.

Die Beziehung zu denen, die man liebt, zu allem, was einem etwas bedeutet, verschwindet in der Ewigkeit. Alles, was einem in dem Leben, das man kennt, normalerweise etwas *bedeuten* würde, ist mehr oder weniger irrelevant geworden. Für Augustinus muss alle Liebe zu etwas Endlichem, und das bedeutet auch alle Hoffnung auf etwas Endliches, verworfen werden, weil sie uns verwundbar macht. Was wir lieben oder worauf wir hoffen, ist dann etwas, was wir verlieren können. Während die Lösung der Stoiker für dieses Problem in dem Versuch bestand, die Gefühle aus dem Leben zu eliminieren, um eine vollkommen rationale Herrschaft über sich selbst zu erlangen, glaubt Augustinus nicht, dass dies überhaupt möglich ist und behauptet, dass man weiterhin lieben muss, aber man muss seine Liebe auf Gott und nicht auf das Irdische richten.

»Herr Gott der Heerscharen, kehr uns zu dir und zeig dein Antlitz, und wir genesen. Denn wohin sich auch des Menschen Seele kehren mag, wenn nicht zu dir, sie heftet sich an Schmerzen, und wären's auch die schönsten Dinge draußen von dir und draußen von ihr.«[143] Nur indem man den Blick vom Irdischen ab- und Gott zuwendet, entkommt man dem Leid.[144] In der Ewigkeit wird man nichts verlieren. Es ist naheliegend zu denken, dass man nichts verlieren kann, wenn einfach nichts *geschieht*. Wie die *Talking Heads* es formulieren: »Heaven is a place where nothing ever happens.«

Wir leben unser Leben in Projekten und Praktiken, die sich mit der Zeit entfalten, wobei einige für uns wichtiger sind als andere. Es kann darum gehen, eine Ausbildung zu absolvieren, berufstätig zu sein, zu üben, um eine Sportart oder ein Musikinstrument zu beherrschen, ein Buch zu schreiben, Freundschaften und Familienbeziehungen zu pflegen und weiterzuentwickeln. Einige dieser Projekte liegen dem Kern unserer Identität näher als andere, was jedoch am zentralsten ist, das variiert von Person zu Person. Wenn die wichtigsten Projekte scheitern, fühlt es sich an, als hätte man einen wichtigen Teil seiner selbst verloren. Diese Projekte, die Ausdruck für das sind, was uns etwas bedeutet, verleihen dem Leben Struktur und Richtung.

Für diese Projekte sind wir bereit, in der Gegenwart Opfer zu erbringen. Es kann entsetzlich langweilig sein, einen Aufsatz zu schreiben, und vielleicht muss man an einem Freitagabend zu Hause bleiben und arbeiten, anstatt auf eine lustige Party zu gehen, wenn man die Abgabefrist einhalten will. Jeder, der auf Wettkampfniveau eine Sportart betreibt, weiß, dass man ab und an mit Verletzungen antreten muss, und das tut weh, aber man nimmt diese Schmerzen in Kauf, weil man ein Ziel hat, das über die Gegenwart hinausreicht. In jeder Paarbeziehung wird es schwierige Episoden und Phasen geben und es kann den Anschein haben, dass es das Einfachste wäre, seiner Wege zu gehen, aber man bleibt, weil man die Beziehung als einen Teil seiner Zukunft betrachtet.

Die Zukunft wirkt sich auf die Gegenwart aus, weil unser Handlungsleben einen solchen Projektcharakter hat. Letztendlich lösen sich alle Projekte auf, denn wie der britische Ökonom John Maynard Keynes feststellte: »Auf lange Sicht sind wir alle tot.«[145] Es ist auf keinen Fall unklug, sich bewusst zu machen, dass man eines Tages sterben wird, weil der Tod einen Rahmen um das Leben legt. Wir Menschen sind nach allem, was wir wissen, die einzigen Tiere, die ein Bewusstsein dafür haben, dass wir geboren wurden und sterben werden, und das verleiht dem Leben einen einzigartigen Rahmen.

Wenn unsere Projekte so wichtig für uns werden, geschieht dies nicht zuletzt, weil unsere Möglichkeiten begrenzt sind. Ich muss zum Beispiel meine Buchprojekte mit einer gewissen Sorgfalt auswählen, weil ich aus Zeitgründen von den vielen Büchern, die ich gerne schreiben würde, nur wenige schreiben kann. In einer unendlichen Zeitperspektive würde ich nicht nur auch alle meine ungeschriebenen Bücher geschrieben haben, sondern eigentlich *alle* Bücher. Wenn ich unendlich viele Bücher schreiben kann, wird keines von ihnen etwas für mich bedeuten. Ein ewiges Leben wäre sinnlos. Die Begrenzungen sind das, was das eine bedeutungsvoller macht als das andere. Wie E. M. Cioran anmerkt: »Wir können uns die Ewigkeit nicht anders vorstellen als in der Eliminierung alles Vergänglichen, allem, was für uns *zählt*.«[146]

Die Zeit, die ich mit Menschen verbringe, die mir am meisten bedeuten, ist wertvoll, weil sie begrenzt ist. Eine unendliche Zeit ist eine wertlose Zeit. Wir können uns nicht vor der Tatsache verschließen, dass die Knappheit der Zeit eine Voraussetzung für ihren Wert ist – dass die Zeit wertvoller wird, je knapper sie ist. Dennoch: Wenn ich 100 Jahre alt werde, wird der einzelne Tag nicht weniger wertvoll, als wenn ich 70 Jahre alt werde. Habe ich eine Beziehung zu einem anderen Menschen, die sich über viele Jahrzehnte erstreckt, ist jede Stunde, die wir miteinander verbringen, nicht weniger wertvoll als die Zeit, die ich mit jemandem verbringe, zu dem ich eine einwöchige Beziehung habe – vielmehr ist das Gegenteil der Fall, denn sinnvolle Beziehungen brauchen Zeit, um aufgebaut zu werden. Es gibt nicht eine bestimmte Menge Sinn, die über die zur Verfügung stehende Zeit hinweg verteilt werden soll, sondern damit Sinn entstehen kann, muss die Zeit ein Ende haben. Mein Tod an sich ist nicht sinnvoll, aber er ist eine Voraussetzung dafür, dass mein Leben es sein kann.

Man kann dies auch anhand unseres Verhältnisses zu unseren Haustieren illustrieren. Wären die Haustiere, die ich während meines Lebens hatte, nicht verwundbar gewesen, hätten sie kein Futter und keine Fürsorge benötigt, hätten sie nicht krank werden oder sterben können, hätte ich eine vollkommen andere Beziehung zu ihnen geführt. Ich hätte mich nicht so sehr um sie gesorgt, wie ich es getan habe. Einem unverwundbaren Hund hätte ich keine *Fürsorge* zuteilwerden lassen. Tritt ein kleiner Welpe in Ihr Leben, dann wissen Sie, dass er aller Wahrscheinlichkeit nach lange vor Ihnen stirbt. Da ich mein ganzes Leben lang Haustiere gehabt habe, Hunde und Katzen, habe ich auch erlebt, dass sie krank oder verletzt wurden und gestorben sind. Ich bin mit ihnen zum Tierarzt gegangen, hatte große Angst, dass dies das Ende wäre, und habe hoffnungsvoll auf die Nachricht gewartet, dass alles gut werden wird. Bisher habe ich sie alle überlebt, und jedes Mal, wenn ich eins von ihnen verloren habe, ist die Trauer groß gewesen. Diese Trauer ist der Preis für die Liebe zum jeweiligen Tier. Und die Sorge bezeugt, dass die Beziehung echt war.

Wir sind verwundbar und gefährdet. Diese Verwundbarkeit ist der Preis, den wir dafür zahlen müssen, dass etwas Sinn hat. Aristoteles weist darauf hin, dass derjenige, der nicht glaubt, einer Gefahr ausgesetzt sein zu können, auch nichts fürchtet.[147] Eine solche Person kann auch auf nichts hoffen. Tatsächlich kann sich eine solche Person auch um nichts sorgen, denn die Sorge um etwas setzt voraus, dass etwas auf dem Spiel steht. Lebenssinn entsteht, weil wir uns um etwas sorgen, und derjenige, der sich um etwas sorgt, wird verwundbar. Wenn man jemanden liebt, hat man keine Garantie dafür, dass die geliebte Person einem nicht durch einen Unfall entrissen wird oder die Beziehung nicht in die Brüche geht. Daher ist sie wertvoll. Ein Leben ohne Verwundbarkeit ist ein Leben ohne Sinn.

Nachdem er festgestellt hatte, dass Gott einen schlechten Tag hatte, als er uns schuf, äußerte sich Franz Kafka in einem Gespräch mit seinem Freund Max Brod wie folgt: »Viel Hoffnung – für Gott – unendlich viel Hoffnung –, nur nicht für uns.«[148] Dabei ist es doch umgekehrt: Für Gott gibt es keine Hoffnung, da für Gott alles möglich ist. Nur verwundbare, endliche Wesen wie wir, die nicht die volle Kontrolle haben, können hoffen, und dies vorzugsweise, wenn wir unser Vertrauen nicht in Gott setzen.

Was darf ich hoffen?
Immanuel Kant
und Maria von Herbert

In seiner *Kritik der reinen Vernunft* (1781) schreibt der Philosoph Immanuel Kant, dass sich alle Interessen der Vernunft in den folgenden drei Fragen vereinen:

1. Was kann ich wissen?
2. Was soll ich tun?
3. Was darf ich hoffen?[149]

Die erste Frage wird durch die Untersuchung der Erkenntnisfähigkeiten des Menschen beantwortet, die zweite durch die Untersuchung der moralischen Maßstäbe, die die eigene Vernunft des Menschen liefert und die dritte durch die Untersuchung dessen, was der Mensch selbst tun kann, um glücklich zu werden und Glück zu verdienen. Die erste Frage ist theoretisch, die zweite praktisch und die dritte beides. Es sind die Antworten auf die ersten beiden Fragen, die die dritte heraufbeschwören: Nachdem die Antworten Grenzen für das angeben, was ich wissen kann und was ich tun soll, entsteht Raum für Hoffnung. Wie wir sehen werden, bringt die dritte Frage Kant vollkommen an die Grenze – und vielleicht darüber hinaus – zu einer spekulativen Philosophie und Theologie.

Kants Erörterungen der Hoffnung liegen ein wenig abseits – oder zumindest an der Peripherie – dessen, was wir normalerweise unter Hoffnung verstehen. Da Kant als einer der größten Optimisten der Philosophiegeschichte bekannt ist und in der Tat meint, wir hätten eine moralische Verpflichtung dazu, Optimisten zu sein, könnte man glauben, er wäre der Ansicht, dass wir guten Grund hätten, in der Hoffnung zu leben. Stattdessen sind seine Beschreibungen des menschlichen Daseins regelrecht entmutigend. Wenn er schildert, wie das einzelne Menschenleben sich darstellt, liest er sich nicht wesentlich amüsanter als klassische Pessimisten wie Schopenhauer, dem wir uns im nächsten Kapitel annehmen werden. Nicht ohne Grund hat Goethe, nachdem er Kants Vorlesungen über Anthropologie gelesen hatte, behauptet, Kant stelle »das ganze Leben wie eine böse Krankheit und die Welt einem Tollhaus gleich« dar.[150]

Kant empfing drei Briefe von einer jungen Frau namens Maria von Herbert, die eine eifrige Leserin seiner Werke und die Schwester des Baron Franz Paul von Herbert war, einem ebenfalls tüchtigen Leser. Der erste Brief kam im August 1791, worin sie ihn »um Hilf, um Trost, oder um Bescheid zum Tod« bittet.[151] Sie berichtet, seine Philosophie beweise zwar, dass es ein Leben nach dem Tod gäbe, aber: »vor dieses Leben fand ich nichts, gar nichts, was mir mein verlohrnes Gut ersezen könnt«. Erläuternd führt sie aus, dass es sich um eine Beziehung zu einem Mann handele, der sie nicht mehr liebe, nachdem sie ihn längere Zeit angelogen habe, obwohl diese Lüge nichts Unvorteilhaftes über sie verborgen gehalten habe. Hätte sie nicht Kants *Ethik* gelesen, wonach Selbstmord moralisch inakzeptabel sei, hätte sie sich zweifellos das Leben genommen, schreibt sie, aber sie finde nichts, was ihr dabei helfen könne zu leben: »Setzen sie sich in meine lag und geben sie mir trost oder verdamung.« Der Brief weist zweifellos orthografische und interpunktionsbedingte Mängel auf, was Kant womöglich dazu veranlasst hat, die Frau weniger ernst zu nehmen, als er es hätte tun sollen, allerdings war es nicht ungewöhnlich, dass Frauen zu dieser Zeit Rechtschreibschwächen aufwiesen, da ihnen der Zugang zu Bildung oft verweigert oder stark erschwert wurde. Ungeachtet dessen legt der Brief Zeugnis von einer Verfasserin ab, die in der Lage ist, philosophisch und prinzipiell zu denken. Kant nimmt Herbert ernst genug, um ihr zu antworten. In gewisser Hinsicht zwang sie ihn dazu, eine Antwort zu senden, indem sie darauf hinwies, dass der kategorische Imperativ ihm dies vorschreibe. Die Antwort ist jedoch nicht sehr beeindruckend, denn dort, wo Herbert einen existenziellen Schmerzensschrei an Kant richtet, erhält sie eine didaktische kleine Ausführung über Wahrhaftigkeit und Lüge, gefolgt von der Behauptung, dass die Liebe dieses Mannes nach und nach zurückkehren werde, wenn sie zeige, dass sie ihren Charakter verbessert habe. Sollte dies nicht geschehen, dann sei die Affektion des Mannes wohl »mehr physisch als moralisch« gewesen und in diesem Fall wäre sie so oder so allmählich verschwunden, dies gehöre schlicht zu den Schlägen, die das Leben uns versetze und die wir mit Fassung tragen müssten »[…] da der Wert des letzteren«, wie er hinzufügt, »so sehr es in Dem besteht was wir Gutes genießen können von den Menschen überhaupt viel zu hoch angeschlagen wird.« Auffällig an Kants Antwort ist, dass sie in so geringem Maße auf die Herausforderung antwortet, die Herbert ihm stellt: Sie schreibt, dass ihr Herz gebrochen sei, dass sie keinerlei Sinn im Leben sehe und dass nichts in Kants Philosophie ihr bei diesem Problem im Geringsten geholfen habe.

Diese junge Frau verschwand nicht aus Kants Gedanken, und nachdem er lange Zeit nichts von ihr gehört hatte, wandte er sich per Brief an einen ihrer Freunde, mit dem er ebenfalls eine Korrespondenz pflegte, und erkundigte sich bei ihm, welche Wirkung sein Brief auf die Frau gehabt habe. Dies führte zu einem neuen, umfassenderen Brief von ihr, mehr als ein Jahr nach dem ersten. Sie bedauert zunächst, dass sie so lange gebraucht habe, um zu antworten und dass sie mit der erhaltenen Antwort zufrieden gewesen sei. Weiter berichtet sie, dass ihr Geliebter wieder warme Gefühle für sie hege, dass sie aber, obwohl sie seinetwegen froh sei, keinen Sinn mehr in dieser Beziehung sähe, die für sie nur eine Art banales Vergnügen geworden sei, »[…] welches mir«, schreibt sie anschließend, »meine hellen Augen jezt imer vorwerfen und mich dabei eine leere fühlen machen, [die] sich in und außer mir erstrekt so daß ich mir fast selbst überflüßig bin. vor mich hat nichts einen Reiz, auch könnte mich die Erreichung aller möglichen mich betrefenden Wünsche, nicht Vergnügen, noch erscheint mir eine einzige Sache der Mühe werth daß sie getan werde«[152]. Sie beschreibt dies als »eine Langweile die mir daß Leben unerträglich« macht und dass sie nur einen einzigen Wunsch habe, nämlich »mir dieses so unnüze leben, in welchen ich fest überzeigt bin, weder beßer, noch schlimer zu werden, zu Verkürzen«.

Herbert bittet Kant, diese Frage zu untersuchen – vermutlich dahingehend, was das Leben lebenswert machen kann – und wenn er dies nicht könne, dann dahingehend, was ihr helfen könne, mit »diese[r] unerträgliche[n] leere auf meiner Seele« umzugehen. Während der erste Brief eine aufgebrachte Frau zeigt, ist der zweite apathischer. Es gibt kein Begehren mehr: Alles ist Leere. Man ist versucht zu sagen, dass Herbert dem *Mythos des Sisyphos* (1942) des französischen Autors Albert Camus um 150 Jahre vorgreift. Eingeleitet wird dieses Werk mit den Worten: »Es gibt nur ein wirklich ernstes philosophisches Problem: den Selbstmord. Die Entscheidung, ob das Leben sich lohne oder nicht, beantwortet die Grundfrage der Philosophie.«[153] Man kann selbstverständlich anmerken, dass Camus – und vielleicht auch Herbert – die Kurve ein wenig schnell nehmen, da sich Menschen zweifellos auch aus anderen Gründen und Ursachen das Leben nehmen als aus der Überzeugung, das Leben als solches sei nicht lebenswert, und im Übrigen kann man auch das Leben als nicht lebenswert erachten, aber dennoch keinen Selbstmord begehen. Schließlich haben nur die wenigsten der großen Pessimisten ihrem Leben ein Ende gesetzt. Ungeachtet dessen stellt Herbert Kant hier vor eine philosophische Herausforderung: Was kann das Leben lebenswert machen?

Offenbar hat Kant diesen Brief nicht beantwortet, da sich in seinen Unterlagen keine Entwürfe finden und Herberts nächster Brief aus dem Frühjahr 1794 besagt, dass sie keine Antwort von ihm erhalten habe.[154] In diesem Brief teilt sie mit, nachdem sie lange Zeit Abscheu gegenüber dem Leben verspürt habe, zur Ruhe gefunden zu haben und einzusehen, dass der Tod aus einer individuellen Perspektive das Wünschenswerteste sei, diese Todessehnsucht jedoch in Schach gehalten werden könne, indem man den Blick auf seine Freunde und die Forderungen der Moral richte. Zudem bedankt sie sich bei Kant für die Aufmerksamkeit, die er ihr entgegengebracht habe.

Im Jahr 1803 verschwand Maria von Herbert im Alter von 33 Jahren. Ihre Leiche wurde nie gefunden, ihr Bruder nahm jedoch an, dass sie sich das Leben genommen hatte, und verteidigte ihr Handeln als mutig und nicht als ein Ausdruck von Schwäche.[155] Im Übrigen wählte 1811 auch der Bruder den Freitod. Der Grund, diese Geschichte zu erwähnen, besteht nicht darin, Kant Vorwürfe wegen des Selbstmords dieser Frau zu machen. Er hat den ersten Brief vermutlich nach bestem Vermögen beantwortet und den Ernst des zweiten wahrscheinlich nicht erkannt. Der dritte Brief gab an, dass Herbert die Lebenskrise in gewisser Hinsicht überwunden hatte – oder eventuell, dass sie die Hoffnung aufgegeben hatte, Kant könne ihr dabei helfen. Es gab noch viele andere Faktoren, die dazu beitrugen, Herberts Situation zu erschweren, ohne dass Kant davon etwas erfuhr. So hatte sie beispielsweise ein uneheliches Kind. Das einzige direkt Verwerfliche in Kants Tun war das Weiterleiten von Herberts Brief an die Tochter einer seiner Freunde, versehen mit einer Warnung davor, sich von der eigenen Fantasie verleiten zu lassen, wie »die kleine Schwärmerin« es getan hatte. Der Grund ist vielmehr, dass Herbert auf einen Punkt in Kants Philosophie hinweist: Sie bittet um *Sinn*, und Kant kann ihr nichts anderes als Moral geben. Sie bittet um Hoffnung in diesem Leben, und alle Hoffnung, die Kant anbieten kann, liegt außerhalb dieses Lebens.

Kants Antwort auf die Frage, worauf ich hoffen kann, lautet im Grunde, dass ich in diesem Leben auf kaum etwas hoffen kann, dass ich aber hoffen kann, *summum bonum*, das höchste Gut, zu erlangen, genauer gesagt einen Zustand, in dem ich nicht nur glücklich bin, sondern das Glück auch verdient habe, in einem Leben nach diesem. Des Weiteren kann ich hoffen, dass sich die Menschheit, nachdem ich selbst verschwunden bin, weiterhin in Richtung eines Zustands moralischer Perfektion entwickelt.

Kant definiert Hoffnung als »die unerwartete Eröffnung der Aussicht in ein nicht auszumessendes

Glück«.[156] Das ist eine sonderbare Definition. Erstens muss Hoffnung sich nicht zwangsläufig auf »ein nicht auszumessendes Glück« beziehen, da sie normalerweise mit weitaus weniger als diesem verbunden ist. Zweitens kann man auch auf etwas anderes als Glück hoffen. Drittens ist es merkwürdig, den Ausdruck »unerwartet« zu verwenden, weil Hoffnung zwangsläufig an etwas gebunden ist, das man als *möglich* erachtet. Ungeachtet dessen ist die Hoffnung bei Kant immer eine Hoffnung auf Glück, und zwar auf ein Glück, das zu erreichen uns nicht garantiert ist. Im Grunde würde Kant so weit gehen zu sagen, dass es uns mehr oder weniger garantiert ist, in diesem Leben kein Glück zu erlangen.

Es muss uns allen freistehen, nach unserem Glück zu streben, sofern dies nicht auf Kosten der Freiheit anderer geschieht.[157] Dies hängt mit einem Grundgedanken Kants zusammen, der besagt, dass das Einzigartige beim Menschen im Vergleich zu allen anderen Tieren darin besteht, dass Menschen »Zweck an sich selbst« sind, womit er insbesondere meint, dass Menschen über die Fähigkeit verfügen, ihre eigenen Lebensziele zu definieren, und weil sie über diese Fähigkeit verfügen, haben sie auch das Recht, dies zu tun. Einen Staat, in dem die Behörden bestimmen, wie die Bürger glücklich werden sollen, lehnt er als »den größten denkbaren Despotismus« ab. Das Ziel eines Jeden wird immer das Glück sein, das Glück als solches aber ist unbestimmt. Kein anderer kann für Sie Ihr Glück bestimmen. Daher soll jeder das Recht haben, das Glück zu suchen, so wie er es für richtig hält, wobei Kant überzeugt ist, dass ein solches Glücksstreben letzten Endes immer misslingen wird. Kant ist der Meinung, dass das menschliche Leben als Ganzes betrachtet ein recht trostloses Phänomen ist. In der *Kritik der Urteilskraft* (1790) drückt er sich in einer Fußnote sehr explizit aus:

> Was das Leben uns für einen Werth habe, wenn dieser bloß nach dem geschätzt wird, was man genießt (dem natürlichen Zweck der Summe aller Neigungen, der Glückseligkeit), ist leicht zu entscheiden. Er sinkt unter Null; denn wer wollte wohl das Leben unter denselben Bedingungen, oder auch nach einem neuen, selbstentworfenen (doch dem Naturlauf gemäßen) Plane, der aber auch bloß auf Genuß gestellt wäre, aufs neue antreten?[158]

Kant meint also, es sei klar, dass im einzelnen Menschenleben das Schlechte zwangsläufig das Gute überwiegen müsse, und dies auch, wenn man selbst einen neuen Lebensplan festlegen könne, solange man innerhalb der von der Natur gesetzten Grenzen verbleibt. In einem Essay schreibt er: »Man muss sich zwar nur schlecht auf die Schätzung des Werths desselben verstehen, wenn man noch wünschen kann, daß es länger währen solle, als es wirklich dauret; denn das wäre doch nur eine Verlängerung eines mit lauter Mühseligkeiten beständig ringenden Spiels.«[159]

Mit anderen Worten ist das Menschenleben als solches, wie es sich innerhalb der uns bemessenen Zeit auf der Erde abspielt, mit dem Glück unvereinbar. Das heißt nicht, dass wir inmitten all des Elends keine Stunden des Glücks erleben können, die Gesamtsumme ist jedoch unausweichlich negativ.

Wenn Kant Maria von Herbert nicht viele tröstende Worte über das Glück anbietet, welches sie in ihrem irdischen Leben erlangen kann, geschieht dies vermutlich, weil er glaubt, dass es diesbezüglich nicht viel zu sagen gibt, und für Kant wäre es vollkommen inakzeptabel gewesen, ihr irgendwelche tröstenden Unwahrheiten zu servieren. Wenn er ihr nichts anderes anbietet als Ethik, wo sie um Lebenssinn bittet, geschieht dies, weil er der Meinung ist, dass er den falschen Maßstab ansetzen würde, wenn er den Wert des Lebens am Glück bemessen würde, das wir erreichen können. Unser Wert als Mensch besteht am grundlegendsten nicht in unserer Fähigkeit, Glück zu erleben, sondern in unserer Fähigkeit, moralisch zu handeln. Kants Diskussion der Hoffnung in der *Kritik der reinen Vernunft* (1781) und der *Kritik der praktischen Vernunft* (1788) ist verbunden mit der Aussicht glücklich zu werden, spezifischer der Aussicht glücklich zu werden, *weil* man moralisch gut gehandelt hat. Unsere Vernunft fordert, dass dies möglich sein soll.[160] Wir sehen, dass es nicht zwangsläufig so ist, dass es dem moralisch Guten gut geht, indem er glücklich wird, oder dem moralisch Schlechten schlecht. Wir müssen daher voraussetzen, dass wir eine unsterbliche

Seele haben und dass einer, der in dieser Abrechnung für Ordnung sorgen kann, nämlich Gott, existiert, sodass die Realisierung von *summum bonum*, dem höchsten Gut, der Vereinigung von Tugend und Glück, erfolgen kann, nachdem wir unser irdisches Dasein hinter uns gelassen haben.[161]

Kant zufolge wird jeder Mensch, der sich selbst aufrichtig einer Prüfung unterzieht – wozu wir seiner Meinung nach alle verpflichtet sind –, feststellen, dass er als Mensch nicht genügt und in unserem irdischen Leben niemals genügen wird. Daher kann der Mensch hoffen, sich in einem Leben nach diesem weiter zu verbessern, um wenigstens die gedankliche Möglichkeit zu haben, ans Ziel zu gelangen.[162] Unsere eigene Vernunft verlangt von uns, alles in unserer Macht Stehende zu tun, und danach können wir darauf hoffen, dass das, was nicht in unserer Macht steht, glücklich für uns ausfällt, obwohl wir über keinerlei Erkenntnis hinsichtlich irgendeiner höheren Macht verfügen, die uns beistehen kann. Eine solche höhere Macht ist eine notwendige Bedingung dafür, dass der *Wunsch* nach Glück eine *Hoffnung* auf Glück werden kann, da es außerhalb unserer Kontrolle liegt, uns selbst einfach glücklich zu machen.[163]

Aus Kants Sicht hat die Religion kaum eine andere Funktion als die, eine Stütze der Moral zu sein. Ein wörtliches Verständnis der Bibel kann aus der Perspektive der Vernunft nur als Aberglaube betrachtet werden. Hier nimmt Kant im letzten Teil seiner Autorenschaft einen radikaleren Standpunkt ein, als er es früher getan hat, wo er, wie er es formulierte, eine Grenze für unser Wissen gezogen hatte, um Raum für unseren Glauben zu schaffen. Kants Gott ist keine Art Person, zu der man eine Beziehung pflegt, sondern eine Vernunftidee, die sich die Vernunft in ihrem Bestreben bildet, eine rationale Selbstbestimmung zu erlangen. Wer betet, spricht im Grunde nur mit sich selbst, mit seiner eigenen Vernunft, nicht mit einer selbstständig existierenden Gestalt, zu der man eine Beziehung haben kann.

In den geschichtsphilosophischen Schriften blickt Kant aus einem anderen, und meiner Meinung nach interessanteren, jedoch nicht unbedingt überzeugenden Einfallswinkel auf die Hoffnung. Kant zufolge sind wir moralisch dazu verpflichtet, Optimisten zu sein. Er trennt nicht klar zwischen Optimismus und Hoffnung und man kann vielleicht sagen, der Optimismus nimmt den Platz der Hoffnung ein. Seiner Behauptung nach sollen wir unsere menschliche Natur so weit wie möglich realisieren und dies könne nur geschehen, indem wir die Welt so umformen, dass sie mit unserer Vernunft übereinstimmt. Da wir eine moralische Art sind, müssen wir vernünftige Kulturen erschaffen, die mit unserer Vernunftnatur übereinstimmen. Bis hierhin scheint der Fortschritt unsere Aufgabe zu sein. Allerdings behauptet Kant, dass der Fortschritt nicht nur durch unseren Versuch gefördert wird, gut zu handeln, sondern vielmehr dadurch, dass die Natur ihn hervorzwingt.[164] Gerade, weil wir verwundbare, von einer unwirtlichen Natur umgebene Wesen sind und zusammenleben, obwohl wir auch versuchen, Macht übereinander zu erlangen, kann der Mensch in seiner Entwicklung nach vorn gebracht werden.[165] Es gibt nichts, das nicht damit erklärt werden kann, dass es letztendlich dem Guten dient. Aller Schmerz, den wir empfinden, ist da, um uns zu besseren Menschen zu machen.[166] All das Schlimmste, das wir einander antun, kann als Teil einer Gesamtheit erklärt werden, die auf eine Realisierung des Guten zuschreitet.[167] Kant unterstreicht, dass seine Theorie des Fortschritts nicht bewiesen werden kann, dass sie jedoch *nützlich* sei, um unseren Handlungen in größerer Perspektive eine Zweckgerichtetheit zu verleihen.[168] Im Mittelpunkt von Kants Fortschrittsgedanke steht nicht das einzelne Individuum, sondern das Menschengeschlecht.[169] Für das eigene Leben kann man nicht auf Großes hoffen, aber man kann auf das Menschengeschlecht hoffen. Kant meint, wir seien verpflichtet, an den Fortschritt zu glauben, weil dieser Glaube selbst den Fortschritt zu einer besseren Welt *fördern* wird.

Unsere Vernunft ist nicht in der Lage, alle Kausalzusammenhänge zu überblicken, sodass wir nicht mit irgendeiner Sicherheit sagen können, wie es der Menschheit letztendlich ergehen wird, und genau das schafft Raum für Hoffnung.[170] Kant behauptet, wir seien moralisch verpflichtet zu hoffen, weil Hoffnung eine notwendige Bedingung für unsere moralische Motivation sei.[171] Ohne Hoffnung würden wir resignieren, anstatt so zu handeln, wie die Moral es von uns verlangt. Ist das eine rationale Grundlage für Hoffnung? Kant ist der Meinung – zumindest, dass sie nicht irrational ist. So lange der Gegenstand einer Hoffnung nicht unmöglich ist, ist es nicht irrational zu hoffen.

In Kants Philosophie finden sich also zwei Arten von Hoffnung: Die eine richtet sich auf unser individuelles Leben, darauf, das höchste Gut zu erreichen, die Kombination von Glück und Tugend, während sich die andere auf das Menschengeschlecht richtet, indem sie eine Welt erschafft, in der alle Menschen gut handeln und die Geschichte ihr Ziel erreicht hat, als Art vollendet zu werden. Keine von ihnen erscheint sonderlich zufriedenstellend. Was Kant in der *Kritik der reinen Vernunft* und *Kritik der praktischen Vernunft* anbietet, ist die Erklärung für eine spezifische Hoffnung, die zudem im Jenseits realisiert werden muss, und nicht für Hoffnung als allgemeines Phänomen menschlichen Lebens. In den geschichtsphilosophischen Schriften vertritt er eher einen Optimismus als eine Hoffnung. Obwohl Kant proklamiert, dass eine der drei Hauptfragen der Philosophie die Frage danach ist, worauf man hoffen kann, liefert er im Grunde keine Erklärung für die gewöhnliche, säkulare Hoffnung, die innerhalb des Rahmens eines Menschenlebens realisiert werden kann. Soweit er eine solche Hoffnung thematisiert, lässt sich seine Ansicht damit zusammenzufassen, dass das menschliche Leben ziemlich hoffnungslos ist.

Wenn Kant trotzdem so stark auf die Notwendigkeit der Hoffnung drängt, geschieht dies, weil er glaubt, dass wir sonst entweder von Verzweiflung aufgezehrt würden oder uns mit dem Wunsch auf ein besseres Leben nach diesem begnügen. In jedem Fall wird dies dazu führen, dass wir uns nicht so bemühen, wie wir es sollten, um *diese* Welt besser zu machen. Ohne Hoffnung werden wir als moralische Akteure versagen. Darin hat Kant meiner Meinung nach recht, jedoch sehe ich nicht, dass wir zwangsläufig genau in der Weise hoffen müssen, die Kant beschreibt. Eine geringere Hoffnung als die auf das höchste Gut und auf eine Welt, in der alle Menschen moralische Prachtexemplare sind, kann ausreichen.

Ist Kants Hoffnung ausreichend? Für Maria von Herbert war sie das nicht und für viele von uns ist sie es wahrscheinlich auch nicht. Die von Kant angebotene Hoffnung wirkt zu dürftig. Oder vielleicht eher zu fern. Die Gegenstände der Hoffnung befinden sich außerhalb dieses Lebens. Ich möchte nicht bestreiten, dass sich eine höchst relevante Hoffnung über die eigene Lebenszeit hinaus erstrecken kann, so zum Beispiel, als die russische Dichterin Anna Achmatowa Lebenssinn in der Hoffnung fand, dass die von ihr in den Jahren von 1935 bis 1961 verfasste Elegie *Requiem* (1963) für die Nachwelt ein Zeugnis von Stalins Terror sein würde. Dennoch handelt es sich dabei um eine nähere, weniger abstrakte Hoffnung als die, dass die Menschheit zu irgendeinem Zeitpunkt in der Zukunft einen Zustand moralischer

Perfektion erreichen wird und dass man selbst ein Teil dieses Prozesses ist.

Der Philosoph Theodor W. Adorno schreibt über Kant, dass seine kritische Philosophie ein Bestreben sei, die dogmatische Metaphysik auf eine nicht-dogmatische Weise zu retten.[172] Wo dogmatische Denker behauptet haben, über ein Wissen zu verfügen, das das von uns Erfahrbare übersteigt – über Gott und die Unsterblichkeit der Seele – zieht uns Kant in die Grenzen der Erfahrung zurück. Gleichzeitig behauptet Kant, dass wir uns vorstellen müssten, dass Gott existiert und dass es eine Existenz nach diesem Leben gibt, wenn das Leben für uns Sinn haben soll. Adorno zufolge sieht Kant ein, wie unerträglich die existierende Welt ist, versucht jedoch, wider alle Vernunft eine Hoffnung zu mobilisieren, da Verzweiflung »undenkbar« ist. Gleichzeitig stimmt Adorno Kant zu: »Ohne Hoffnung ist ein Gutes.«[173] Adornos Haupteinwand gegen Kant ist nicht, dass Kant hofft, sondern dass diese Hoffnung eine falsche Positivität habe, die eine Form von Wunschdenken sei.[174] Die Welt nach Auschwitz zeige ihm zufolge, dass wir keinen *Grund* zur Hoffnung haben. Die Welt, wie wir sie erfahren, gibt uns laut Adorno nichts, auf das man hoffen kann, dennoch ist er der Meinung, dass es Raum für Hoffnung geben muss, wobei wir weder wissen noch uns vorstellen können, worauf wir hoffen. Leerer kann Hoffnung nicht werden. Die einzige für Adorno mögliche Hoffnung ist das, was Jonathan Lear »radikale Hoffnung« nennt, die er als bloße Möglichkeit dafür beschreibt, dass etwas Gutes entstehen wird.[175] Lears Begriff der radikalen Hoffnung wird im vorletzten Kapitel näher diskutiert.

Kant ist offiziell ein Optimist und zudem einer, der behauptet, wir seien moralisch dazu verpflichtet, Optimisten zu sein. Bei genauerer Betrachtung jedoch erweist er sich eher als Pessimist, was das einzelne Menschenleben betrifft. Es ist auffallend, wie einmütig der »Optimist« Kant und der »Pessimist« Adorno in der Beschreibung der von uns bewohnten Welt sind als einem Ort, an dem wir im Grunde nicht viel zu hoffen haben, wo Kant jedoch behauptet, dass wir über das hinaus *denken* können, was durch Erfahrung gegeben ist, ohne dass dies ein *Wissen* über das ausmache, was wir nicht erfahren können, dort gibt Adorno an, dass wir uns nicht einmal über diese Erfahrung hinaus denken können, die Tür aber dennoch dafür angelehnt lassen können, dass es etwas gibt, worauf man hoffen kann, ohne dass wir sagen können, was es ist.

Wir müssen nicht unbedingt Kants und Adornos Beschreibung des trostlosen Zustandes der Welt akzeptieren. Stattdessen können wir behaupten, dass gerade diese Wirklichkeit, die wir erfahren, reichlich Raum für Hoffnung bietet.

Optimismus, Pessimismus und Hoffnung

Der tschechische Autor, Dissident und Politiker Václav Havel zieht eine Grenze zwischen Hoffnung und Optimismus und sagt, dass Hoffnung nicht die Überzeugung ist, dass es »gut« gehen wird, sondern vielmehr, dass es, unabhängig vom Ausgang, »Sinn haben« wird.[176] Dies ist ein ungewöhnliches Verständnis von Hoffnung. Er knüpft diese Hoffnung an das, was er als »das Transzendente« bezeichnet, schweigt sich jedoch darüber aus, wie dieses »Transzendente« verstanden werden soll.[177] Ich werde nicht darüber spekulieren, was Havel spezifisch meint, schließe mich aber dennoch an, dass wir zwischen Hoffnung und Optimismus trennen können und sollten. Hoffnung ist sowohl mit Optimismus als auch mit Pessimismus vereinbar, sofern Optimismus und Pessimismus nicht zu einer absoluten Sicherheit ausarten, dass die Dinge gut beziehungsweise schlecht laufen *müssen*, sondern sich damit begnügen, dass es aller Wahrscheinlichkeit nach richtig gut oder richtig schlecht laufen wird. Es ist einfacher, Optimismus von spezifischer Hoffnung zu unterscheiden als von allgemeiner Hoffnung. Die allgemeine Hoffnung, die unbestimmte Auffassung, dass die Dinge wohl gut gehen werden, gleicht dem Optimismus zum Verwechseln, sofern der Optimismus nicht in absolute Sicherheit ausartet.

In der Alltagssprache wird »Optimismus« oft als eine etwas abfällige Bezeichnung von Wunschdenken verwendet, während »Pessimismus« die realistische und reife Position darstellen soll. Auf der anderen Seite wird »Pessimismus« auch abwertend für unbeholfene Endzeitpropheten verwendet, während »Optimismus« gleichbedeutend mit Entschlusskraft und Tapferkeit ist. Die beiden Ausdrücke »Optimismus« und »Pessimismus« sind modern. Beide entstanden ursprünglich in philosophischen Debatten, um Meinungsgegner mit einem Stempel zu versehen. Das Wort »Optimismus« taucht erstmals 1737 in einer Kritik von G. W. Leibniz auf und »Pessimismus« 1759 in einer Kritik von Voltaire. Sowohl »Pessimist« als auch »Optimist« waren ursprünglich das, was man philosophische Invektive nennen kann, eine Art philosophische Schimpfwörter, ähnlich wie in neuerer Zeit oft »Neoliberalist« oder »Postmodernist« verwendet werden. Es gibt Denkweisen, nicht zuletzt pessimistischer Art, die weitaus älter sind als diese Ausdrücke. Es ist zum Beispiel keine Übertreibung zu behaupten, dass *Das Buch Prediger* im Alten Testament einen nahezu abgrundtiefen Pessimismus beinhaltet. In der griechischen Antike wurde der kyrenäische Philosoph Hegesias als »der Todesüberredner« bezeichnet, weil seine Beschreibung des Menschenlebens derart öde war, dass viele seiner Anhänger Selbstmord begingen.

In einer ausgezeichneten Studie der Philosophiegeschichte des Pessimismus von Pierre Bayle bis Arthur

Schopenhauer unterscheidet die niederländische Philosophin Mara van der Lugt zwischen wertorientierten und zukunftsorientierten Versionen von Pessimismus und Optimismus.[178] Dabei liegt die zukunftsorientierte Version dem üblichen Gebrauch der Ausdrücke in neuerer Zeit am nächsten. Nennt man sie zukunftsorientiert, muss präzisiert werden, dass streng genommen nur der Optimismus von der Zukunft etwas Bestimmtes erwartet, nämlich, dass sie besser sein wird als die Gegenwart, während ein Pessimist sich damit begnügen kann, zu sagen, dass wir von der Zukunft überhaupt nichts Bestimmtes erwarten können – sie ist einfach nichts, in das wir unser Vertrauen setzen können. Im wertorientierten Optimismus und Pessimismus liegt mehr Symmetrie vor, wobei es nicht um einen Zeitverlauf geht, sondern darum, ob die Existenz der Welt grundsätzlich gut oder schlecht ist.[179]

Im Folgenden werde ich mich vor allem auf die zukunftsorientierte Variante beziehen, weil mich die Frage interessiert, welche Hoffnung wir mit der Zukunft verbinden können. Anzumerken ist, dass frühe Kritiker des Optimismus, wie etwa Voltaire, argumentierten, dass er gerade deswegen scheiterte, weil er unvereinbar war mit der Hoffnung. Behauptet man wie Leibniz, dass wir in »der besten aller möglichen Welten« leben, gibt es keinen Raum für Hoffnung, aus dem einfachen Grund, dass die Welt nicht besser werden kann, als sie es bereits ist. Dabei wird offensichtlich ein statischer, wertorientierter Begriff von

Optimismus zugrunde gelegt und damit hat das Argument keine Relevanz für einen zukunftsorientierten Optimismus. Sowohl der Optimist als auch der Pessimist wird gern behaupten, die Moral auf seiner Seite zu haben. Kant begründet seinen Optimismus unter anderem damit, dass wir Optimisten sein müssen, um moralische Demotivation zu vermeiden, während Schopenhauer seinerseits behauptet, dass der Optimismus uns dazu bringt, die Leiden der Welt zu übersehen oder zu bagatellisieren, sodass nur ein durchgreifender Pessimismus die Entwicklung des Mitgefühls vorbereiten kann, das er als Kern der Moral betrachtet.

Schopenhauer – der Hohepriester des Pessimismus

Geht es darum, aus der Geschichte der Philosophie einen Pessimisten auszuwählen, der eine etwas umfassendere Darstellung verdient, kommt man um Schopenhauer schwerlich herum. Wenn ich Schopenhauer lese, muss ich oft an den verrückten Künstler denken, von dem in *Endspiel* (1957) des irischen Schriftstellers Samuel Beckett die Rede ist:

> Ich habe einen Verrückten gekannt, der glaubte, das Ende der Welt wäre gekommen. Er malte Bilder. Ich hatte ihn gern. Ich besuchte ihn oft in der Anstalt. Ich nahm ihn an der Hand und zog ihn

> ans Fenster. Sieh doch mal! Da! Die aufgehende Saat! Und da! Sieh! Die Segel der Sardinenboote. Wie schön das alles ist! Er riß seine Hand los und kehrte wieder in seine Ecke zurück. Erschüttert. Er hatte nur Asche gesehen.[180]

Der Unterschied ist, dass Schopenhauer nicht sonderlich erschüttert ist, doch seine Schwarzseherei ist ebenso absolut, und er ist ebenso unempfänglich für irgendetwas, das das Bild ein wenig aufhellen könnte. Für Schopenhauer muss die Welt als »Hölle« beschrieben werden, die überhaupt nicht hätte existieren dürfen.[181] Den Optimismus als Theorie lehnt er als rücksichtslose Denkweise ab, weil sie nicht genug Rücksicht auf die »namenlosen Leiden der Menschheit« nehme.[182] Das Rücksichtslose besteht darin, dass der Optimist die Leiden eher wegerklärt als sie ernst zu nehmen. Die vielen Leiden können nicht in irgendeine Gesamtheit eingeordnet werden, die ihnen Sinn verleiht. Nimmt man sich wirklich allen Leids an, das es auf der Welt gibt, steht dies in grellem Kontrast zu jeder »phantasierten Vortrefflichkeit«.[183] Wo Leibniz behauptete, wir lebten in der besten aller möglichen Welten, hält ihm Schopenhauer entgegen, dass dies als die schlimmste aller Welten bezeichnet werden könne.[184] Angesichts einer derart öden Beschreibung des Lebens könnte man denken, dass die Hoffnung auf etwas Besseres eine attraktive Alternative wäre. Dies ist jedoch definitiv nicht der Weg, den Schopenhauer geht.

§ 313 in Schopenhauers *Parerga und Paralipomena* (1851) verdient es, in Gänze zitiert zu werden:

> Hoffnung ist die Verwechslung des Wunsches einer Begebenheit mit ihrer Wahrscheinlichkeit. Aber vielleicht ist kein Mensch frei von der Narrheit des Herzens, welche dem Intellekt die wichtige Schätzung der Probabilität so sehr verrückt, daß er eins gegen tausend für einen leicht möglichen Fall hält. Und doch gleicht ein hoffnungsloser Unglücksfall einem raschen Todesstreich, hingegen die stets vereitelte und immer wieder auflebende Hoffnung der langsam marternden Todesart. Wen die Hoffnung, den hat auch die Furcht verlassen: dies ist der Sinn des Ausdrucks »desperat«. Es ist nämlich dem Menschen natürlich, zu glauben, was er wünscht, und es zu glauben, weil er es wünscht. Wenn nun diese wohltätige, lindernde Eigentümlichkeit seiner Natur durch wiederholte sehr harte Schläge des Schicksals ausgerottet und er sogar umgekehrt dahin gebracht worden ist, zu glauben, es müsse geschehn, was er wünscht, eben weil er es wünscht; so ist dies eigentlich der Zustand, den man Verzweiflung genannt hat.[185]

Schopenhauer definierte den Menschen als ein »metaphysisches Tier«, und genau in der Metaphysik liegt das Problem. Die Metaphysik liefert uns ein Verständnis von uns selbst und anderen, vom

Universum und unserer Sterblichkeit. Das Tier ist weitaus zufriedener mit seinem Dasein als der Mensch, gerade weil das Tier nicht über die Fähigkeit zur Hoffnung verfügt.[186] Der Mensch lebt in einer Weise unter dem Joch der Zeit, dem die Tiere entgehen, gerade weil sie im Jetzt leben. Wir Menschen sind uns unserer selbst bewusst und können über abwesende Dinge nachdenken, über Ereignisse, die in der Vergangenheit stattgefunden haben oder in der Zukunft stattfinden können, nicht zuletzt darüber, dass wir sterben werden. Auch Tiere können leiden, jedoch nicht unter dem, was noch nicht ist. Die Tiere hoffen nicht auf zukünftige Genüsse, die sich Schopenhauer zufolge meistens als zukünftige Enttäuschungen erweisen werden.

Es ist die Hoffnung, die unsere Wünsche nährt, und diese Wünsche sind es, die uns wirklich Schmerzen bereiten. Die Lösung muss daher darin bestehen, die Hoffnung zu minimieren, sodass auch die Wünsche verschwinden und uns kein weiteres Leid zufügen können.[187] Den, der wir sind, können wir nicht ändern. Wir können kein Tier werden, das Zufriedenheit darin findet, im Hier und Jetzt zu leben. Das Einzige, was bleibt, ist ein schallendes Nein zum Leben an sich. Letztendlich lautet für Schopenhauer die Antwort darauf, warum man nicht hoffen sollte, dass es im Menschenleben, in dem wir nur »zwischen Schmerz und Langeweile [...] hin und her geworfen« werden, nichts gibt, worauf es wert ist zu hoffen.[188] Das grundlegendste

Interesse des Menschen besteht darin, das Leiden zu vermeiden, das die Grundbestimmung des Lebens ist, wird das Leid jedoch verdrängt, wird das Leben langweilig. Gelingt es dem Menschen, die Langeweile zu brechen, wird das Leid wieder zurückkehren.[189] Hier gibt es keine Aussicht auf Besserung, und die Hoffnung ist destruktiv, weil sie uns vorgaukelt, dass es andere Alternativen geben könnte. Es gibt keine andere Genugtuung als zeitweilige Freiheit von Leid. Hoffnung erschüttert uns und fügt uns Leid zu, weil wir glauben, es könne mehr geben als das. Wir können allerdings sagen, dass Schopenhauer auf eine Sache hofft, nämlich, dass die Hoffnung sich überwinden lässt. Zudem findet er einen gewissen Trost in der Kunst, besonders in der Musik, wo man für einen kurzen Moment sich selbst vergessen und sich in ästhetischer Seligkeit verlieren kann.

Was soll man einem Pessimisten vom Schlage Schopenhauers antworten? Vielleicht nichts anderes, als dass seine Beschreibung vom Menschenleben nicht damit übereinstimmt, wie wir selbst das Dasein erleben, dass wir es in der Tat als sinnvoll erleben, dass wir die Erfahrung gemacht haben, dass nicht alle Hoffnungen in Enttäuschung enden, und so weiter. Es ist nicht überzeugend zu behaupten, dass jeder, der das Leben in positiverem Licht erleben mag, zwangsläufig in Verleugnung lebt oder von einer Illusion geblendet ist. Wenn Schopenhauers Pessimismus nicht so überzeugend ist, dann ist es auch seine Zurückweisung der Hoffnung nicht.

Eine andere Frage ist, ob der Optimist eine überzeugendere Position hat als der Pessimist.

Wer hat recht? Der Optimist oder der Pessimist?

Kann man entscheiden, ob der Pessimist oder der Optimist recht hat in seiner Beurteilung von der Entwicklung der Welt? Ich selbst bin ein abtrünniger Pessimist. Bis etwa zu meinem dreißigsten Lebensjahr hätte man mich wohl als verhältnismäßig pessimistisch beschreiben müssen, seither aber haben die Dinge sich gewandelt, und heute möchte ich wohl behaupten, dass ich moderat optimistisch bin. Selbstverständlich weiß ich heute mehr als es im Alter von dreißig Jahren der Fall war, dennoch glaube ich nicht, dass man sagen kann, dass ein größerer Vorrat an Fakten zu dieser geänderten Einstellung geführt hat. Vielleicht ist es vor allem mit einer langsamen Veränderung dessen zu vergleichen, was Wittgenstein als Aspektsehen bezeichnet.[190] Ein wesentlicher Punkt in Wittgensteins Theorie ist, dass wir uns selbst dazu bringen können, ein Phänomen auf eine andere Weise zu *sehen*. Eine Änderung im Aspektsehen beinhaltet eine Änderung dessen, was man *sieht*, obwohl man dieselbe Sache *betrachtet*. Das Objekt scheint sich sowohl zu verändern als auch nicht zu verändern. Optimismus und Pessimismus liegen mehr im *Blick* auf historische Tatsachen als in diesen Tatsachen selbst. Es gibt keine unterschiedlichen historischen Verläufe für Optimisten beziehungsweise Pessimisten. Sie nehmen Bezug auf dieselbe Geschichte, deuten sie jedoch in unterschiedlicher Weise und gewichten unterschiedliche Aspekte als besonders zentral. Sowohl der Optimist als auch der Pessimist sind zudem beide recht faktenresistent. Sie neigen dazu, alle Einzelfälle, die gegen sie sprechen könnten, durch den Bezug auf das Ganze außer Kraft zu setzen.

So unterscheidet beispielsweise der französische Philosoph Jean-Jacques Rousseau zwischen der Behauptung, dass absolut alle Einzelheiten gut sind und dass die Gesamtheit gut ist, wobei letztgenannte Behauptung nicht erfordert, dass *jedes* Übel wegerklärt wird. Weiter schreibt Rousseau, dass die Frage, ob dieser Optimismus richtig ist, nicht mit dem Hinweis auf Ereignisse in der materiellen Welt entschieden werden kann, sondern nur in Bezug auf Gottes Eigenschaften – da vorausgesetzt wird, dass Gott gut ist, folgt, dass die Welt als Ganzes gut ist.[191] Alles, was nicht zum Fortschritt beiträgt, oder sogar in die entgegengesetzte Richtung weist, wird als irrelevant wegdefiniert, weil es nicht in eine Gesamtheit hineinpasst, die bereits als positiv definiert ist. Der Optimist ist sich über die Übel der Welt im Klaren, platziert diese Übel jedoch innerhalb einer Gesamtheit, von der er behauptet, sie ginge dennoch in die richtige Richtung. Dies führt leicht zu einer absurden Wegerklärung allen Übels, was in Voltaires

Candide (1759) treffend parodiert wird. Nachdem Candide von allerlei Unglück heimgesucht wurde, zieht sie den Schluss, dass Optimismus »die Raserei [ist], zu behaupten, alles sei gut, wenn es einem schlecht geht.«[192] Der Pessimist ist der Meinung, dass es keine sinngebende Gesamtheit gibt, welche die einzelnen Übel rechtfertigen kann und wird entweder behaupten, dass die Vorstellung einer solchen Gesamtheit an sich illusorisch ist oder dass es eine Gesamtheit gibt, die alles schlechter macht. Pessimismus braucht im Übrigen nicht zu meinen, dass sich alles zum Schlechteren verändert – er kann auch bedeuten, dass die Welt genauso entsetzlich bleibt, wie sie ist.

Selbst wenn man glaubt, die Welt habe sich im Wesentlichen positiv entwickelt, folgt daraus nicht ohne Weiteres Optimismus. Man hat lediglich festgestellt, dass sich die Welt bis heute in einer bestimmten Weise entwickelt hat. Der Optimist ist derjenige, der behauptet, dass diese positive Entwicklung andauern wird, während ein Pessimist vielleicht anerkennt, dass die Dinge bis heute gut gelaufen sind, jedoch behaupten wird, dass sich dies jetzt umkehren wird. Sowohl Optimismus als auch Pessimismus kann es in hoffnungsvollen und unerschütterlichen Varianten geben. Der Unerschütterliche meint, eine Gewissheit zu haben, dass es gut oder schlecht laufen *wird*, während der Hoffnungsvolle den Ausgang für unsicher hält, jedoch glaubt, dass es gut gehen *kann*. Der hoffnungsvolle Optimismus und Pessimismus unterscheiden sich in ihrer Einschätzung der Wahrscheinlichkeit, ob sie glauben, dass es am wahrscheinlichsten ist, dass etwas gut oder schlecht läuft. Wie bereits an anderer Stelle vermerkt, verlangt die Hoffnung an sich keine höhere Wahrscheinlichkeit. Man kann der Ansicht sein, dass die Wahrscheinlichkeit für einen guten Ausgang verschwindend gering ist, aber dennoch hoffnungsvoll sein. Das ist der Grund, warum es hoffnungsvolle Pessimisten gibt.

Der Optimist ist nicht unbedingt hoffnungsvoll. Bin ich ausreichend optimistisch, so optimistisch, dass ich vollkommen ausschließe, dass etwas anderes als das Gewünschte überhaupt geschehen kann, gibt es keinen Raum für Hoffnung, da Hoffnung Unsicherheit voraussetzt. Bin ich in einem Zustand der Unsicherheit der Meinung, dass es am wahrscheinlichsten ist, dass die Dinge nicht wie gewünscht laufen werden, während es jedoch eine Möglichkeit für einen positiven Ausgang gibt und ich dieser Möglichkeit große Bedeutung beimesse, bin ich hoffnungsvoll, aber pessimistisch. Ein Patient, der eine Prognose akzeptiert, die ihm eine Überlebenschance von fünf Prozent gibt, kann im Hinblick auf den Ausgang des Krankheitsverlaufs per Definition nicht optimistisch sein, jedoch kann er über eine beträchtliche Hoffnung verfügen, dass es in der Tat eine Überlebenschance von fünf Prozent gibt. Während ich diese Sätze schreibe, halte ich es nach wie vor für am wahrscheinlichsten, dass Russland sich der Ukraine gegenüber militärisch als zu stark erweisen wird – trotz eines beeindruckenden Widerstandes seitens der Ukraine –, jedoch hoffe ich innig, dass es den ukrainischen Streitkräften gelingen wird, so viel Widerstand aufzubieten, dass Putin schlussendlich einsieht, dass sich dieser Krieg nicht gewinnen lässt und seine Truppen abzieht. Oft gehen Hoffnung und Optimismus Hand in Hand, jedoch besteht dazu keine Notwendigkeit.

Die Uneinigkeit zwischen dem Optimisten und dem Pessimisten lässt sich durch einen Hinweis auf Fakten nicht aufheben. Ein Optimist und ein Pessimist können sich im Prinzip auf genau dieselben Fakten beziehen und dennoch in diametral entgegengesetzten Positionen landen. Sowohl der Optimismus als auch der Pessimismus sind eher eine Einstellung, eine Perspektive auf das, was die Welt uns bietet, weshalb sie sich nicht durch einen Hinweis auf das, worauf sie ihre Perspektive richten, widerlegen lassen. Man kann sagen, dass es keine Frage der Fakten ist, sondern dessen, was diese Fakten *bedeuten*. Zwar weisen sowohl der Pessimist als auch der Optimist gern auf Fakten hin und dabei vorzugsweise auf solche, die ein besonders augenfälliger Ausdruck ihrer Perspektive auf die Welt sind. Das Problem ist nur, dass dies bei denjenigen, die der entgegengesetzten Auffassung sind, nicht unbedingt viel Eindruck hinterlässt.

Selbst der Pessimist wird einräumen, dass heute Vieles besser ist, als es früher war. Zum Beispiel gibt es kaum einen Pessimisten, der im Falle einer ernsthaften Erkrankung der Meinung wäre, dass in den letzten Jahrhunderten nicht beträchtliche medizinische Fortschritte gemacht wurden, und der daher sagen würde, dass er sich ebenso gut ohne Antibiotika und Anästhesie behandeln lassen kann. Die wenigsten von ihnen werden behaupten, dass es sonderlich attraktiv ist, zu einer Gesellschaft zurückzukehren, in der Frauen kein Stimmrecht hatten und die Sklaverei als eine unproblematische Institution angesehen wurde. Sollte sich der Pessimist einigermaßen auf dem Laufenden gehalten haben, wird er auch mitbekommen haben, wie wir in den letzten Jahrzehnten den Anteil der Armen, von Hunger Bedrohten, Analphabeten usw. auf der Welt reduziert haben. Wir sind älter, reicher, freier, friedlicher und besser ausgebildet als Menschen es zu irgendeinem früheren Zeitpunkt der Geschichte gewesen sind. Jedem dieser Punkte kann mit Gegenbeispielen begegnet werden, mit Menschen, die jung sterben, die arm, unfrei sind, sich im Krieg befinden oder keine Ausbildung bekommen. Die Güter sind unter den Menschen eindeutig nicht gleich verteilt. Dennoch muss darauf hingewiesen werden, dass ein immer größerer Anteil der Weltbevölkerung wesentlich bessere Lebensbedingungen erhalten hat. Der Pessimist wird sich von solchen Fakten nicht nennenswert beeindrucken lassen. Denn der Pessimist hat eigene Fakten, wie beispielsweise, dass die Klimaveränderungen die Lebensbedingungen auf dem Planeten zum Schlimmeren verändern, dass es in absoluten Zahlen niemals mehr Sklaven auf der Welt gegeben hat als heute, dass der Wassermangel vielerorts prekär ist, dass Covid-19 sich im Vergleich zu denen, die in der Zukunft garantiert kommen werden, als eine lediglich sanfte Pandemie erweisen kann, dass es noch immer genug Atomwaffen gibt, um uns mehrfach auszulöschen, dass wir schutzlos sind, wenn ein riesiger Meteorit die Erde trifft, dass sich die liberale Demokratie seit 2006 in ausnahmslos jedem Jahr in einer klaren Rezession befindet und so weiter und so weiter. Ist der Optimist aufrichtig, wird er dem Pessimisten in all dem recht geben, aber dennoch an seinem Optimismus festhalten können.

Ich selbst bin, wie bereits erwähnt, moderat optimistisch und ziemlich hoffnungsvoll. Früher war ich weitaus pessimistischer. Um ehrlich zu sein, weiß ich nicht, ob mein früherer Pessimismus immer so echt war. Teilweise war er das wahrscheinlich, aber er war wohl auch ein Posieren, ausgehend von dem fehlgeleiteten Wunsch, als »tiefgründig« zu erscheinen. Gemäß alttestamentarischen Schriften, früher griechischer Philosophie und übrigens auch dem nordischen *Håvamål* gibt es eine Verbindung zwischen Weisheit und Schwarzseherei:

> Der Mann muß mäßig weise sein,
> Doch nicht allzu weise.
> Des Weisen Herz erheitert sich selten
> Wenn er zu weise wird.[193]

Vielleicht ist es so, dass eine gewisse Traurigkeit oder Melancholie von Weisheit begleitet wird, vielleicht nicht. Ungeachtet dessen folgt daraus nicht, dass man eigene Schwarzseherei als eine Bestätigung für eigene Weisheit betrachten sollte. Heute habe ich in Bezug auf die Gegenwart mehr Selbstvertrauen. Allerdings ist es ein moderateres Selbstvertrauen als das, wofür zum Beispiel Kant sich ausspricht. Als Optimist deute ich die Geschichte so: Könnten wir in der Geschichte der Menschheit frei einen Zeitpunkt wählen, zu dem wir leben, wäre vermutlich genau jetzt die beste Wahl. Das beinhaltet nicht, dass ich blind gegenüber den Problemen bin, mit denen wir konfrontiert sind: Armut, Hunger, Klimaänderungen, Epidemien und Pandemien, politischen und religiösen Konflikten etc. Was wir brauchen, ist ein Vertrauen in unsere Fähigkeit, Schritt für Schritt zu versuchen, diese Probleme zu lösen, aus unseren Fehlern zu lernen und eine bessere Welt zu erschaffen. Ich fühle mich mit der Bezeichnung »hoffnungsvoll« wohler als mit »optimistisch«, weil der Optimismus leicht in die Hybris der Hoffnung umschlagen kann, bei der man in Bezug auf die Zukunft übermütig wird. Ein solcher Übermut führt oft dazu, die Gegenwart aus dem Blick zu verlieren.

Im Grunde ist die Hoffnung unabhängig von Optimismus und Pessimismus. Man kann Pessimist sein und glauben, dass die Dinge sich aller Wahrscheinlichkeit nach schlecht entwickeln werden, aber dennoch hoffen, dass es gut gehen wird und sein

Möglichstes tun, dass es so kommt. Die meisten Optimisten werden wohl hoffnungsvoll sein, die radikalsten Optimisten jedoch sind derart überzeugt, dass alles gut geht – die wunderbare Zukunft ist eine, wenn auch noch nicht realisierte, Tatsache –, dass es keinen Raum für Hoffnung gibt. Die Hoffnung findet sich im Möglichen, nicht im Sicheren. Nur wenn der Optimismus oder der Pessimismus eine deterministische oder fatalistische Form annehmen, bei der sich alles zum Besten beziehungsweise zum Schlechtesten entwickeln *muss*, haben sie keinen Raum für Hoffnung. Jedoch gibt es keinen sehr überzeugenden Grund dafür, einen solchen Determinismus oder Fatalismus für wahr zu halten.

Wenn ich die radikalsten Optimisten lese, bekomme ich oft Lust, die Lager zu wechseln und mich den Pessimisten anzuschließen. Sie schreiben, als wäre der Fortschritt unvermeidlich und als könne die Welt sich nur zum Besseren entwickeln. Aber selbstverständlich gibt es keine Garantie dafür. Die Zukunft ist unbestimmt. In seiner unerschütterlichen Variante beherbergt der Optimismus eine Art Fatalismus, denn in ihm kann nichts schief gehen. Dadurch impliziert er auch eine Zufriedenheit mit dem, was ist, da das, was ist, nicht besser hätte sein können, als es ist, und da das, was ist, besser werden wird. Optimismus in einer solchen Ausformung führt typischerweise zu Passivität, während Hoffnung aktivistisch ist. Der Optimismus fordert dann nichts von uns, um eine bessere Welt zu erschaffen, da eine solche Welt bereits garantiert ist, während die Hoffnung gerade von uns verlangen kann, selbst unser Möglichstes zu tun, um das zu verwirklichen, was nur eine Möglichkeit ist. Hoffnung ist nicht das Opium des Volkes, Optimismus hingegen kann genau das sein. Der Optimist, der von Hoffnung zu Gewissheit übergegangen ist, hat sich gleichzeitig der Verantwortung entbunden, für sich selbst und andere eine bessere Welt zu erschaffen, weil diese sowieso mit Notwendigkeit folgen wird.

Sowohl der reine Optimist als auch der reine Pessimist verfügen über eine Gewissheit, die unbegründet erscheint. Sie beanspruchen einen Überblick über die Welt und die Geschichte, der kaum einem Menschen vergönnt ist. Und Hoffnung gibt es, wie bereits erwähnt, für keinen von ihnen. Moderate Pessimisten und ebensolche Optimisten akzeptieren, dass unser Überblick immer begrenzt ist. Wir können die Welt nie in ihrer Totalität kennen und wir wissen nicht, wie es sich entwickeln wird. Daher können beide hoffen. Ob man ein moderater Pessimist oder ein moderater Optimist wird, ist wohl vor allem eine Frage des intellektuellen Temperaments. Es gibt keine zwingenden Argumente für das eine oder das andere.

Eine Pflicht zum Optimismus?

Ebenso wie Kant behauptet der österreichische Philosoph Karl Popper, dass wir eine Pflicht hätten,

Optimisten zu sein: »Man ist verpflichtet, Optimist zu sein. Nur aus dieser Perspektive heraus kann man aktiv sein und tun, was man kann. Ist man Pessimist, dann hat man aufgegeben. Wir müssen Optimisten bleiben, wir müssen die Welt im Hinblick darauf betrachten, wie schön sie ist und versuchen, alles in unserer Macht Stehende zu tun, um sie zu verbessern.«[194] Jedoch gibt es keinen Grund zu behaupten, dass Optimismus an Aktivismus und Pessimismus an Passivität gebunden ist. Vielmehr sind sowohl Optimismus als auch Pessimismus voll und ganz mit glühendem Aktivismus vereinbar – es sei denn, sie sind absolut – und beziehen sich vielmehr auf eine offene Zukunft als auf eine Zukunft, deren Ausgang gegeben ist. Sowohl Optimismus als auch Pessimismus werden in absoluter Form zu Passivität führen, da die Zukunft für sie gegeben ist. Poppers Hauptaussage ist, dass wir die Pflicht haben zu versuchen, eine bessere Welt zu erschaffen, und das setzt den Glauben voraus, dass dies möglich ist. In diesem Fall hätte er argumentieren sollen, dass wir vielmehr eine Pflicht haben, hoffnungsvoll statt optimistisch zu sein, denn eine solche Hoffnung ist sowohl mit Optimismus als auch mit Pessimismus vereinbar. Die Frage lautet also, ob es angemessen ist, zu behaupten, dass wir eine Pflicht haben, zu hoffen.

Da Hoffnung nicht sehr willensabhängig ist, kann es unangemessen wirken, zu behaupten, dass Hoffen eine Pflicht sei. *Müssen* setzt *können* voraus, und es ist nicht gesagt, dass ich in der Lage bin, auf etwas zu hoffen, selbst wenn ich wünschte, dies zu können. Hoffnung hängt mit Identität zusammen, und einer Identität kann eine Verpflichtung zu hoffen anhaften. Steht für meine Lieblingsmannschaft ein wichtiges Spiel an, werden meine Mitstreiter denken, ich würde als Fan versagen, wenn ich nicht hoffe, dass meine Mannschaft gewinnt. Wenn man während des Zweiten Weltkriegs ein »guter Norweger« war, hätten die Mitbürger gedacht, man würde als patriotischer Bürger versagen, wenn man nicht gehofft hätte, dass die deutsche Besatzungsmacht eines Tages außer Landes gejagt werden würde. Erhält einer meiner engsten Freunde eine ernsthafte Diagnose, versage ich zweifellos als Freund, wenn ich nicht hoffe, dass die Behandlung erfolgreich sein wird.

In diesen Fällen kann man sagen, dass die Hoffnung nahezu aus der Identität als Fan, Patriot beziehungsweise Freund folgt. Es kann sein, dass es mir an einer notwendigen Bedingung für Hoffnung fehlt, nämlich, die reale Möglichkeit dafür zu sehen, das Spiel, den Krieg oder gegen die Krankheit zu gewinnen. In diesem Fall wäre ich wohl verpflichtet, mir ein positives Ergebnis zu *wünschen*, obwohl ich nicht in der Lage bin, zu hoffen. Der Identität selbst folgt eine gewisse Einstellung, und man kann weiterdenken, dass ein Teil dieser Einstellung darin besteht, nach der realen Möglichkeit zu schauen. Wenn dem so ist, könnte man sagen, dass man kraft einer gewissen Identität die Pflicht hat, zu hoffen. Ist man gleichgültig, *kümmert* man sich nicht um die Fußballmannschaft, das Land oder den Freund, obwohl man vorgibt, genau das zu tun. Man kann sagen, dass derjenige wie eine Art Betrüger erscheint, der sich als etwas ausgibt, das er nicht ist. Sich nicht zu kümmern, ist mit diesen Rollen unvereinbar. Der kanadische Soziologe Erving Goffmann behauptet, die Erfahrung betrogen zu werden sei die Entdeckung, dass eine Person nicht das Recht hatte, die Rolle zu spielen, die sie gespielt hat.[195] Man hat mit anderen Worten nur das Recht, die Rolle als Fan, Patriot und Freund zu spielen, wenn man diese Dinge *ist*, und kümmert man sich nicht, dann ist man auch kein Fan, kein Patriot oder Freund, sondern nur ein Betrüger, der sich dafür ausgibt. Was, wenn man nicht gleichgültig ist, sondern Angst hat? Es wäre problematischer, jemanden zu tadeln, der derart von Angst überwältigt wird, dass die Hoffnung nicht durchdringt. Mit Vernunft kann man immerhin einsehen, dass es Raum für Hoffnung gibt, dass eine reale Möglichkeit besteht, dass es gut ausgeht, aber dennoch nicht hoffen, weil die Angst alles überschattet. Hoffnung und Angst fügen sich nicht ohne Weiteres der Vernunft. Meine Vernunft sagt mir, dass ich Spinnen, die ein Teil der norwegischen Fauna sind, nicht fürchten muss, weil keine von ihnen so giftig ist, dass sie mir nennenswerten Schaden zufügen könnte, aber gleichzeitig kann ich entsetzliche Angst vor ihnen haben. Das Problem besteht kurz gesagt darin, dass Angst und Hoffnung kaum durch den Willen gesteuert werden.

Kann ich mich nicht darin üben, hoffnungsvoll zu werden? Ein Stück weit ist dies möglich. Ich kann an meinen kognitiven und emotionalen Gewohnheiten arbeiten, sodass ich in höherem Maße die Aufmerksamkeit auf positive Möglichkeiten richte. Diese Herrschaft über Gedanken und Gefühle wird dennoch immer nur teilweise sein, was ein Stoiker wie Cicero erfuhr, als seine Tochter Tullia starb. Obwohl Cicero, als hingebungsvoller Stoiker in größter Gelassenheit mit ihrem Tod hätte umgehen sollen, war er von sehr tiefer Trauer erfüllt.[196] Er verreiste, blieb für sich, konnte nicht schlafen und weinte ununterbrochen. Andere Stoiker kritisierten ihn dafür, sich in einer solchen Weise von Gefühlen mitreißen zu lassen, und wenn er in der Politik eine Zukunft haben wolle, dann müsse er die Selbstbeherrschung wiedererlangen. Ich würde behaupten, diese Trauer zeigt, dass Cicero über ein gut funktionierendes Gefühlsleben verfügte. Der Stoiker kümmert sich idealerweise weder um die Vergangenheit noch um die Zukunft, sondern versucht, sich ganz gegenüber der Gegenwart zu verhalten. Dies ist zu verstehen als ein ungeteilt rationales Leben, ohne sich von Gefühlen verleiten zu lassen. Ein solches Ideal wirkt, als fehle ihm echtes Leben.

Zu viel oder zu wenig zu fühlen, kann einen moralischen Defekt darstellen. Wie Aristoteles es formulierte:

> Beim Zagen z. B. und beim Trotzen, beim Begehren, Zürnen, Bemitleiden und überhaupt bei aller Empfindung von Lust und Unlust gibt es ein Zuviel und Zuwenig, und beides ist nicht gut; dagegen diese Affekte zu haben, wann man soll, und worüber und gegen wen und weswegen und wie man soll, das ist die Mitte und das Beste, und das ist die Leistung der Tugend.[197]

Ein anderes Wort für Gefühle sind »Passionen«, das sich über das lateinische *passio* vom griechischen *pathos* ableitet, was bedeutet, dass man etwas ausgesetzt ist, das einem widerfährt. Gefühle sind so gesehen etwas, das man empfängt, nichts, das man selbst in Gang setzt. Man kann nicht ohne Weiteres ein Gefühl wählen. Ist man traurig oder ängstlich, kann man nicht einfach ein anderes Gefühl wählen, mit dem man sich wohler fühlt. Wir verfügen jedoch über eine gewisse Fähigkeit, ein Gefühl zuzulassen oder es zu unterdrücken. Nicht zuletzt hat Aristoteles damit recht, dass wir alle an unserem eigenen Gefühlsleben arbeiten und unsere gefühlsmäßigen Dispositionen formen können, obwohl sich unsere Gefühle nicht ohne Weiteres unserem Willen fügen. Zum richtigen Zeitpunkt in der richtigen Weise das Richtige zu fühlen, ist ein wichtiger Bestandteil eines gut funktionierenden Menschen. In bestimmten Situationen gewisse Dinge nicht zu fühlen, bedeutet, als moralischer Akteur zu kurz zu kommen. Fühle ich beispielsweise kein Fünkchen Wut, wenn ich sehe, dass jemand grobem Unrecht ausgesetzt ist oder keinen Hauch von Dankbarkeit, wenn mir jemand Gutes tut, dann bin ich gefühlsmäßig einfach nicht richtig kalibriert.

Diese emotionale Kalibrierung liegt teilweise in unserer eigenen Verantwortung. Wir machen einander und uns selbst nicht nur für das verantwortlich, was wir tun, sondern in gewissem Maße auch für das, was wir fühlen und glauben. Gefühle sind nicht nur etwas Gegebenes, sondern etwas, an dem jeder von uns selbst arbeiten kann. Gefühle können auch als *Gewohnheiten* beschrieben werden. Damit meine ich nicht, dass sie ohne biologische Grundlage sind, nur, dass sie formbar sind, dass sie modifiziert und kultiviert werden können. Gewohnheiten werden durch Wiederholungen gebildet und werden dann so in unser gesamtes Verhalten integriert, dass sie automatisiert werden. Der deutsche Philosoph G. W. F. Hegel bezeichnet die Gewohnheit als unsere »zweite Natur« und das ist eine gute Beschreibung, da Gewohnheiten nach und nach so selbstverständlich für uns werden, dass sie als naturgegeben erscheinen.[198] Es gibt physische und mentale Gewohnheiten. Zum Beispiel kann sowohl das Schlagen des Tennisballs auf eine bestimmte Weise als auch das Reagieren mit Wut darauf, wenn der Ball ins Aus geht, als Gewohnheit beschrieben werden. Man könnte den Ball anders schlagen sowie anders reagieren, wenn er ins Aus geht. Beides kann geändert werden, aber dies erfordert Übung. In der gleichen Weise kann man sich auch darin üben, zu hoffen. Hoffnung ist eine Aktivität, etwas, das wir *tun*, nicht nur etwas, das mit uns geschieht. Man kann lernen, besser zu fühlen und zu denken, und das kann man nicht zuletzt dann tun, wenn das Leben einen auf die Probe stellt, wenn die Denkgewohnheiten und die gefühlsmäßigen Gewohnheiten mit der Wirklichkeit kollidieren.

Der australische Musiker Nick Cave schreibt:

> Hoffnung und Optimismus können unterschiedliche, nahezu entgegengesetzte Kräfte sein. Hoffnung entsteht aus erkanntem Leid und ist der trotzige und widerstreitende Funke, der sich weigert, gelöscht zu werden. Optimismus kann auf der anderen Seite die Leugnung dieses Leids sein, eine Angst davor, der Dunkelheit zu begegnen, ein Mangel an Bewusstsein, eine Art Blindheit vor dem Wirklichen. Die Hoffnung hat gelernt und ist ungehorsam. Der Optimismus kann furchtsam und falsch sein. Indessen gibt es eine andere Form von Optimismus, eine Art radikalen Optimismus. Dieser Optimismus hat die Leiden der Welt erfahren, glaubt an die Aufsässigkeit der Hoffnung und befindet sich in ewigem Krieg mit banalem Pessimismus, Zynismus und Nihilismus.[199]

Caves »radikaler Optimismus« hat all das in sich aufgenommen, was gegen ihn spricht: dass es keineswegs immer so läuft, wie wir es wünschen und dass uns das Leben vor entsetzliche Prüfungen stellen kann, von denen wir glauben können, nie darüber hinwegzukommen, Prüfungen, die für den Rest unseres Leben bestimmen, wer wir sein werden. In einem anderen Text vertieft er dies und weist darauf hin, wie er selbst in jüngeren Jahren Vertreter von Pessimismus, Zynismus und Nihilismus war, und zwar deshalb, weil es ihm an Erfahrung und Einsicht fehlte. Was ihn veränderte, war der Verlust seines 15-jährigen Sohns Arthur, der nach dem Sturz von einer Klippe starb. Es war diese erschütternde Erfahrung, die ihm zeigte, wie wertvoll das Leben ist und ihn die Hoffnung lehrte. Ein solches Hoffnungsvoll-Sein »stellt Forderungen an uns«, wo der Zynismus überhaupt nichts von uns fordert. »Es besagt, dass die Welt und ihre Bewohner Wert haben und es wert sind, verteidigt zu werden. Es besagt, dass die Welt es wert ist, an sie zu glauben.«[200] Es ist eine Hoffnung, deren Kern der Glaube ist, dass es hier im Leben etwas gibt, für das es sich zu kämpfen lohnt, und es lohnt sich nur dann zu kämpfen, wenn der Kampf auf irgendeine Weise etwas bewirken kann, wenn die Zukunft zumindest teilweise offen ist.

Wenn dem so ist, dass wir verpflichtet sind zu hoffen, lautet die Frage, wem gegenüber wir verpflichtet sind. Die naheliegendste Antwort lautet: uns selbst. Hoffnung ist eine Pflicht, weil sie eine Voraussetzung für ein wirklich lebenswertes Leben ist. Das sind wir uns selbst schuldig.

Die Hoffnung verlieren

Die Formulierung »So lange es Leben gibt, gibt es Hoffnung« stammt vom griechischen Poeten Theokrit.[201] Er schreibt, dass nur die Toten ohne Hoffnung seien. Ganz richtig ist das wohl nicht, denn es gibt Leben ohne Hoffnung. Die Frage ist, ob man es als ein vollständiges *menschliches* Leben beschreiben kann. Auf dem Grabstein des griechischen Schriftstellers Nikos Kazantzakis in Heraklion auf Kreta steht: »Ich hoffe auf nichts. Ich fürchte nichts. Ich bin frei.« Dass er weder hofft noch fürchtet, ist einleuchtend, da er in der Tat tot ist. Zweifelhafter ist hingegen, ob er aus diesem Grund als frei bezeichnet werden kann.

Vom Ursprung des Wortes her ist derjenige, der ohne Hoffnung ist, *desperat* (von lateinisch *desperatio*, welches aus *de*, »ohne«, und *spes*, »Hoffnung«, zusammengesetzt ist). Heutzutage verwenden wir den Ausdruck »desperat« normalerweise nicht, da er vielmehr einen Zustand einer Art durchgedrehter, hyperaktiver Hoffnung beschreibt, bei der man sich an jede Möglichkeit klammert. Verliere ich als Elternteil in einer großen Menschenmenge mein kleines Kind und renne auf der Suche nach ihm desperat umher, kann nicht gesagt werden, dass ich ohne Hoffnung sei. Vielmehr befinde ich mich in einem aufgewühlten Zustand, in dem die Hoffnung, das Kind zu finden, mein ganzes Bewusstsein erfüllt. So gesehen ist desperat das Gegenteil davon, ohne Hoffnung zu sein. Der Desperate handelt nicht unbedingt rational, erfüllt jedoch Kriterien, um hoffnungsvoll zu sein. Nach und nach, wenn ich frenetisch nach dem Kind suche, ohne es wiederzufinden, kann die Desperation in Panik übergehen. Formelhaft kann man sagen: Entfernt man die Hoffnung von der Desperation, bleibt die Panik übrig.[202] Wo die Hoffnung sich über die Situation, in der man sich befindet, hinaus erstreckt, mit dem Gedanken, dass sie überschritten werden kann, ist der Panische an ein Jetzt gebunden, in dem er entweder handlungsunfähig wird oder mehr oder weniger zwecklos agiert. In der Desperation findet sich noch immer eine Handlungsrationalität, obwohl diese nicht zwangsläufig optimal funktioniert, während sie in der Panik zusammengebrochen ist. Der Panische hat die Fähigkeit verloren, sich in der Welt zu orientieren. Der Panische hat auch sich selbst verloren.

Hoffnung gehört zu dem, was für die eigene Identität konstituierend ist. Es ist schwer auszumachen, welche Art von Identität man haben würde, wenn man alle Hoffnung aus seinem Bewusstsein eliminieren würde. Meiner Meinung nach wäre man eine Art leerer »Niemand«.

Heidegger und Bollnow: Hoffnung als Stimmung

Wir sollten zwischen einer transzendentalen und einer empirischen Ebene der Hoffnung unterscheiden. »Transzendental« bezeichnet eine Bedingung der Möglichkeit, und eine transzendentale Hoffnung ist dann eine bestimmte Art von Orientierung auf die Welt, die spezifische Hoffnung ermöglicht. Man kann die transzendentale Hoffnung eventuell auch als das beschreiben, was der deutsche Philosoph Martin Heidegger als eine *Stimmung* bezeichnet. Eine Stimmung ist allgemeiner als ein Gefühl – sie betrifft die eigene Erfahrungswelt als *Ganzes*, wo ein Gefühl sich normalerweise auf ein oder mehrere spezifische, intentionale Objekte richtet. In der Stimmung der Hoffnung ist man auf die Welt als Ganzes orientiert, als einen Ort, an dem überhaupt gehofft werden kann. Für gewöhnlich sind Gefühle auch flüchtiger, während Stimmungen über längere Zeiträume hinweg anhalten. Die Stimmung ist Heidegger zufolge »die Grundart, wie wir *außerhalb* unserer selbst sind«.[203] Sie öffnet uns, anders als ein rein subjektives Phänomen, die Welt auf unterschiedliche Weisen. Die Stimmung offenbart die Welt als etwas, das Bedeutung hat. Ohne Stimmung hätte man keinen Grund, sich an etwas Bestimmtem zu orientieren, weil eine Abwesenheit von Stimmung auch eine Abwesenheit von Bedeutung wäre. Einige Stimmungen, wie die Freude, zeigen uns eine Welt, die beinahe vor Bedeutung überflutet, während andere Stimmungen, wie die Langeweile, eine Welt präsentieren, in der Bedeutung auffallend abwesend ist. Ungeachtet dessen eröffnen Stimmungen einen Erfahrungsraum, wobei unterschiedliche Stimmungen unterschiedliche Erfahrungsräume eröffnen.[204] Man muss hoffnungsvoll gestimmt sein, um zu erfahren, dass die Welt Raum für Hoffnung bietet. Befindet man sich in einer bestimmten Stimmung, erscheint die Welt als ein bestimmtes Feld von Möglichkeiten. Unterschiedliche Stimmungen ermöglichen unterschiedliche Relationen zur Welt als Ganzes, zu Gegenständen und zu anderen Menschen. Den Stimmungen gegenüber verhalten wir uns im Wesentlichen passiv. Wir können uns bewusst machen, dass wir uns in einer bestimmten Stimmung befinden, können uns jedoch nicht ohne Weiteres entscheiden, diese Stimmung durch eine andere zu ersetzen. Wie Heidegger es ausdrückt, kann man eine Stimmung nicht wie ein Paar Handschuhe an- oder ausziehen.[205] So gesehen ist man der Stimmung ausgeliefert. Heidegger zufolge müssen wir versuchen, Kontrolle über unsere Stimmungen zu erlangen, jedoch sucht man vergebens nach aufklärenden Beschreibungen dessen, wie diese Kontrolle erreicht werden kann.[206] Er deutet an, dass wir in irgendeiner Weise in der Lage sein müssen, in eine Gegenstimmung einzutreten.[207] *Wie* wir dazu fähig sein sollen, darüber sagt er indessen nichts.

Heidegger schreibt wenig über die Hoffnung, liefert in *Sein und Zeit* (1927) jedoch eine kurze Diskussion:

> Man hat die Hoffnung im Unterschied von der Angst, die sich auf ein malum futurum bezieht, als Erwartung eines bonum futurum charakterisiert. Entscheidend für die Struktur des Phänomens ist aber nicht so sehr der »zukünftige« Charakter dessen, *worauf* sich die Hoffnung bezieht, als vielmehr der existenziale Sinn des *Hoffens selbst*. Der Stimmungscharakter liegt auch hier primär im Hoffen als einem *Für-sich-erhoffen*. Der Hoffende nimmt sich gleichsam *mit* in die Hoffnung hinein und bringt sich dem Erhofften entgegen. Das aber setzt ein Sich-gewonnen-haben voraus. Daß die Hoffnung gegenüber der niederdrückenden Bangigkeit *erleichtert*, sagt nur, daß auch diese Befindlichkeit im Modus des Gewesen-*seins* auf die Last bezogen bleibt. Gehobene, besser hebende Stimmung ist ontologisch nur möglich in einem ekstatisch-zeitlichen Bezug des Daseins zum geworfenen Grunde seiner selbst.[208]

Die ziemlich kryptische Passage bedarf einer Erklärung. Einleitend erwähnt Heidegger ein wenig ungenau die Standardauffassung von Hoffnung als das Warten auf ein zukünftiges Gutes, unterstreicht jedoch, dass er dem Phänomen tiefer auf den Grund gehen wolle, wobei das Entscheidende nicht sei, *wo-*

rauf die Hoffnung sich richtet, sondern was der Akt des Hoffens ist. Weiterhin behauptet er, dass die Hoffnung als eine Stimmung zu betrachten sei.

Unsere Art, in der Zeit zu sein, ist Heidegger zufolge dadurch gekennzeichnet, dass wir eine Beziehung zu unserer Vergangenheit und zu unserer Zukunft haben und wir uns in der Welt in einer Gegenwart befinden, die auch die anderen beiden Zeitaspekte umfasst. Wir hoffen in der Gegenwart, worauf wir jedoch hoffen, wird zwangsläufig von dem mitbestimmt sein, was war. Was Heidegger als »Faktizität« bezeichnet, weist darauf hin, dass wir alle in eine Situation hineingeworfen sind, bevor wir überhaupt etwas unternehmen können. Wir werden in die Welt hineingeworfen und uns werden eine bestimmte Rolle, gewisse Bedingungen etc. zugeteilt. Das ist mit »Geworfenheit« gemeint. Wir befinden uns bereits immer in irgendeiner Situation; die Welt ist uns immer bereits gegeben. Das registrieren wir durch Gefühle und Stimmungen. Die Hoffnung ist nicht nur passiv abwartend, sondern beinhaltet auch ein aktives Vorgreifen auf das Zukünftige. Das ist der Grund, warum Heidegger schreibt, der Hoffnungsvolle bringe sich selbst *gegen* das auf, worauf gehofft wird.

Ansonsten glänzt Hoffnung in Heideggers Denken durch auffallende Abwesenheit. Oder besser gesagt: Der Ausdruck »Hoffnung« glänzt durch auffallende Abwesenheit. Wenn Heidegger unser Sein beschreibt, unterstreicht er, dass es immer ein »Möglichsein« ist, in dem wir aktiv Entwürfe der Zukunft gestalten, für unterschiedliche Möglichkeiten des Seins.[209] Aber gerade, weil es eine *Möglichkeit* von diesem oder jenem ist, kann es als Form von Hoffnung betrachtet werden.[210]

Der deutsche Existenzphilosoph und Pädagoge Otto Friedrich Bollnow kritisiert Heidegger dafür, seine gesamte Philosophie auf einer Stimmung zu begründen, nämlich der Angst.[211] Heidegger seinerseits behauptete, niemand habe *Sein und Zeit* so missverstanden wie Bollnow.[212] Gegen Bollnow kann man einwenden, dass er sich einer ebenso unangemessenen Privilegierung der Hoffnung schuldig macht. Heidegger behauptet, Sorge sei die Grundstruktur unseres Seins in der Welt. Bollnow hingegen behauptet, Hoffnung sei grundlegender als Sorge und nur sie könne uns ein haltbares Verständnis davon liefern, worauf die Sorge überhaupt abzielt.[213] In der Hoffnung stoßen wir auf »das innerste Wesen des Menschen«, schreibt er.[214] Ich selbst will nicht so weit gehen, da es im menschlichen Leben mehrere Grundphänomene gibt und man gleichermaßen behaupten könnte, dass die Angst genauso grundlegend ist. Was mich betrifft, so ist es ohnehin nicht so wichtig zu entscheiden, was am grundlegendsten ist oder ob es mehrere gleichgrundlegende Phänomene gibt, von denen das eine nicht vom anderen abgeleitet werden kann.[215]

Bollnow zieht eine scharfe Grenze zwischen einzelnen Hoffnungen, die man sich vorstellen kann und die in einer Vielzahl nebeneinander auftreten können, und dem Zustand, hoffnungsvoll gestimmt zu sein, der über kein korrespondierendes Objekt verfügt.[216] Es ist eine Grenze zwischen einem intentional bestimmten Gefühl und einer intentional unbestimmten Stimmung. Die einzelne Hoffnung kann erfüllt oder enttäuscht werden, gerade weil sie auf etwas Bestimmtes in der Welt, ein Ereignis oder einen Sachverhalt, gerichtet ist. Die Stimmung Hoffnung richtet sich hingegen auf die Welt als Ganzes, als einen Ort, an dem überhaupt gehofft werden kann. Auch diese Stimmung kann verloren gehen, und das ist etwas, das weit stärker um sich greift als der Verlust einer einzelnen Hoffnung.

Bollnow formuliert es so, dass die Zukunft dem Hoffnungsvollen als etwas erscheint, das »dem Menschen hilfreich und hütend entgegenkommt«.[217] Der Punkt ist, dass die Hoffnung, obwohl sie sich auf etwas richtet, das man nicht ganz überblicken kann, eine mögliche Zukunft, festen Boden unter den Füßen bietet. Sie gibt Vertrauen in das Dasein und ermöglicht Handlung. Daher ist die Hoffnung, so Bollnow, »dasjenige, was das Leben als Leben, als in die Zukunft gerichtetes Handeln und Streben, allererst ermöglicht«.

Spezifische Hoffnung verlieren und jegliche Hoffnung verlieren

Hoffnung kann auf zwei Ebenen auftreten und sie kann auch auf zwei Ebenen verloren gehen. Wir sollten zwischen dem Verlust spezifischer Hoffnungen und dem Verlust der Fähigkeit zu hoffen unterscheiden: (1) Man kann eine oder mehrere Hoffnungen verlieren. Dies kann der Einsicht geschuldet sein, dass das, worauf man hofft, kaum verwirklicht werden wird. Man würde weiterhin *wünschen*, dass es möglich ist, hat aber den Glauben daran verloren. Eine andere Möglichkeit für den Verlust der Hoffnung besteht darin, dass man sich weiterentwickelt hat. Im Laufe des Lebens bekommt man neue Objekte der Begierde und legt alte ab. In der äußersten Konsequenz kann man alle Hoffnung verlieren, sodass man nicht weiß, worauf man hoffen soll. Dies könnte beispielsweise auf Menschen zutreffen, die unter Umständen leben, in denen unsere normalen Objekte der Begierde zu reinen Hirngespinsten werden. Erzählungen aus der Gefangenschaft in den Konzentrationslagern der Nazis und den Gulags der Kommunisten sind Extrembeispiele dafür. Aber selbst, wenn man jegliche Hoffnung verloren hat, weil sich keine Objekte der Hoffnung darbieten, muss man nicht die eigentliche Fähigkeit zu hoffen verloren haben. (2) Man kann alle Hoffnung verlieren, sodass das Dasein nicht einmal die Möglichkeit zu bieten scheint, auf etwas zu hoffen. Hoffnung ist hier verwittert, weil man die Zukunft nicht mehr als ein Feld von Möglichkeiten sehen kann. Da können die eigenen Gedanken, Gefühle und Handlungen nicht mehr Wege zu irgendeinem Ziel aufzeigen, weil man keine Ziele hat. Man ist ganz in ein Jetzt eingekapselt. Man hat die Fähigkeit zur Hoffnung verloren. Man kann alle Hoffnungen verlieren, ohne alle Hoffnung verloren zu haben, in dem Sinne, dass man nichts findet, was zu hoffen lohnt, wo die Fähigkeit zu hoffen aber noch vorhanden ist.

Der italienische Schriftsteller und Chemiker Primo Levi beschreibt Auschwitz, wo er bis zur Befreiung des Lagers am 27. Januar 1945 elf Monate Gefangener war, als einen Ort, an dem Hoffnung unmöglich war:

> Denn in den Lagern kommt einem die Gewohnheit des Hoffens abhanden und auch das Vertrauen in die eigene Vernunft. Im *Lager* ist das Denken unnütz, denn die Geschehnisse treten meist in unvorhergesehener Weise ein, und zudem ist es schädlich, denn es erhält eine Sensibilität aufrecht, die ein Quell des Schmerzes ist und die irgendein vorsorgliches Naturgesetz abstumpft, sobald Leiden ein bestimmtes Maß überschreiten.[218]

Dennoch geht klar hervor, dass Levi in dem Lager nicht gänzlich ohne Hoffnung gelebt hat. Er schreibt auch, wie er in der schlimmsten Zeit »eine starke, doch trügerische Flut von Hoffnungen« verspüren konnte.[219] Er hofft darauf, den Winter zu überleben, etwas Essbares zu finden oder etwas, das in etwas Anderes, zum Überleben Benötigtes getauscht werden kann. Seine Beschreibungen des Lageralltags sind nicht von Resignation geprägt, sondern vielmehr von kleinen Projekten, von Versuchen, Möglichkeiten auszunutzen, sich ein Stück vom Untergang fernzuhalten, und alle diese Projekte implizieren Hoffnung. Er spricht nicht von einer Hoffnung auf ein Leben jenseits des Lagers – unter seinen Lebensumständen war er nicht imstande, an diese Möglichkeit zu denken, aber kleinere Hoffnungen waren von Tag zu Tag vorhanden. Keineswegs alle Gefangenen waren in der Lage, so zu hoffen. Levi beschreibt jene, die »Muselmänner« genannt werden:

> Ihr Leben ist kurz, doch ihre Zahl so unendlich. Sie, die *Muselmänner*, die Untergegangenen, sind der Kern des Lagers; sie, die anonyme, die stets erneuerte und immer identische Masse schweigend marschierender und sich abschuftender Nichtmenschen, in denen der göttliche Funke erloschen ist und die schon zu ausgehöhlt sind, um wirklich zu leiden. Man zögert, sie als Lebende zu bezeichnen; man zögert, ihren Tod, vor dem sie keine Angst haben, weil sie zu müde sind, ihn zu begreifen, als Tod zu bezeichnen.[220]

Dies sind Menschen, die ihre Menschlichkeit, ihre Fähigkeit zum genuinen Handeln verloren haben, wo sie durch unmenschliche Lebensbedingungen zerstört wurden. Sie haben ihre Fähigkeit zur Hoffnung verloren, wo sie von Augenblick zu Augenblick mechanisch kleine Aufgaben ausführen, bis sie nicht einmal mehr das tun können. Levi sieht hingegen immer noch kleine Möglichkeiten, das Dasein ein bisschen weniger unerträglich zu machen.

Dass man spezifische Hoffnung verlieren kann, ist unumstritten. Wir alle haben nicht nur erlebt, dass aus Hoffnung Scham wurde, weil das, worauf man gehofft hat, nicht eingetroffen ist, sondern auch, dass die Hoffnung endete, bevor das Ergebnis entschieden war. Diese Änderung kann dem Umstand geschuldet sein, dass man beginnt, die Wahrscheinlichkeit für die Erfüllung einer Hoffnung als wesentlich geringer einzuschätzen, aber auch, dass man das, worauf man gehofft hat, nicht mehr als hoffnungswürdig ansieht, das heißt, dass das Objekt der Hoffnung seinen Wert verloren hat. Man kann sich zum Beispiel vorstellen, Soldat in einem Krieg zu sein und zu sehen, dass die Aussichten auf den Sieg derart geschwächt sind, dass die Hoffnung verloren geht. Oder man kann zu der Ansicht gelangen, dass die Sache, für die man kämpft, den Kampf nicht mehr wert ist, weil man einsieht, dass es sich nicht um eine gerechte Sache handelt. Denkbar ist weiterhin, dass man sich in einer derart verzweifelten Lage befindet, dass man keinen glücklichen Ausgang dieses Krieges sieht, sodass man nicht weiß, worauf man hoffen soll. Die eigene Hoffnung kann in nichts verankert werden. Dennoch kann die grundlegende Fähigkeit zur Hoffnung intakt sein, weil man sich noch immer an der Welt orientiert, als ob es etwas gäbe, das der eigenen Hoffnung Halt geben kann.

Man kann eine solche Orientierung an der Wirklichkeit auch verlieren und damit ebenso die Fähigkeit zur Hoffnung. Dies kann unter weniger dramatischen

Umständen geschehen, wenn die äußeren Bedingungen für das Hoffen vollkommen normal wirken. Es könnte auf Personen zutreffen, die unter einer ernsthaften klinischen Depression leiden.[221] Es ist gut dokumentiert, dass es eine negative Korrelation zwischen Hoffnung und depressiven Symptomen gibt.[222] Personen, die zu einem früheren Zeitpunkt eine klinische Depression hatten, sind weniger hoffnungsvoll als Personen, die nie eine Depression gehabt haben und hoffnungsvoller als jene, die unter einer klinischen Depression leiden. Am äußersten Ende dieses Spektrums kann man sich Personen vorstellen, die überhaupt keine Hoffnung erleben. Solche Personen sind sich im Klaren darüber, dass es eine Zukunft gibt, dass die Zeit fortschreiten wird, jedoch ist dies eine Zukunft ohne wesentliche Möglichkeiten.

Ein solcher Zustand der Hoffnungslosigkeit ist auch für existenzielle Langeweile charakteristisch. Depression und existenzielle Langeweile sind verwandte Phänomene, jedoch scheint es, als könne durch den Begriff des Lebenssinns eine Grenze zwischen ihnen gezogen werden: Änderungen im Erleben von Langeweile können aus Änderungen im Erleben von Lebenssinn vorhergesagt werden, jedoch ist es nicht möglich, entsprechende Vorhersagen von erlebtem Lebenssinn zu erlebter Depression vorzunehmen.[223] Dies liefert wenig Information über die Verbindung von Langeweile und Lebenssinn, darüber, ob weniger erlebter Lebenssinn größere Langeweile erzeugt oder umgekehrt.

Wie ich an anderer Stelle betont habe, dreht sich Hoffnung um eine Zukunft, in der Möglichkeiten realisiert werden können. Charakteristisch für die existenzielle Langeweile ist, dass diese Möglichkeiten nicht in die eigene Erfahrungswelt einfließen. Der portugiesische Schriftsteller Fernando Pessoa beschreibt dies als den Zustand, »ohne Leid zu leiden, ohne Willen zu wollen, ohne Gedankengang zu denken«.[224] In der existenziellen Langeweile erscheint die Welt als leer, nicht in Bezug auf Objekte und Ereignisse, sondern in Bezug auf relevante Möglichkeiten. Kierkegaard hat eine ähnliche Beschreibung: »In Untätigkeit erstarrt liege ich da; ich sehe nichts vor mir als gähnende Leere, nur von ihr lebe ich, nur in ihr bewege ich mich. Dabei leide ich nicht einmal Schmerz.«[225] In einem solchen Zustand ist man von einer Gegenwart gefangen, die keinen Sinn mehr hat. Kierkegaard beschreibt die Langeweile als einen »dämonischen Pantheismus«.[226] Das Dämonische ist das Leere, und die Langeweile ist als ein Nichts zu verstehen, das die ganze Wirklichkeit durchdringt. Man findet einfach nichts, das etwas bedeutet. Es spricht für sich, dass dieser Zustand in der griechischen Antike die Bezeichnung *akedia* erhielt, was später zum lateinischen *acedia* wurde, die als eine der sieben Todsünden galt.[227] Der Ausdruck *akedia* setzt sich zusammen aus *kedos,* was »sich sorgen« bedeutet, und einer verneinenden Vorsilbe. Wortwörtlich bedeutet es also, sich um nichts zu sorgen. Das Leben kann sich so entwickeln, dass man das Gefühl hat, es gäbe nichts, worum es sich zu sorgen lohne, sei es aus inneren oder äußeren Ursachen. Dann hat man keine Hoffnung. Aber man kann immer noch hoffen, etwas zu finden, auf das man hoffen kann.

Radikale Hoffnung

Man kann sich darum sorgen, nichts zu finden, worum man sich sorgen kann. Der amerikanische Philosoph und Psychoanalytiker Jonathan Lear schreibt über das, was er als *radikale* Hoffnung bezeichnet: »Radikale Hoffnung antizipiert ein Gut, für das allen, die eine solche Hoffnung hegen, bislang die angemessenen Begriffe zum Verständnis fehlten.«[228] Und er stellt sich die Frage, ob eine solche Hoffnung begründet werden kann. Es handelt sich um eine Hoffnung, wobei jedoch derjenige, der hofft, im Grunde keine Vorstellung davon hat, worauf er hofft. In diesem Sinne ist sie unbestimmter als die Hoffnung, die Paulus im Brief an die Römer (4:18) beschreibt, wo es über Abraham heißt: »Wo keine Hoffnung war, hat er auf Hoffnung hin geglaubt.« Damit ist gemeint: Obwohl alle menschliche Hoffnung verschwunden war, konnte er dennoch auf Gott hoffen. In der philosophischen und psychologischen Literatur wird »Hoffnung auf Hoffnung« nicht zwangsläufig mit einer Gotteshoffnung verbunden. Auf Hoffnung zu hoffen bedeutet: zu hoffen, obwohl man sich nicht vorstellen kann, wie genau sich die Hoffnung erfüllen könnte. Man kann alles hoffen, solange es nicht unmöglich ist – äußerst unwahrscheinlich darf es sein. Bei Lears radikaler Hoffnung geht es nicht nur darum, nicht zu wissen, wie sich eine Hoffnung erfüllen könnte, sondern darum, nicht einmal zu wissen, worauf man hofft.

Lears Beispiel ist ein amerikanischer Ureinwohner, der gesehen hat, wie seine gesamte Kultur zugrunde gegangen ist. Es geht darum, weiterzuleben, nachdem das, was dem Dasein Sinn gibt, ja, das gesamte Rahmenwerk, das entscheidet, was Sinn ergibt, ausradiert ist. Das Leben des Stammes war um Jagd und Krieg organisiert, doch waren Jagd und Krieg nicht länger möglich. Das Leben, das sie kannten, war unwiderruflich vorbei. Wie sollten sie nun weitermachen? Man könnte doch annehmen, dass es viele andere sinnvolle Aktivitäten gab, denen sie sich hätten widmen können, wie die Essenszubereitung. Aber auch das Kochen hatte seinen Sinn nur in Verbindung mit Jagd und Krieg, um Kraft für diese Aktivitäten zu liefern, und jetzt war dieser Zweck verschwunden.[229]

Lear beschreibt einen kollektiven Verlust von Hoffnung für einen ganzen Stamm, allerdings können solche Verluste auch höchst individuell sein. Man stelle sich beispielsweise eine Person vor, die ihr ganzes Leben darum organisiert hat, ein Gitarrist oder Tennisspieler von Weltklasse zu werden und alle wesentlichen Hoffnungen des Daseins damit verbunden hat, dann aber bei einem Verkehrsunfall einen

Arm verliert. Dies wird natürlich ein enormer Verlust sein. Manch einem wird es gelingen, seine Hoffnungen auf etwas anderes im Leben zu richten, hingegen kann man leicht eine Situation vor sich sehen, die der ähnelt, in der sich Lears Ureinwohner befindet: Man weiß nicht, worauf man hoffen soll, weil alle Hoffnungen mit dem verbunden waren, was nun verloren gegangen ist. Obwohl die spezifischen Hoffnungen verloren sind, kann man die Welt immer noch als einen Ort betrachten, wo es Hoffnung gibt, wo man darauf hoffen kann, wieder hoffen zu können.

Lear meint, die Antwort liege in der radikalen Hoffnung, dem Hoffen »der bloßen Möglichkeit, dass aus dieser Katastrophe etwas Gutes hervorgehen wird«, wobei jedoch vollkommen offen ist, warum und wie dieses unbestimmte Gute entstehen wird.[230] Lear erwähnt eine Möglichkeit, nämlich, dass der Stamm einen »neuen Poeten« bekommt, der, statt sich der Nostalgie für das hinzugeben, was der Stamm einmal gewesen ist, neue Arten und Weisen aufzeigt, wie der Stamm leben kann.[231] Für mich ist es naheliegender, das als Hoffnung darauf zu beschreiben, dass jemand kommt und den Ureinwohner davon überzeugt, worauf er hoffen sollte. Es ist mit anderen Worten mehr eine Hoffnung auf Hoffnung als eine Hoffnung auf etwas, das begrifflich nicht fassbar ist.

Ich glaube, dass Lear etwas auf der Spur ist, das man durchaus radikale Hoffnung nennen kann, dass er das Phänomen jedoch falsch identifiziert. Der britische

Philosoph Matthew Ratcliffe argumentiert dafür, dass anstatt einer neuen Hoffnung, die auftaucht, wenn alle spezifischen Hoffnungen unmöglich sind, vielmehr von einer präintentionalen Orientierung auf die Welt oder einem »existenziellen Gefühl« die Rede ist.[232] Mit »existenziellem Gefühl« meint er eine Hintergrundorientierung, die unsere Erfahrung als Ganzes strukturiert, aber dennoch ein Gefühl ist, dem wir uns körperlich bewusst sein können.[233] Dies entspricht im Grunde der Hoffnung bei Heidegger und Bollnow, die als eine Stimmung beschrieben ist. Es ist die bloße und reine Fähigkeit zur Hoffnung, eine Orientierung auf die Welt, in der Hoffnung möglich ist. Auch der amerikanische Theologe und Philosoph Joseph Godfrey operiert mit dem, was er als »fundamentale Hoffnung« bezeichnet, die »eine Hoffnung ohne Ziel, ein Ton oder eine grundlegende Disposition [ist], mit der man der Zukunft begegnet«, allerdings kann man nicht behaupten, dass er diesen Begriff mit vorbildlicher Klarheit ausgearbeitet hat.[234] Eine solche Hoffnung kann als eine »radikale Hoffnung« bezeichnet werden, eben weil sie die Wurzel aller anderen Hoffnung ist, auch weil »radikal« vom lateinischen *radix* abgeleitet ist, was »Wurzel« bedeutet. Was Lears Ureinwohner kennzeichnet, ist, dass er nicht seine generelle Fähigkeit zur Hoffnung verloren hat, die Zukunft als ein Feld zu betrachten, auf dem es gute Möglichkeiten geben kann, obwohl er sich nicht genau vorstellen kann, worin diese Möglichkeiten bestehen.

Wo Lear glaubt, dass radikale Hoffnung etwas ist, das in bestimmen existenziellen Grenzsituationen *entstehen* kann, möchte ich eher behaupten, dass sie etwas ist, das normalerweise immer da ist, was in solchen Situationen aber deutlicher in Erscheinung treten kann. Das ist eine Hoffnung, die mehr den Charakter hat, etwas zu sein, in dem wir leben, und nicht etwas, worauf unsere Aufmerksamkeit gerichtet ist. Es ist eben eine Heideggersche Stimmung. Wir können uns diese Stimmung bewusst machen, und dies geschieht typischerweise, wenn intentionale Gefühle nicht unsere ganze Aufmerksamkeit erfüllen. Hoffen wir auf etwas Konkretes, ist es diese Hoffnung, die unsere Aufmerksamkeit erfüllt, entbehren wir jedoch etwas, worauf wir hoffen, kann uns die Fähigkeit zu hoffen selbst in Erscheinung treten. Die Abwesenheit spezifischer Hoffnungen wird mit anderen Worten eine grundlegendere Fähigkeit zur Hoffnung aufdecken, welche die spezifischen Hoffnungen erst ermöglicht. Ich kann alle Möglichkeiten ausgeschöpft haben, die ich mir vorstellen konnte, ohne einen Ausweg aus der Situation zu finden, in der ich mich befinde, und dann habe ich keine spezifische Hoffnung. Trotzdem kann ich in dem Sinne hoffnungsvoll sein, dass eine allgemeine Hoffnung intakt ist und ich die Zukunft noch immer als ein Feld an Möglichkeiten sehe, obwohl ich mir momentan nicht genau vorstellen kann, worin diese Möglichkeiten bestehen sollen.

Der christliche Existenzphilosoph Gabriel Marcel schreibt von einer Hoffnung, die sich auf ein solches

Niveau erhebt, dass sie immun gegen alle Entkräftungen ist.[235] Der Kontext ist, dass eine geliebte Person an einer unheilbaren Krankheit leidet. Seine Begründung lautet, dass es undenkbar, ja unmöglich ist, dass das Dasein gleichgültig gegenüber etwas sein kann, das einem so viel bedeutet. Weil zu viel auf dem Spiel steht, wird die Hoffnung sich hervordrängen, obwohl sie keine realistische Grundlage hat. Daher wird sie auch immun gegen Entkräftungen. Es ist gut möglich, dass eine solche Hoffnung als Trost funktionieren kann, aber sie ist völlig irrational. Soll man gut und reflektiert hoffen, muss man immer für Gegenargumente offen sein. Was Marcel hier beschreibt, ist vielmehr Wunschdenken als Hoffnung. Indessen kann es einen anderen Typ Hoffnung geben, der nicht von spezifischen Sachverhalten entkräftet werden kann, ohne aus diesem Grund irrational zu sein. Die übliche Hoffnung ist objektorientiert und muss daher durch ihr Objekt entkräftet werden, aber es gibt auch eine allgemeinere Hoffnung, die kein Objekt hat und die daher auch nicht von irgendeinem Objekt entkräftet werden kann. Das ist keine Hoffnung, die aus den spezifischen Hoffnungen entwächst, vielmehr macht sie Hoffnung überhaupt möglich.

Wie bereits erwähnt, sollten wir daher zwischen zwei Ebenen der Hoffnung unterscheiden, wobei es spezifische Hoffnungen gibt, die sich auf allerlei gewünschte Ereignisse richten, sowie eine grundlegendere Hoffnung, die eine Beziehung zur Welt eröffnet, in der es etwas gibt, auf das man hoffen kann.

Es ist vergleichbar mit dem Unterschied zwischen Furcht und Angst. Beide beinhalten eine Vorstellung von einer Bedrohung, diese Bedrohung kann jedoch spezifisch oder eher unbestimmt sein. Die Furcht hat ein spezifisches Objekt, während dies der Angst fehlt. In der Philosophie wird diese Trennung für gewöhnlich mit Kierkegaard und Heidegger verbunden, vorgegriffen wurde ihr jedoch bei Kant: »Furcht über einen unbestimmtes Übel drohenden Gegenstand ist Bangigkeit.«[236] Das Entscheidende ist die Unbestimmtheit. Entsprechend richten sich die spezifischen Hoffnungen auf ein bestimmtes Ereignis, dessen Eintreffen man sich wünscht, während die grundlegende Hoffnung als gegenstandslos erscheint, weil sie sich an die Welt als Ganzes richtet. Die grundlegende Hoffnung öffnet die Welt als einen Ort, an dem es etwas gibt, auf das man hoffen kann.

In seinem *Tractatus logico-philosophicus* (1921) schreibt Wittgenstein: »Die Welt des Glücklichen ist eine andere als die des Unglücklichen.«[237] Entsprechend könnte man sagen, dass die Welt des Optimisten eine andere ist, als die des Pessimisten und dass der Hoffnungsvolle in einer anderen Welt lebt, als der, der ohne Hoffnung ist. Und dies, obwohl sie sich auf dieselben Umgebungen beziehen, sich in denselben objektiven Sachverhalten einig sein können und so weiter. Es ist naheliegend zu sagen, dass der Unterschied darin besteht, dass die Menschen in der einen oder der anderen Kategorie unterschiedlich gestimmt sind. Die Stimmung schafft einen grundlegenden Verständnis- und Erlebnisrahmen, sodass man nach einer Stimmungsänderung eine andere Welt *sieht*, obwohl man dieselbe Welt *betrachtet*. Eine solche Stimmungsänderung kann über eine gewisse Zeit hinweg stattfinden oder plötzlich eintreffen. Der schweizerische Psychiater Ludwig Binswanger leitet seinen Essay über Traum und Existenz mit dem Hinweis auf das Erlebnis ein, sich in einem Zustand tiefempfundener Hoffnung zu befinden, wobei jedoch das, worauf man hofft, sich als illusorisch erweist. Was da passiert, ist, dass die Welt mit einem Mal vollkommen anders erscheint – wir haben den Halt in der Welt verloren.[238]

Emil M. Cioran schreibt an einer Stelle paradox darüber, wie er die Fähigkeit zu hoffen verloren habe, sich aber noch immer an einige wenige Hoffnungen klammere.[239] Dies ist offensichtlich nicht möglich. Spezifische Hoffnungen setzen eindeutig eine Fähigkeit zur Hoffnung voraus, allerdings ist es möglich, dass Cioran nur meint, diese Fähigkeit nähere sich langsam einem Nullpunkt. An anderer Stelle schreibt er, dass es, selbst wenn man die Hoffnung als das enthüllt hat, was sie ist, nicht möglich sei, ganz ohne Hoffnung zu leben – es wird immer eine unbewusste Hoffnung geben, die alle Hoffnungen, die man abgewiesen oder ausgenutzt hat, ausgleicht.[240] Er scheint zu meinen: Wo es überhaupt Leben gibt, wird es immer Hoffnung geben. Er schreibt, *leben* sei zu glauben und zu hoffen, dass dies jedoch eine Selbstlüge sei.[241] Ein wirklicher Weitblick hätte aufgedeckt, dass es nichts zu hoffen gibt.

Jedoch gibt es offensichtlich eine Menge, auf das man hoffen kann. Die Frage lautet nicht, ob es etwas gibt, worauf man hoffen kann, sondern vielmehr *worauf* und *wie* man hoffen sollte.

Hoffnung und Lebenssinn

Hoffnung liefert ein Erleben von Sinn. Hoffnung kann zwischenzeitlich Sinn geben, selbst wenn sich letztendlich herausstellen sollte, dass sie nicht erfüllt wird. Angenommen ich widme meine komplette Karriere der Entwicklung einer Kur gegen Krebs – es ist mein Lebensprojekt. Mein tiefgreifendes Engagement wird mir zweifellos das Erleben eines sinnvollen Daseins geben. Letztendlich stellt sich heraus, dass dieses Projekt nicht erfolgreich ist und mein Einfallswinkel eine Sackgasse war. Nun wird die Enttäuschung selbstverständlich groß sein, jedoch wird sie nicht den Sinn auslöschen, den ich zwischenzeitlich erlebt habe. Vielleicht kann ich auch in der Niederlage eine gewisse Befriedigung finden, beim Gedanken daran, beherzt gewesen zu sein, dem Projekt alles gegeben zu haben, was ich zu bieten hatte. Hoffnung beinhaltet per Definition keine Garantie, dass die Dinge laufen wie gewünscht, jedoch gibt sie dem Leben eine Richtung und bringt einen voran.

Camus, das Absurde und die Hoffnung

Dass das Menschenleben »absurd« ist, ist keine Schlussfolgerung von Albert Camus' Untersuchung der Möglichkeit eines sinnvollen Lebens, sondern vielmehr eine Prämisse, die er zugrunde legt.[242] Er räumt auch ein, dass es keinen Beweis dafür gibt, dass die Prämisse wahr ist, abgesehen von dem, was die Menschen in ihrem eigenen Leben wiedererkennen können. Im Übrigen ist nicht ganz klar, worauf genau diese These vom Absurden hinausläuft, und Camus scheint zu meinen, dass das Erleben des Absurden von Person zu Person variiert, es beinhaltet aber auf jeden Fall, dass das Menschenleben keinen unbedingten Sinn beherbergt, keinen höheren Zweck, der alles rechtfertigen könnte. Das Absurde besteht also darin, dass der Mensch einen unbedingten Sinn verlangt, den er von seinem Umfeld niemals bekommen kann. Ein Einwand könnte lauten: Vielleicht ist ein bedingter Sinn schon ausreichend, um mit und für ihn zu leben. Camus schreibt: »Das menschliche Herz kennt soviel eigensinnige Hoffnung. Die Menschen, die am meisten gerupft werden, sind manchmal schließlich zur Illusion bereit.«[243] Wenn die Hoffnung so hartnäckig ist, dann gerade, weil sie ein entscheidender Teil dessen ist, was es heißt, ein Mensch mit einem Handlungsleben zu sein, und nicht jede Hoffnung ist illusorisch. Die Hoffnung kann sich an weniger als das von Camus geforderte Unbedingte binden.

Camus ergreift das Wort für das, was er als »Auflehnung« und nicht Hoffnung bezeichnet: »Sie ist kein Sehnen, sie ist ohne Hoffnung. Diese Auflehnung ist die Gewißheit eines niederwerfenden Schicksals, nicht so sehr die Resignation, die sie begleiten sollte.«[244]

Das Absurde beinhaltet, mit Unsicherheit zu leben, ohne Garantien, ohne Absolutes. Ich kann mich dem anschließen, dass dies der Rahmen des menschlichen Lebens ist, aber dennoch betrachte ich es keineswegs als »absurd«. Das Problem ist, dass es Camus nicht gelingt, sich von dem Gedanken an eine Art definitive Rechtfertigung des Lebens in Form einer Gottheit oder einem historischen Endpunkt zu befreien und dass seine Philosophie zu sehr zu einem Klagelied über diese Abwesenheit wird. Zudem hat er ein ziemlich primitives Verständnis von Hoffnung, das gleichbedeutend ist mit Resignation, damit, keine Verantwortung für das eigene Leben zu übernehmen.[245] Der Hoffnungsvolle ist für Camus derjenige, der sich eher passiv in der Zukunft verliert, anstatt der Zukunft in der einzig möglichen Art und Weise beizustehen, nämlich, indem er sich beherzt der Gegenwart widmet. Man kann einwenden, dass ein solches beherztes Engagement in der Gegenwart zwangsläufig auf die Zukunft verweisen muss, auf etwas, das man mit dem, was man tut, erreichen möchte, ohne Garantie dafür, erfolgreich zu sein. Und was ist das anderes als *Hoffnung*? Camus' Position ist, dass diese Welt, mit all ihren Unvollkommenheiten, alles ist, was wir haben, und in dieser Welt ist es begrenzt, was wir ausrichten können, allerdings kann genau in diesem Unvollkommenen und Begrenzten ein sinnvolles Leben entstehen. All das wird von demjenigen übersehen, der sich in der Hoffnung auf eine zukünftige Vollkommenheit in diesem und im nächsten Leben verliert. Dem kann ich kaum widersprechen, aber es ist gleichzeitig das, was ich als Rahmen für säkulare Hoffnung betrachten möchte.

Hoffnung ist etwas anderes als Wunschträume, denn die Hoffnung muss eine Wirklichkeit zum Objekt haben. Hoffnung ist etwas, das wirklich werden kann. Es geht nicht nur darum, Möglichkeiten zu kalkulieren, sondern darum, durch Handeln diese Möglichkeiten zu schaffen. Sinn ist nicht nur etwas, das einem gegeben wird, sondern etwas, das man schafft, indem man an der Welt, mit all den vorhandenen Begrenzungen, teilhat. Hoffnung ist nur möglich, wenn das Dasein auf irgendeiner Ebene sinnvoll ist. Aber es ist entscheidend zu erkennen, dass Lebenssinn nur möglich ist, sofern es Hoffnung gibt.

Der Sinnverweigerer Zapffe

Es ist sonderbar zu behaupten, dass das Leben schlichtweg ohne Sinn sei. Selbstverständlich kann das Leben ab und an als sinnlos erlebt werden, und ist man von der tiefen, existenziellen Langeweile betroffen, befindet sich der Lebenssinn auf dem Nullpunkt. Dies ist dennoch etwas anderes, als zu behaupten, das Leben in seinem Wesen sei sinnlos, wie zum Beispiel der norwegische Philosoph Peter Wessel Zapffe es tut. Sein Ausgangspunkt ist eine biologische Perspektive, in der alles Leben »als eine Spannung zwischen Aufgabe und Fähigkeit, als Kampf der Organismen, jeweils in ihrem Milieu, ihre Interessen zu realisieren« betrachtet wird.[246] Die meisten Lebewesen können im Prinzip eine solche Übereinstimmung zwischen Aufgabe und Fähigkeit finden. Der Mensch zeichnet sich dadurch aus, Interessen zu haben, die unmöglich realisiert werden können, die er aber auch nicht einfach aufgeben kann. Das Problem des menschlichen Organismus ist, dass er »überausgerüstet« ist, wodurch er in der Natur nicht seinen Platz findet. Obwohl wir von der Natur erschaffen sind, passen wir nicht in sie hinein. Im Fall des Menschen ist die Evolution fehlgeschlagen. Wir haben Fähigkeiten erhalten, die das übersteigen, was die Natur uns bieten kann und sind daher verurteilt, unglücklich zu sein. Gerade das Verständnis des Menschen von sich selbst und der Welt macht ihn zu einem Wesen, das nicht in die Welt hineinpasst. Er hat ein Bedürfnis nach Sinn und Gerechtigkeit, das nie zufriedengestellt werden kann. Der Mensch verlangt nach »einer Weltordnung, in der alles Ordnung, Plan und Sinn hat, in der das Leid, wenn es notwendig ist, nach einem ökonomischen Prinzip angewendet wird, in der die Schicksale den Bedürfnissen angemessen sind, kurz, in der alles, nach Einschätzung jedes einzelnen Menschen oder nach einer Einschätzung, zu der sich alle mittels Eigenhilfe ›erheben‹ können, *gerecht* zugeht«.[247] Eine solche vorgestellte Welt steht in grellem Kontrast zu der realen Welt, in der zu leben der Mensch gezwungen ist.

Zapffe zufolge ist die Metaphysik unsere Überausrüstung, die das Leben unmöglich macht. »Wir stellen *metaphysische Anforderungen* an das Leben … dass es bis zum Rand mit Sinn erfüllt sein soll, mit allem was geschieht, mit allem, was sich in uns an erlebendem Bewusstsein befindet, was wir als unvergessen erleben und was die Eigenart unseres Wesens ausmacht, unsere einmalige welthistorische Chance, unser Stolz und die Großartigkeit des Lebens«.[248] Die Metaphysik gibt uns ein Verständnis von uns selbst und anderen, vom Universum und unserer eigenen Sterblichkeit. Alle anderen Tiere, die keine Metaphysiker sind, pflanzen sich nur einfach fort und fragen nicht: »Warum?« Wir hingegen verlangen nach einer Antwort auf dieses »Warum«. Jedoch gibt es keine gute Antwort.

Zapffe hat zu wenig Vertrauen in die Hoffnung. Seine Ansicht kann damit zusammengefasst werden, dass sie irrational, unvermeidlich und passivierend ist:

> Die Hoffnung, die auf der einen Seite, selbst für die redlichste Natur, eine unentbehrliche Stimulanz ist, kann auf der anderen Seite sowohl für den Charakter als auch die äußere Etablierung des Individuums im Dasein zersetzend wirken. Dadurch nämlich, dass das Individuum passiv und unentwegt auf die Möglichkeit blickt, dass *das Glück*, d. h. das unerwartete Auftreten günstiger äußerer Zufälle, seine Probleme löst, anstatt unter den gegebenen Bedingungen seine Fähigkeit einzusetzen

> und zu versuchen, diese auszunutzen oder sie seinem Willen zu unterwerfen.[249]

Er scheint zu meinen, dass Hoffnung zwangsläufig zu Enttäuschung führt. Entwickeln sich die Dinge nicht so, wie man hofft, wird man enttäuscht, und wenn es in der Tat so läuft, wie man hofft, wird man auch enttäuscht.[250] Zapffe schließt mit einem klaren NEIN zum menschlichen Leben. Es geht nicht darum, in schweren Zeiten einen Sinn zu finden oder für eine Gerechtigkeit zu kämpfen, die uns die Welt nicht bietet. Die Antwort ist keine »Revolte«, wie von Camus gefordert, sondern vielmehr eine bedingungslose Kapitulation. Zapffe zufolge hat die Menschheit im Grunde nur eine vernünftige Entscheidung zu treffen, nämlich damit aufzuhören, sich zu reproduzieren und als Art zu erlöschen.

Ein scheinbar trivialer Einwand gegen Zapffe ist, dass das Dasein im Gegenteil äußerst sinnvoll erscheint. Nicht nur das: Ich möchte behaupten, dass auch Zapffe selbst es so erlebt hat, nicht zuletzt, wenn er sich der Erholung in der freien Natur und dem Bergsteigen hingegeben hat, das er so schätzte. Zwar behauptete er: »Bergsteigen ist sinnlos wie das Leben selbst, - daher kann sein Zauber niemals sterben.«[251] Bergsteigen war jedoch etwas, das Zapffe zweifellos mochte, und was ist dies anderes, als es als sinnvoll zu erleben?

Als lebenslanger Musiknerd gibt Musik mir einen täglichen Zuschuss an Lebenssinn. Ich kann nicht erklären, *warum* Musik so wichtig für mich ist, warum sie mir so viel bedeutet, stelle jedoch fest, dass sie mich tief berührt.

Auch das Schreiben und Lesen von Büchern ist für mich eine fortwährende Quelle von Sinn. Das bedeutet nicht, dass sie immer zugänglich ist. Ab und an stecke ich bei der Arbeit an einem Buch fest und bin nicht in der Lage, mich zur Weiterarbeit zu motivieren. Manchmal gibt es nicht ein einziges Buch, das in der Lage ist, mich als Leser zu fesseln. Mittlerweile habe ich so lange mit Büchern gelebt, dass ich in diesem Fall die Ruhe bewahre und denke, dass es schon zurückkehren wird und dass es jetzt an der Zeit ist, erst einmal etwas anderes zu machen. Auch das Spielen oder Kuscheln mit meinem Hund erlebe ich als sinnvoll. Mit meiner Familie zusammen zu reisen und neue Orte zu erleben. Am wichtigsten von allem ist der Alltag zusammen mit ihnen. All das erlebe ich als ungeheuer sinnvoll. Es ist das, was mir wirklich etwas bedeutet, oder das, was ich liebe, wenn man so will.

Verglichen mit einer solchen Erfahrung von Lebenssinn erscheinen Behauptungen über die Sinnlosigkeit des Lebens sonderbar. Mir scheint, als stellten Sinnverweigerer wie Zapffe eine Zusatzfrage, nicht nur die nach dem erlebten Lebenssinn, sondern eine nach dem Sinn dieses Sinns. Es ist die Frage nach einer Art Metasinn. Ich bezweifle, ob diese Zusatzfrage überhaupt sinnvoll ist. Präziser: Es ist eine Frage, bei der man im Grunde nicht weiß, wie eine Antwort lauten würde.

Auch ich kann mich bei dem Gedanken ertappen, dass es sinnlos ist, dass ich sterben werde, dass all die Erfahrungen, die ich im Laufe des Lebens gemacht habe, zu nichts werden sollen, dass alle, die ich liebe, sterben werden, dass absolut alle Spuren der Menschheit und allen anderen Lebens und Nicht-Lebens eines Tages ausgelöscht sein werden. Indessen kann ich nicht sehen, wie das den Sinn, den wir erleben, solange wir am Leben sind, entwertet.

Hoffnung gibt Sinn. Verschwindet der Sinn, wenn die Hoffnung nicht erfüllt wird? Im Grunde nicht, bedenkt man all die Zeit, die bis dahin als sinnvoll erlebt wurde. Zugegeben, der Sinn wird geringer, als wenn sie erfolgreich gewesen wäre, aber der Sinn, der da gewesen ist, *war* schließlich tatsächlich da.

Hoffnung als Erzählung

Das Problem der Sinnverweigerer wie Zapffe besteht darin, dass sie kein Ganzes finden, das den Teilen Sinn gibt, obwohl sie vielleicht zugeben könnten, dass zumindest einige der Teile einen Anschein von Sinn vermitteln können. Ich selbst möchte behaupten, dass viele der Teile sinnvoll sind, und weiter, dass diese Teile in einen größeren Zusammenhang gesetzt werden können, der das Leben selbst ist. Sie bilden eine Art Erzählung – zusammen mit den sinnlosen Teilen, die auch in die Erzählung einfließen. Die Hoffnung trägt dazu bei, das Leben zu einem Ganzen zu verbinden, weil sie die Zukunft mit der Gegenwart verknüpft.

Ist das Leben eine von Hoffnung gesteuerte Erzählung? Der britische Philosoph Galen Strawson behauptet, dass wir das Menschenleben keineswegs als Erzählung betrachten müssen. Er unterscheidet zwischen »diachroner« und »episodischer« Erfahrung des Selbst, wobei man in letztgenanntem Fall sich selbst nicht als etwas betrachtet, das in einer ferneren Vergangenheit dagewesen ist und das in der ferneren Zukunft da sein wird.[252] Weiterhin behauptet er, selbst ein Beispiel für jemanden mit episodischer Erfahrung zu sein. Er behauptet nicht, mit dem Erlebnis eines Selbst zu leben, das gänzlich ohne Vergangenheit und Zukunft ist, begrenzt auf den isolierten Augenblick. Es ist vielmehr ein Selbst, das sich nur gegenüber einer näheren Vergangenheit und Zukunft verhält. Er schreibt: »Ich habe absolut kein Empfinden meines Lebens als Erzählung in einer Form oder auch einer Erzählung ohne Form. Absolut nicht. Ich hege auch kein großes oder spezielles Interesse für meine Vergangenheit. Auch bin ich nicht sonderlich an meiner Zukunft interessiert.«[253] Strawson leugnet selbstverständlich nicht, dass er tatsächlich eine ferne Vergangenheit und Zukunft hat, dass er geboren wurde und dass er sterben wird, dass seine Vergangenheit seine Gegenwart geformt hat – dass er Philosoph geworden ist, ist wohl kaum ganz unabhängig von der Tatsache zu betrachten, dass sein Vater einer der bekanntesten britischen Philosophen des vergangenen Jahrhunderts war – und dass das, was er jetzt tut, den Weg für das bereiten wird, was er in Zukunft tun wird. Der Punkt ist, dass er sein Leben nicht als eine zusammenhängende – oder unzusammenhängende – *Erzählung* erlebt und dass sich seine Aufmerksamkeit im Wesentlichen auf die Projekte richtet, mit denen er zum jeweiligen Zeitpunkt beschäftigt ist.

Ich kann mir kaum eine Person vorstellen, die das Selbst *niemals* diachron erlebt, und noch weniger eine, die es niemals episodisch erlebt, und Strawson betont selbst, dass das Diachrone und das Episodische nicht als ausnahmslose Absolutheiten gedacht sind.[254] An einer Stelle zitiert er jedoch aus seinem eigenen Tagebuch und beschreibt dabei etwas, das als ein radikal episodisches Erlebnis des Selbst bezeichnet werden muss:

> Kein Gefühl von Erzählung oder Entwicklung in meinem Leben. Ich habe kein wirkliches Empfinden, dass mein Leben sich über den Augenblick hinaus erstreckt – dass ich von Tag zu Tag eine fortwährende Person bin. Das war zwar schon immer so, aber ich glaube, dass es sich beträchtlich verstärkt hat. Was von Tag zu Tag fortwährt, sind Probleme, zu erledigende Dinge. Sie verbinden mein Leben. Eigentlich habe ich kein Selbst.[255]

Hätte ich nicht gewusst, dass dies von einem anerkannten Philosophen geschrieben wurde, hätte ich geglaubt, der Urheber sei ein Psychiatriepatient mit einer ernsthaften Diagnose, ohne darüber spekulieren zu wollen, welche Diagnose die treffendste gewesen wäre – und der Ordnung halber muss ich hinzufügen, dass es selbstverständlich auch anerkannte Philosophen geben kann, die ebenfalls Patienten der Psychiatrie mit ernsthaften Diagnosen sind. Eventuell könnte man sagen, dass Strawsons Beschreibung seiner selbst an Andy Warhols Besprechung seines eigenen Films *Kitchen* (1965) als »unlogisch, ohne Motivation oder Charakter, und vollkommen lächerlich – so ziemlich wie das wirkliche Leben« erinnert.[256] Es scheint klar, dass das, was hier beschrieben wird, recht fern von dem ist, wie die meisten Menschen ihr eigenes Leben erleben und es scheint wenig vereinbar mit genuinen Beziehungen zu anderen. Strawsons offizielle Theorie ist weniger radikal als das, was er in diesem Tagebuch äußert, weshalb ich im Folgenden zugrunde legen werde, dass die diachrone und die episodische Perspektive nicht als Absolute aufgefasst werden sollen und dass wir alle etwas von beiden Teilen haben, wenn auch in unterschiedlichen Mischverhältnissen.

Im Alltag sind wir meist episodisch, beschäftigt mit den einzelnen Tätigkeiten, ohne sie explizit in einen größeren Zusammenhang zu stellen, ab und an jedoch ziehen wir Verbindungen, wobei zumindest ein Teil der Episoden in einen Zusammenhang gesetzt werden kann, der eine Erzählstruktur aufweist. Wichtig für unser Thema ist, dass sich weder die episodische noch die diachrone Perspektive ohne Hoffnung verstehen lässt, die Hoffnung ist jedoch verschieden. Die episodische Hoffnung ist abgegrenzter, auf etwas gerichtet, das hier und jetzt oder in unmittelbarer Zukunft geschieht. Auch die diachrone Hoffnung richtet sich auf das, was jetzt geschieht, allerdings als Teil der Realisierung umfassenderer und fernerer Ziele. Die episodische Person kann vor allem mögen, was sie tut, aber trotzdem ist es nicht unangemessen anzunehmen, dass die diachrone Perspektive ein größeres Potenzial für substanziellen Lebenssinn aufweist, weil die unterschiedlichen Perspektiven zu einem Ganzen miteinander verbunden werden – und dieses Ganze kann größer sein als die Summe seiner Teile.

Strawson argumentiert, dass episodische Personen in gleichem Maße wie diachrone in der Lage sind, Freundschaften, Liebe und Loyalitätsverbindungen zu entwickeln und aufrechtzuerhalten, da das, was zählt, darin besteht, wie man sich im Hier und Jetzt zueinander verhält.[257] Man brauche zum Beispiel frühere gemeinsame Erfahrungen weder zu erinnern noch zu schätzen, schreibt er. Meiner Meinung nach ist das ein Missverständnis dessen, was solche Beziehungen ausmacht. Nicht in dem Sinne, dass eine Freundschaft oder eine Liebesbeziehung zwangsläufig dem nostalgischen Schwelgen über die Vergangenheit geweiht sein muss oder primär geweiht sein sollte, sondern, weil die gemeinsame Geschichte konstituierend für die Beziehung ist. Noch merkwürdiger wird es, wenn man die Zukunft in Betracht zieht. In Freundschaften und Liebesbeziehungen wünscht man einander Gutes, und das nicht nur auf kurze Sicht. Episodischen Personen wird nachgesagt, dass sie sich nicht um die eigene Zukunft sorgen, und man kann annehmen, dass dies auch für die Zukunft des Freundes oder Partners gilt. Es wäre sonderbar, zu seinem Freund oder Partner zu sagen: »Es ist mir vollkommen egal, wie es dir in der Zukunft geht.« Ein Teil des »Vertrags« solcher Beziehungen ist es auch, im Namen anderer zu hoffen, zu hoffen, dass ihre Hoffnungen sich erfüllen – auch in der Zukunft.

Aber auch für uns selbst ist es sonderbar, wenn wir das Leben nicht als eine Art Gesamtheit betrachten und sehen, dass sich diese Ganzheit als ein Lebenslauf abspielt. Wie der französische Philosoph Paul Ricœur herausgestellt hat, kann man sich selbst nur dann verstehen, wenn man eine einigermaßen zusammenhängende Geschichte darüber erzählen kann, wer man gewesen ist und wer man werden will.[258] Präziser wäre es, davon zu sprechen, wer man zu werden *hofft*, als darüber, wer man werden *will*, denn wer man wird, hängt nicht nur vom eigenen Willen ab. Um ein Selbst zu sein, muss man erzählen können, wer man gewesen ist, wer man zu werden hofft und wer man jetzt ist, zwischen Vergangenheit und Zukunft. Die entscheidende Frage in dieser Erzählung lautet: Was bedeutet Ihnen etwas?

Unsere Hoffnung ist an unsere praktische Identität gebunden, an unser Selbstverständnis und das, was wir im Leben als wertvoll erachten. Mit praktischer

Identität sind die Verpflichtungen und Werte gemeint, die uns als handelndes Wesen definieren. Eine andere Art, dies auszudrücken, lautet: Man ist durch das definiert, was einem wichtig ist. Der amerikanischen Philosophin Christine Korsgaard zufolge ist die praktische Identität einer Person »eine Beschreibung […], unter der man das eigene Leben lebenswert und die eigenen Handlungen lohnend findet«.[259] Können wir uns überhaupt vorstellen, dass ein Mensch eine praktische Identität hat, ohne Hoffnung zu haben?

Worauf sollte man hoffen?

Worauf man hoffen sollte, ist nicht ein für allemal festgelegt, da die Hoffnung eine Realitätsorientierung benötigt, auf die der Wunschtraum verzichten kann, und die Wirklichkeit verändert sich. Unterschiedliche Zeiten geben unterschiedlich Raum für Hoffnung. Außerdem verändert man sich im Laufe des Lebens, und worauf man im Alter von zwölf Jahren hofft, ist kaum dasselbe wie das, worauf man fünfzig Jahre später hofft. Man kann auf viele verschiedene Dinge und auf viele verschiedene Weisen hoffen. Sollte ich eine ernste Diagnose bekommen, hoffe ich normalerweise auf Heilung. Aber ich kann auf mehr als das hoffen. Ernsthafte Krankheiten machen uns selten zu einer besseren Ausgabe von uns selbst – in der Regel wird man eher zu einer schlechteren Version, egozentrischer und weniger großzügig -, vielen gelingt es jedoch auch, einen ernsthaften Krankheitsverlauf durchzustehen, ohne ein schlechterer Mensch zu werden. Erfahre ich, dass die Prognose so schlecht ist, dass Heilung keine reale Alternative darstellt, kann ich darauf hoffen, dass die Schmerzen nicht so überwältigend werden, sowie darauf, dass ich so lange wie möglich noch einigermaßen gut funktioniere. Sollten die Schmerzen unerträglich werden, kann ich auf einen raschen Verlauf zum Ende hin hoffen. Die Hoffnung ist ein dynamisches Phänomen, das sich je nach den Umständen stets verändern kann.

Die Reichweite der Hoffnung kann ich allein sein, zum Beispiel, dass das Buch, das ich aktuell schreibe, gut angenommen wird. Sie kann meine Familie oder meine Freunde oder die gesamte Gesellschaft umfassen, deren Teil ich bin. In all diesen Fällen ist die Hoffnung mit etwas verbunden, an dem ich in irgendeiner Weise beteiligt bin. Indessen kann ich auch im Namen einer mir komplett fremden Person hoffen, von der ich beispielsweise in der Zeitung gelesen habe. Ich kann im Namen von Menschen hoffen, denen ich niemals begegnet bin, wie einem Musiker, der ins Krankenhaus eingeliefert wurde, ebenso wie ich auch Trauer empfinden kann, sollte dieser Musiker sterben. Ich kann im Namen eines fremden Volkes hoffen, zum Beispiel, dass die Ukraine es schaffen wird, sich der russischen Invasionsmacht zu widersetzen, und das ist eine Hoffnung, die ich haben kann, ohne Rücksicht darauf zu nehmen, welche

Konsequenzen der Ausgang des Krieges für die Weltsituation und folglich auch für mich haben wird. Nicht alles Interesse ist Eigeninteresse.

Es gibt große Unterschiede zwischen uns, was uns etwas bedeutet und worauf wir hoffen. Ich kann zum Beispiel ohne Weiteres zugeben, nicht auf Siege einer bestimmten Fußballmannschaft zu hoffen, aus dem einfachen Grund, weil ich mich nicht im Geringsten für Fußball interessiere. Was uns tatsächlich etwas bedeutet, variiert von Mensch zu Mensch, für die meisten scheint es jedoch zum Großteil an die Beziehung zu einigen wenigen Menschen geknüpft zu sein. Selbstverständlich sorgen sich die meisten von uns um mehr als das und das sollten wir auch. Gibt es etwas, worum wir alle uns sorgen *müssten*?

Wie erwähnt, gehört Hoffnung zu dem, was für die Identität einer Person konstituierend ist. Wer Sie sind, lässt sich kaum von dem trennen, was Sie erhoffen. Die Identität einer Person als Mitglied einer Familie und einer Gesellschaft impliziert, dass sie gewisse Hoffnungen haben muss. Man wird kein guter Bürger sein, wenn man nicht auf das Beste für seine Mitbürger hofft. Wir können dies vielleicht auf die Identität als Mitmensch ausweiten oder auf die Identifikation, die man mit nicht-menschlichen Tieren haben sollte, die über die Fähigkeit zu fühlen verfügen und so weiter. Ein großes Maß an Hoffnung, verteilt auf eine Reihe unterschiedlicher Objekte, scheint eine notwendige Bedingung dafür zu sein, ein gut funktionierender moralischer Akteur zu sein.

Wir alle scheinen auf Glück zu hoffen, aber wir hoffen auch auf mehr als das, zumindest, wenn man ein modernes Verständnis von Glück als ein Gefühl von Wohlbehagen zugrunde legt. Wie Nietzsche mit einem säuerlichen Seitenhieb in Richtung der britischen Utilitaristen schreibt, die Glück als Lust und Abwesenheit von Unlust betrachteten, und weiterhin meinten, der moralische Maßstab für jedes Handeln bestünde darin, ob es das Glück in diesem Sinne fördere: »Hat man sein warum? des Lebens, so verträgt man sich fast mit jedem wie? - Der Mensch strebt nicht nach Glück; nur der Engländer tut das.«[260] Einen ähnlichen Gedanken äußert Nietzsche in *Also sprach Zarathustra* (1883-1885), wo es heißt: »ich trachte lange nicht mehr nach Glücke, ich trachte nach meinem Werke.«[261] Glück, ob es aus einer hedonistischen, pessimistischen, utilitaristischen oder tugendethischen Perspektive betrachtet wird, ist Nietzsche zufolge ein unzulänglicher Maßstab für das Leben.[262] Ich selbst würde das Glück als einen entscheidenden Teil dessen, wonach wir streben können und sollten, nicht so abtun, doch ist dieses Glück damit verbunden, als Mensch gut zu funktionieren, und das ist etwas, das nicht allein auf Wohlbehagen reduziert werden kann.

Wir streben nach Glück, aber wir tun es für mehr als nur für uns selbst, und wir streben nach mehr als Glück, nämlich nach Sinn. Ich hoffe, dass meine Frau und meine Tochter glücklich sind, und selbstverständlich macht es mich glücklich, wenn sie glücklich sind, aber ich wünsche nicht, dass sie glücklich werden, *weil* das im nächsten Schritt mein Glück fördert. Ich wünsche ihnen um ihrer selbst willen Glück. Ich hoffe, nützlich zu sein, dass ich ein wenig dazu beitragen kann, die Welt für Einige besser zu machen. Ich hoffe darauf, ein gutes Leben zu leben, und ein gutes Leben besteht aus mehr als Wohlbefinden. Damit mein Leben gerechtfertigt erscheint – wohlgemerkt für mich selbst -, muss ich etwas ausrichten, dass eine Bedeutung außerhalb meiner subjektiven Zufriedenheit hat. Ich muss mich um etwas mehr als mich selbst sorgen. Wie John Stuart Mill korrekt bemerkt: Wenn Menschen, die mit ihren äußeren Lebensumständen einigermaßen glücklich sind, keine hinreichende Freude am Leben finden, um es für sich wertvoll zu gestalten, ist die Ursache dafür meist, dass sie sich um niemand anderen sorgen als sich selbst.[263]

Es gibt nicht nur ein absolut Gutes, etwas, das kraft seiner selbst gut ist und nicht nur, weil es zur Realisierung eines größeren Guts beiträgt. Ein gutes Leben kann auf so viele Weisen realisiert werden, ohne irgendeine definitive, gemeinsame Norm. Viele, höchst unterschiedliche, gute Leben sind möglich. Hoffnung verpflichtet, und Verpflichtungen sind die grundlegendste Art, dem Dasein Sinn zu geben. Worauf man hofft, ist Ausdruck der eigenen Werte, dessen, was man als wertvoll erachtet. Worum sollten Sie sich also sorgen? Diese Frage kann ich nicht für Sie beantworten. Es gibt keinen indiskutablen, neutralen

Nullpunkt, von dem alle Werte abgeleitet werden können. Dies gilt nicht nur für Werte, sondern auch für alles Wissen. Genauso wie Sie die eigenen Auffassungen über tatsächliche Umstände näher unter die Lupe nehmen können – sie kritisieren, modifizieren, verteidigen oder verwerfen -, können Sie dies auch mit den eigenen Werten tun. Dies können Sie nur auf Grundlage anderer, bereits vorhandener Auffassungen und Werte tun, die ins Spiel kommen, wenn Sie neue Erfahrungen machen.

Die Demut der Hoffnung

Um gut zu leben, muss man mit den Prüfungen umgehen, die das Leben unweigerlich mit sich bringt. Die Hoffnung hilft uns dabei. Wer hofft, wird oft fantasieren, sich das vorstellen, was noch nicht eingetroffen ist, aber vielleicht eintreffen könnte. Diese Vorstellungen erleichtern es uns, schwere Zeiten auszuhalten. Gleichzeitig ist es entscheidend, dass wir uns nicht dergestalt in der Hoffnung verlieren, dass wir den Blick so sehr auf die Zukunft richten, dass wir die Gegenwart übersehen.

Wir müssen uns damit begnügen, mit Möglichkeiten zu leben, denn das Leben gibt keine andere Garantie, als dass es eines Tages zu Ende ist. Der Tod zieht für mich den Schlussstrich unter meine Hoffnungen. Auch ich kann über ein Leben im Jenseits fantasieren, jedoch sehe ich keine reale Möglichkeit für eine solche Existenz, also gibt es für mich hier keinen Raum für Hoffnung. Indessen kann ich hoffen, dass es der Familie und Freunden gut geht, nachdem ich nicht mehr da bin. Ich kann hoffen, dass die Menschheit sich weiterhin zum Besseren entwickeln wird und dass die Erde bewohnbar bleibt. Ich kann auch hoffen, dass man sich an mich erinnert, zumindest für eine Weile, sodass meine Spuren nicht unmittelbar ausgelöscht werden.

In der Hoffnung liegt eine Demut, eine Anerkennung dessen, dass viel von dem, das im Dasein für uns von großer Bedeutung ist, sich außerhalb unserer Kontrolle befindet. Wir können unser Möglichstes tun und dann können wir hoffen. Nicht immer siegt die Gerechtigkeit, und die Wahrheit überwindet nicht immer die Lüge. Selbst wenn wir unser Möglichstes tun, werden wir nicht immer erfolgreich sein. Wer etwas anderes glaubt, verfällt der Selbsttäuschung. Dass die Dinge nicht immer so laufen, wie wir es uns wünschen, ist kein Argument dagegen, sein Möglichstes zu tun. Das Gegenteil zu glauben, sich die Desillusion zum Lebensideal zu wählen, ist nicht rationaler als sich irgendeiner Form von Aberglauben hinzugeben, in der eine göttliche Garantie oder Ähnliches gegeben wird, dass Wahrheit und Gerechtigkeit siegen werden. Beide dieser Extreme sind ohne Hoffnung – sie sind von einer Gewissheit gekennzeichnet, dass die Dinge gut beziehungsweise schlecht laufen werden. Daher übersehen sie auch die Tatsache, dass Wahrheit und Gerechtigkeit eine zu realisierende

Aufgabe sind, nicht nur etwas, das uns gegeben oder verweigert wird. Wahrheit und Gerechtigkeit sind *Aufgaben* für uns und wir müssen hoffen, dass es uns gelingt, sie zu verwirklichen, wohl wissend, dass es uns oft misslingen wird.

Der deutsche Philosoph Hans-Georg Gadamer beschreibt die Hoffnung als »eine Grundstruktur unseres Lebensbewusstseins, ohne die wir die Belastungen des Lebens wohl kaum tragen könnten.«[264] Er warnt davor, sich einer leeren Hoffnung hinzugeben, die passiviert, weist jedoch darauf hin, dass wir ohne Hoffnung nicht zurechtkommen können, ohne die Fähigkeit, unsere Situation mit der Kraft der Gedanken zu überschreiten und Zukunftsentwürfe für ein besseres Lebens zu machen. Hoffnung kann den Umgang mit den Prüfungen des Lebens erleichtern, weil sie dem Blick dort einen Halt gibt, wo man diese Prüfungen in einen größeren Zusammenhang platzieren kann. Man ist dem hier und jetzt gefühlten Schmerz weniger ausgeliefert.

Aber Hoffnung ist mehr als nur ein Trost. Kann man sich nicht vorstellen, etwas zu schaffen, dann wird man es auch nicht schaffen. Hoffnung ist also eine Voraussetzung für Handlung. Verliert man die Hoffnung, verliert man auch die Fähigkeit zu handeln. Am Ende von *Prometheus Unbound* (1820) schreibt der britische Romantiker Percy Bysshe Shelley: »to hope till Hope creates / From its own wreck the thing it contemplates«.[265] Hoffnung ist kein mentaler Zustand, der die Welt auf magische Weise verändert, sondern sie bringt uns dazu, so zu handeln, dass sie verwirklicht wird. Hoffnung gibt per Definition keine Garantien, aber ohne Hoffnung ist es, wie wir wissen, hoffnungslos.

Anmerkungen

1 Thukydides: Peloponneserkrigen, Bd. 2, übers. v. Henning Mørland, Oslo: Aschehoug 1999, Buch 5.103, S. 59. Die vollständigen bibliografischen Angaben werden bei der Erstnennung des betreffenden Werkes in den Endnoten sowie in der Literaturliste benannt.
2 Ibid., Buch 5.116, S. 63.
3 Hesiod: Arbeid og dager, in: Theogonien. Arbeid og dager. Skjoldet, übers. v. Aslak Rokstad, Oslo: Gyldendal 2014, v. 9097. Hier verwendet: Hesiod: Theogonie, übers. v. Albert von Schirnding, München: Artemis & Winkler 1991, S. 90/91.
4 Ibid., v. 498, 500.
5 Friedrich Nietzsche: Morgenrøde, übers. v. Stian M. Landgaard, Oslo: Spartacus 2007, § 38. Hier verwendet: Friedrich Nietzsche: Morgenröte. Gedanken über die moralischen Vorurteile; http://www.zeno.org/Lesesaal/N/9781489556875?page=36
6 Friedrich Nietzsche: Menneskelig, altfor menneskelig. En bok for frie ånder, übers. v. Øystein Skar & Steinar Mathisen, Oslo: Spartacus 2012, I, § 71, S. 68. Hier verwendet: Friedrich Nietzsche: Menschliches, Allzumenschliches. Ein Buch für freie Geister. http://www.zeno.org/Lesesaal/N/9781489548993?page=80
7 Ernst Bloch: Das Prinzip Hoffnung, Bd. 1, Frankfurt a. M.: Suhrkamp 1985, S. 1.
8 Dieses Buch bezieht sich in erster Linie auf die philosophische Literatur über Hoffnung. Für eine Übersicht über die wichtigsten psychologischen Perspektiven und Funde, siehe Matthew W. Gallagher & Shane J. Lopez (Red.): The Oxford Handbook of Hope, Oxford: Oxford University Press 2018.
9 Vielleicht war das, was in Pandoras Büchse zurückblieb, nicht das, was wir »Hoffnung« nennen? Elpis hat auch andere Bedeutungen als »Hoffnung«. Es kann die positive Bedeutung »Erwartung«, aber auch neutralere Bedeutungen wie »Vorabvorstellung« oder direkt negative wie »irreführende Erwartung« haben. Platon zufolge kann das Objekt von elpis etwas Positives sein, das man sich wünscht, aber auch etwas Negatives, das man vermeiden will (vgl. Platon: Lovene, übers. v. Tormod Eide, Oslo: Vidarforlaget 2002, 644c–d). Isoliert betrachtet, ist elpis weder positiv noch negativ geladen; für gewöhnlich geht aus dem Kontext hervor, ob es etwas Gutes oder Schlechtes ist, dessen Möglichkeit man sich vorstellt. Wollte man deutlich machen, dass es sich um das Hoffen auf etwas Positives drehte, verwendete man ab und an den Ausdruck euelpis, was wortwörtlich bedeutet, auf etwas Gutes zu hoffen. Für eine gute

Übersicht über elpis in der griechischen Antike, siehe Douglas Cairns: Hope in Archaic and Classical Greek, in: Claudia Blöser & Titus Stahl (Red.): The Moral Psychology of Hope, London/New York: Rowman & Littlefield 2020.

10 Aristoteles: Rhetorikk, übers. v. Tormod Eide, Oslo: Vidarforlaget 2006, 1370a. Hier verwendet: Aristoteles: Rhetorik, übers. v. Franz G. Sieveke, München: Wilhelm Fink Verlag 1993, S. 60.

11 Ludwig Wittgenstein: Filosofiske undersøkelser, übers. v. Mikkel B. Tin, Oslo: Pax 1997, § 545. Hier verwendet: Ludwig Wittgenstein: Philosophische Untersuchungen, Frankfurt a. M., Suhrkamp 2003, S. 237.

12 Vgl. Aaron Ben-Ze'ev: The Subtlety of Emotions, Cambridge, MA/London: The MIT Press 2000.

13 Der Sozialanthropologe Paul Ekman behauptet, dass es ein Set »grundlegender Gefühle« gibt. (Paul Ekman: An Argument for Basic Emotions, in: Cognition and Emotion 6/1992.) Damit gemeint sind Gefühle, die sich bei Menschen in allen Kulturen finden und die nicht angelernt, aber angeboren sind. Obwohl denkbar ist, dass es solche grundlegenden Gefühle gibt, herrscht große Uneinigkeit darüber, von welchen Gefühlen dabei die Rede ist. Beim Durchsehen von 14 Listen mit grundlegenden Gefühlen fällt auf, dass es nicht ein einziges Gefühl gibt, dass sich auf sämtlichen Listen findet (vgl. Andrew Ortony u. a.: The Cognitive Structure of the Emotions, Cambridge: Cambridge University Press 1998, S. 27). Wut, Furcht, Freude, Abscheu und Überraschung finden sich auf den meisten Listen, darüber hinaus jedoch ist die Variation groß. (Für eine lesenswerte Zusammenfassung und Diskussion der Debatte über *basic emotions*, siehe Robert C. Solomon: Back to Basics: On the Very Idea of ‚Basic Emotions, in: Not Passion's Slave: Emotions and Choice, Oxford: Oxford University Press 2003.) Alle Gefühle haben eine Naturgeschichte, aber sie haben auch eine soziale und persönliche Geschichte, die sie formen.

14 Katie Stockdale: Emotional Hope, in: Claudia Blöser & Titus Stahl (Red.): The Moral Psychology of Hope, London/New York: Rowman & Littlefield 2020.

15 Vgl. Joanna Bourke: Fear: A Cultural History, London: Virago 2005, S. 19.

16 Vgl. Ronald de Sousa: Self-deceptive Emotions, in: Amélie Oksenberg Rorty (Red.): Explaining Emotions, Berkeley: University of California Press 1980, S. 283–297.

17 Wittgenstein: Filosofiske undersøkelser, II.i, S. 205. Vgl. Ludwig Wittgenstein: Bemerkungen über die Philosophie der

Psychologie II, Werkausgabe, Bd. 7, Frankfurt a. M.: Suhrkamp 1984, § 16.

18 Wittgenstein: Filosofiske undersøkelser, § 583. Hier verwendet: Wittgenstein: Philosophische Untersuchungen, S. 247/248.

19 Für eine Vertiefung dessen siehe Lars Fr. H. Svendsen: Philosophie für Hunde- und Katzenfreunde: Tiere verstehen, übers. v. Daniela Stilzebach, bup, Wiesbaden 2010, S. 23–35.

20 Ernst Cassirer: Et essay om mennesket, übers. v. Eva Wyller, Oslo: Aschehoug 1965, S. 31f.

21 Wittgenstein: Bemerkungen über die Philosophie der Psychologie II, § 15.

22 Ibid., § 16.

23 Wittgenstein: Filosofiske undersøkelser, II.ix, S. 217.

24 Wittgenstein: Bemerkungen über die Philosophie der Psychologie II, § 154.

25 Johann Wolfgang von Goethe: Faust. Der Tragödie erster und zweiter Teil. Urfaust. München: C. H. Beck 2007, v. 5441, S. 170.

26 Friedrich Schlegel: Lucinde, übers. v. Sverre Dahl, Oslo: Bokvennen 1994, S. 57. Hier verwendet: https://www.lernhelfer.de/sites/default/files/lexicon/pdf/BWS-DEU2-0086-07.pdf (S. 29)

27 Ibid., S. 137.

28 Michel de Montaigne: Essays. Erstes Buch, übers. v. Beate Vibe, Oslo: Aschehoug 2004, I.3, S. 27. Vgl. Michel de Montaigne: Essays. Drittes Buch, übers. v. Beate Vibe, Oslo: Aschehoug 2008, III.4, S. 69.

29 Montaigne: Essays. Drittes Buch, III.5, S. 138.

30 René Descartes: The Passions of the Soul, in: The Philosophical Writings of Descartes. Vol. I, übers. v. John Cottingham u. a., Cambridge: Cambridge University Press 1985, S. 350, 359.

31 Descartes: The Passions of the Soul, S. 389.

32 Thomas Hobbes: Leviathan, übers. v. Olav Lausund, Oslo: Vidarforlaget 2012, I.6, S. 65. Hier verwendet: Thomas Hobbes: Leviathan. München: CapitalBuch 2006, S. 56.

33 John Locke: An Essay Concerning Human Understanding. London: Penguin 2004, Buch II, Kap. XX.

34 David Hume: En avhandling om menneskets natur, übers. v. Erik Ringen u. a., Oslo: Pax 2009, II.ii.ix, S. 396. Hier verwendet: David Hume: Ein Traktat über die menschliche Natur. Buch II: Über die Affekte, übers. v. Theodor Lipps. Hamburg: Felix Meiner Verlag 1978, S. 179.

35 Viktor Frankl: Man's Search for Meaning, New York: Washington Square Press 1985, S. 103.

36 Vgl. Ariel Meirav: The Nature of Hope, Ratio 2/2009.

37 Ein anderer Blickwinkel wäre es, Hoffnung als einen primitiven mentalen Zustand zu betrachten, der sich nicht durch grundlegendere Bestandteile, wie Wünsche und Auffassungen, analysieren lässt. Vgl. Gabriel Segal & Mark Textor: Hope as a Primitive Mental State, Ratio 2/2015.
38 Luc Bovens: The Value of Hope, Philosophy and Phenomenological Research 3/1999.
39 Philip Pettit: Hope and Its Place in Mind, The Annals of the American Academy of Political and Social Science 592/2004.
40 Adrienne Martin: How We Hope: A Moral Psychology. Princeton/Oxford: Princeton University Press 2014, besonders Kap. 2. Den Ausdruck »Inkorporationsthese« hat Martin Henry Allisons Auslegung von Kant entnommen, wo dies die Auffassung bezeichnet, dass ein Impuls oder ein Trieb die Wahlfähigkeit eines Akteurs nur dann bestimmten, wenn der Akteur gewählt hat, diesen in seine Handlungsmaxime zu inkorporieren (vgl. Henry E. Allison: Kant's Theory of Freedom, Cambridge: Cambridge University Press 1990, S. 40).
41 Vgl. Catherine Rioux: Hope: Conceptual and Normative Issues, Philosophy Compass 3/2021; Michael Milona: Finding Hope, Canadian Journal of Philosophy 5/2019.
42 François de La Rochefoucauld: Maksimer, übers. v. Anne-Lisa Amadou, Oslo: Gyldendal 2004, § 27. Hier verwendet: François de La Rochefoucauld: Maximen und Reflexionen, übers. v. Friedrich Hörlek, Leipzig: Philipp Reclam jun. 1875, S. 8; https://www.digitale-sammlungen.de/de/view/bsb11323267?page=14.
43 C. R. Snyder: The past and possible futures of hope, Journal of Social and Clinical Psychology 1/2000.
44 Margaret Urban Walker: Moral Repair: Reconstructing Moral Relations after Wrongdoing, Cambridge: Cambridge University Press 2006, S. 48.
45 Wittgenstein: Filosofiske undersøkelser, § 67ff. Hier verwendet: Wittgenstein: Philosophische Untersuchungen, S. 57ff.
46 Friedrich Nietzsche: Antikrist, übers. v. Bjørn Christian Grønner, Oslo: Spartacus 2008, I, § 23, S. 25. Hier verwendet: Friedrich Nietzsche: Umwertung aller Werthe. Der Antichrist, Leipzig: Alfred Kröner Verlag 1888; https://www.projekt-gutenberg.org/nietzsch/antichri/chap003.html.
47 Nietzsche: Menneskelig, altfor menneskelig. En bok for frie ånder, II.i, § 320, S. 424. Hier verwendet: Friedrich Nietzsche, Menschliches, Allzumenschliches. Bd. 2. http://www.zeno.org/Philosophie/M/Nietzsche,+Friedrich/Menschliches,+Allzumenschliches/Zweiter+Band/Erste+Abteilung%3A+

Vermischte+Meinungen+und+Spr%C3%BCche/320.+Eulen+nach+Athen

48 Nietzsche: Morgenrøde, § 206. Hier verwendet: Friedrich Nietzsche: Morgenröte; http://www.zeno.org/Philosophie/M/Nietzsche,+Friedrich/Morgenr%C3%B6te/Drittes+Buch/206.+Der+unm%C3%B6gliche+Stand.

49 Ibid., § 546. Hier verwendet: Friedrich Nietzsche: Morgenröte; http://www.zeno.org/Philosophie/M/Nietzsche,+Friedrich/Morgenr%C3%B6te/Viertes+Buch/546.+Sklave+und+Idealist

50 Epictetus: Handbook of Epictetus, übers. v. Nicholas P. White. Indianapolis/Cambridge: Hackett 1983, § 8, S. 13.

51 Nietzsche: Menneskelig, altfor menneskelig. En bok for frie ånder, I, § 443, S. 242. Hier verwendet: http://www.zeno.org/Lesesaal/N/9781489548993?page=226

52 Ibid., I, § 2, S. 20.

53 Ibid., II.ii, § 183, S. 522f. Hier verwendet: http://www.zeno.org/Philosophie/M/Nietzsche,+Friedrich/Menschliches,+Allzumenschliches/Zweiter+Band/Zweite+Abteilung%3A+Der+Wanderer+und+sein+Schatten/183.+Z%C3%BCrnen+und+strafen+hat+seine+Zeit

54 Friedrich Nietzsche: Ecce Homo. Hvordan man blir det man er, übers. v. Trond Berg Eriksen. Oslo: Spartacus 2011, S. 47f. Hier verwendet: Friedrich Nietzsche: Ecco homo. Wie man wird, was man ist; http://www.zeno.org/Philosophie/M/Nietzsche,+Friedrich/Ecce+Homo/Warum+ich+so+klug+bin

55 Ibid., S. 111. Hier verwendet: http://www.zeno.org/Philosophie/M/Nietzsche,+Friedrich/Ecce+Homo/Der+Fall+Wagner

56 Friedrich Nietzsche: Den muntre vitenskapen, übers. v. Øystein Skar. Oslo: Spartacus 2010, § 12, S. 43. Hier verwendet: Friedrich Nietzsche: Die fröhliche Wissenschaft; http://www.zeno.org/Philosophie/M/Nietzsche,+Friedrich/Die+fr%C3%B6hliche+Wissenschaft/Erstes+Buch/12.+Vom+Ziele+der+Wissenschaft

57 Ibid., § 306, S. 200. Hier verwendet: http://www.zeno.org/Philosophie/M/Nietzsche,+Friedrich/Die+fr%C3%B6hliche+Wissenschaft/Viertes+Buch.+Sanctus+Januarius/306.+Stoiker+und+Epikureer

58 Ibid., § 326, S. 210.

59 Friedrich Nietzsche: Slik talte Zarathustra, übers. v. Bjørn Christian Grønner. Oslo: Spartacus 2022, Teil IV.xix, S. 365.

60 E. M. Cioran: Sønderrevet, Oslo: Document Forlag 1993, S. 101. Vgl. E. M. Cioran: A Short History of Decay, übers. v. Richard Howard. London: Penguin 2010, S. 157.

61 Cioran: A Short History of Decay, S. 47.
62 E. M. Cioran: On the Heights of Despair, übers. v. Ilinca Zarifopol-Johnston. Chicago/London: The University of Chicago Press 1992, S. 49.
63 William Ian Miller: Outrageous Fortune: Gloomy Reflections on Luck and Life, New York: Oxford University Press 2021, S. 16.
64 Dafür gibt es reichlich empirische Belege. Siehe Matthew W. Gallagher & Shane J. Lopez (Red.): The Oxford Handbook of Hope. Oxford: Oxford University Press 2018.
65 Barbara Ehrenreich: Pathologies of Hope, Harper's Magazine 7. Februar 2007.
66 Bernard Williams: Truth, Politics, and Self-Deception, Social Research 3/1996, S. 606.
67 Ludwig Wittgenstein: Philosophical Occasions 1912–1951. Indianapolis & Cambridge: Hackett Publishing Company 1993, S. 130.
68 Ibid., S. 136.
69 Ludwig Wittgenstein: Philosophische Grammatik. Werkausgabe in 8 Bänden, Bd. 4. Frankfurt a. M.: Suhrkamp 1984, S. 227. Ludwig Wittgenstein: Philosophische Bemerkungen. Werkausgabe in 8 Bänden, Bd. 2. Frankfurt a. M.: Suhrkamp 1984, § 26.
70 John Stuart Mill: Theism, in: Essays on Ethics, Religion and Society. London: Routledge 1969, S. 484.
71 David Hume: Essays. Moral, Political, and Literary. Indianapolis: Liberty Fund 1985, S. 74.
72 Ibid., S. 167.
73 David Hume: En avhandling om menneskets natur, übers. v. Erik Ringen u. a. Oslo: Pax 2009, II.iii.iii, S. 376. Hier verwendet: David Hume: Ein Traktat über die menschliche Natur. Buch II: Über die Affekte. Übers. v. Theodor Lipps. Hamburg: Felix Meiner Verlag 1978, S. 153.
74 Benedict Spinoza: Short Treatise on God, Man, and His Well-Being, in: Complete Works, übers. v. Samuel Shirley. Indianapolis/Cambridge: Hackett 2002, Kap. IX, S. 74.
75 Baruch de Spinoza: Etikk, übers. v. Ragnar Hertzberg Næss. Oslo: Pax 2002, IIIP18, S. 142. Hier verwendet: Spinoza: Ethik, Teil 3. Kröner, S. 132.
76 Ibid., IIIP50, S. 161.
77 Ibid., IVP47, S. 218. Hier verwendet: Spinoza: Ethik, Teil 4, Lehre. 47 Erläuterung, Kröner, S. 237.
78 Für eine umfassendere Darlegung meiner Sicht auf die Freiheit, siehe Lars Fr. H. Svendsen: Frihetens filosofi. Oslo: Universitetsforlaget 2013.

79 Thomas Aquinas: Orden og mysterium, übers. v. Vegard Skånland. Oslo: Dreyer 1964, S. 90.
80 Hannah Arendt: Vita activa: Det virksomme liv, übers. v. Christian Janss. Oslo: Pax 1996, S. 254.
81 William James: The Will to Believe and Other Essays. New York: Dover Publications 1956, S. 151.
82 Max Weber: Den protestantiske etikk og kapitalismens ånd, übers. v. Sverre Dahl. Oslo: Pax 1995.
83 Eine weitaus umfassendere Diskussion des Verhältnisses zwischen Freiheit und Determinismus findet sich in Svendsen: Frihetens filosofi, besonders Teil I. Für eine ausführlichere Begründung meines Standpunktes möchte ich den Leser auf diese Quelle verweisen.
84 Hobbes: Leviathan, I.6, S. 70.
85 Ibid., I.10, S. 100.
86 Für die Darstellung von Spinozas politischer Philosophie stehe ich in großer Schuld von Justin Steinberg: Spinoza's Political Psychology. The Taming of Fortune and Fear. Cambridge: Cambridge University Press 2018.
87 Baruch Spinoza: Teologisk-politisk avhandling, in: Teologisk-politisk avhandling. Politisk avhandling, übers. v. Ragnar Næss & Marius Middelthon. Oslo: Solum Bokvennen Vidarforlaget 2020, Einl. § 1, S. 87. Hier verwendet: http://www.zeno.org/Philosophie/M/Spinoza,+Baruch+de/Theologisch-politische+Abhandlung/Vorrede
88 Ibid., Einl. § 5, S. 90.
89 Baruch Spinoza: Politisk avhandling, in: Teologisk-politisk avhandling. Politisk avhandling, übers. v. Ragnar Næss & Marius Middelthon. Oslo: Solum Bokvennen Vidarforlaget 2020, III.9, S. 488.
90 Spinoza: Etikk, IVP54S, S. 221. Hier verwendet: Spinoza: Ethik. Übers. v. Jakob Stern. Leipzig: Verlag Philip Reclam jun. 1987, S. 266.
91 Baruch Spinoza: Teologisk-politisk avhandling, V.9, S. 194. Hier verwendet: Baruch de Spinoza: Theologisch-politischer Traktat, übers. v. Carl Gebhardt. Hamburg: Felix Meiner Verlag 1994, S. 83.
92 Thomas Hobbes: On the Citizen, übers. v. Richard Tuck & Michael Silverthorne. Cambridge: Cambridge University Press 1998, S. 111.
93 Hobbes: Leviathan, II.21, S. 222. Hier verwendet: Thomas Hobbes: Leviathan. München: Capital Buch 2006, S. 190.
94 Ibid., II.27, S. 298.

95 Spinoza: Politisk avhandling, V.6, S. 503. Hier verwendet: Baruch Spinoza: Politischer Traktat. Leipzig: Reclam UB 1988, S. 37/38.
96 Ibid., VI.1, S. 505. Hier verwendet: Baruch Spinoza: Politischer Traktat. Leipzig: Reclam UB 1988, S. 39.
97 Spinoza schreibt: »Auf welche Weise aber dieser Vertrag geschlossen werden muß, um gültig und fest zu sein, wollen wir nunmehr sehen. Es ist ein allgemeingültiges Gesetz der menschlichen Natur, dass niemand etwas, das er für gut hält, vernachlässigt, es sei denn in der Hoffnung auf ein größeres Gut oder aus Furcht vor einem größeren Schaden, ferner dass niemand ein Übel erträgt, es sei denn, um ein größeres Übel zu vermeiden oder in der Hoffnung auf ein größeres Gut. Das bedeutet: jeder wählt unter zwei Übeln, was ihm als das kleinere erscheint. Ich sage ausdrücklich, was ihm, dem Wählenden, größer oder kleiner erscheint, nicht daß es sich notwendig so verhielte, wie er urteilt. Dieses Gesetz ist der menschlichen Natur so stark eingeprägt, daß man es unter die ewigen Wahrheiten rechnen muß, die niemand verkennen kann. Aus diesem Gesetz folgt mit Notwendigkeit, daß niemand ohne Absicht der Täuschung versprechen wird, sich des Rechtes, das er auf alles hat, zu begeben und daß niemand ohne Ausnahme dieses Versprechen halten wird, es sei denn aus Furcht vor einem größeren Übel oder in der Hoffnung auf ein größeres Gut.« (Spinoza: Teologisk-politisk avhandling, XVI.6, S. 379. Hier verwendet: Baruch de Spinoza: Theologisch-politischer Traktat. Hamburg: Felix Meiner Verlag 1994, S. 235/236).
98 Vgl. Geoffrey Hosking: Trust. A History, Oxford: Oxford University Press 2014, Kap. 1.
99 Siehe zum Beispiel Karl Schlögel: Moscow, 1937, übers. v. Rodney Livingstone. Cambridge: Polity Press 2012, S. 194.
100 Hannah Arendt: The Origins of Totalitarianism. San Diego/New York/London: Harcourt Brace & Company 1979, S. 323.
101 Siehe besonders David R. Shearer: Policing Stalin's Socialism: Repression and Social Order in the Soviet Union, 1924–1953. New Haven/London: Yale University Press 2009. Eine andere wichtige Quelle ist J. Arch Getty & Oleg V. Naumov: The Road to Terror: Stalin and the Self-Destruction of the Bolsheviks, 1932–39. New Haven/London: Yale University Press 1999.
102 Judith N. Shklar: Political Thought and Political Thinkers. Chicago: The University of Chicago Press, 1998, Kap. 1.
103 Ibid., S. 11.
104 Ibid., S. 166f.

105 Francis Herbert Bradley: Aphorisms. Oxford: Clarendon Press, 1930, § 63.
106 Michael Walzer: On Negative Politics, in: Bernard Yack (Red.): Liberalism without Illusions. Chicago: University of Chicago Press 1996.
107 Immanuel Kant: Besvarelse av spørsmålet: Hva er opplysning?, in: Filosofiens frihet, übers. v. Øystein Skar. Oslo: Pax 2021, S. 135. Hier verwendet: https://www.projekt-gutenberg.org/kant/aufklae/aufkl001.html
108 John Rawls: The Law of Peoples. Cambridge, MA: Harvard University Press, 1999, S. 127; John Rawls Political Liberalism, erweiterte Ausgabe. New York: Columbia University Press, 1996, S. 133–172; John Rawls: Justice as Fairness – A Restatement. Cambridge, MA: Harvard University Press 2001, § 59.
109 Rawls: Political Liberalism, S. 58.
110 Rawls: The Law of Peoples, S. 7.
111 Ibid., S. 23.
112 Ibid., S. 6n8.
113 Wie sogar der Utopist Karl Marx in Kritik des Gothaer Programms (1875) hinwies, kann man niemals »vollkommene Gleichheit« erschaffen, weil die Einführung einer Form von Gleichheit zwangsläufig eine andere Form von Ungleichheit verstärken würde. (Karl Marx: Kritikk av Gotha-programmet, in: Fredrik Engelstad (Red.): Det beste av Karl Marx. Oslo: Oktober 1992.) Man kann zum Beispiel nicht sowohl volle Gleichheit der Möglichkeiten als auch volle Gleichheit der Resultate haben. Gleichheit der Möglichkeiten wird zwangsläufig Ungleichheit der Resultate erschaffen, da die Menschen ihre Möglichkeiten unterschiedlich behandeln. Will man Gleichheit der Resultate realisieren, setzt dies Ungleichheit der Möglichkeiten voraus – einige müssen mit einem Vorteil gegenüber anderen beginnen, wenn alle gleich abschließen sollen. Das bedeutet nicht, dass wir nicht versuchen sollten, gewisse Formen von Ungleichheit zu reduzieren, wohl wissend, dass dies gewisse andere Formen von Ungleichheit verstärken wird, das aber muss von Fall zu Fall diskutiert und eingeschätzt werden. Sollte man der Ansicht sein, dass gleichmäßig verteilte Gleichheit der Resultate wichtiger ist als Gleichheit der Möglichkeiten wird es auch Grenzen dafür geben, welche politischen Maßnahmen akzeptabel sind.
114 Rawls: The Law of Peoples, S. 128.
115 Karl R. Popper: The Open Society and Its Enemies. Volume One: The Spell of Plato. London: Routledge 2005, Kap. 9.

116 John Dewey: Analysis of Reflective Thinking, The Later Works, Vol. 8. Carbondale: Southern Illinois University Press 1986, S. 201.
117 John Dewey: Liberalism and Social Action, The Later Works, Vol. 11. Carbondale: Southern Illinois University Press 1987, S. 56.
118 Diogenes Laertios: Lives of Eminent Philosophers, übers. v. Stephen White. Cambridge: Cambridge University Press 2020, 5.18, S. 202. Hier verwendete: Diogenes Laertius: Leben und Meinungen berühmter Philosophen. Hamburg, Felix Meiner Verlag 1990, S. 249.
119 Aristoteles: Om søvn og våkenhet, in: Parva naturalia, übers. v. Mette Heuch Berg. Oslo: Vidarforlaget 2020, 459a.
120 Aristoteles: Om spådom under søvn, in: Parva naturalia, übers. v. Mette Heuch Berg. Oslo: Vidarforlaget 2020, 463b.
121 Aristoteles: Om hukommelse og erindring, in: Parva naturalia, übers. v. Mette Heuch Berg. Oslo: Vidarforlaget 2020, 449b11f, 25ff.
122 Aristoteles: Retorikk, 1370b9f. Hier verwendet: Aristoteles: Rhetorik, übers. v. Franz G. Sieveke. München: Fink 1993, S. 60.
123 Ibid., 1370a27. Hier verwendet: Aristoteles: Rhetorik, S. 50
124 Aristoteles: Den nikomakiske etikk, übers. v. Øyvind Rabbås & Anfinn Stigen. Oslo: Bokklubben Dagens Bøker 1999, 1111b20–25.
125 Ibid., 1100aff.
126 Aristoteles scheint Hoffnung als einen Aspekt von Angst zu betrachten: »Es muss vielmehr eine gewisse Hoffnung auf Rettung vor dem, wovor wir Angst empfinden, vorhanden sein. Ein Beweis hierfür: die Furcht macht die Menschen zum Überlegen fähig, wo doch niemand mehr nach Rat sucht über hoffnungslose Situationen.« (Aristoteles: Retorikk, 1383a5–8.; Hier verwendet: Aristoteles: Rhetorik, S. 100) Hier muss darauf hingewiesen werden, dass Aristoteles nicht ganz konsistent ist, indem er auch schreibt: »Der Feige hofft also zu wenig, weil er vor allem zurückschreckt.« (Aristoteles: Den nikomakiske etikk, 1116a. Hier verwendet: https://www.projekt-gutenberg.org/aristote/nikomach/niko0310.html) Die Hoffnung scheint davon gekennzeichnet zu sein, dass man Risiko ausgesetzt ist, jedoch auf eine Weise, in der man nicht handlungsunfähig wird und stattdessen Möglichkeiten zum Handeln sieht. Aristoteles verbindet die Hoffnung indessen nicht nur mit Furcht, sondern auch mit Zorn und schreibt unter anderem, »dass der Zorn in jedem Fall von einem gewissen Lustgefühl begleitet ist, das auf der Hoffnung, sich rächen zu können, basiert; denn es ist angenehm, sich vorzustellen, man werde das, wonach man strebt,

erreichen. Niemand aber strebt nach dem, was ihm unerreichbar scheint.« (Aristoteles: Retorikk, 1378b2f. Hier verwendet: Aristoteles: Rhetorik, S. 83.) Hier knüpft sich die Hoffnung nicht an etwas Negatives, das vermieden werden soll, sondern an etwas Positives, das erreicht werden soll.

127 Aristoteles: Retorikk, 1380f.

128 Ibid., 1389a. Hier verwendet: Aristoteles, Rhetorik, S. 121.

129 Ibid., 1389b–1490a.

130 Ibid., 1390a–b.

131 Aristoteles: Den nikomakiske etikk, 1117a10–15.

132 Ibid., 1116a1–5. Hier verwendet: Aristoteles: Nikomachische Ethik; https://www.projekt-gutenberg.org/aristote/nikomach/niko0310.html

133 Ibid., 1115b3f. Hier verwendet: https://www.projekt-gutenberg.org/aristote/nikomach/niko0309.html

134 Victoria McGeer: The Art of Good Hope, Annals of the American Academy of Political and Social Science 592/2004.

135 Luc Bovens: The Value of Hope, Philosophy and Phenomenological Research 3/1999, S. 680.

136 Augustin: De civitate Dei – Gudsstaten eller Guds by, übers. v. Reidar Aasgaard. Oslo: Pax 2002, Buch XIX.4, S. 252. Hier verwendet: Aurelius Augustinus: Vom Gottesstaat. Buch 11 bis 22. München: dtv 1978, S. 536.

137 Søren Kierkegaard: Frygt og Bæven, Søren Kierkegaards Skrifter, Bd. 4. Kopenhagen: Gads forlag 1998, S. 134.

138 Søren Kierkegaard: Sygdommen til Døden, Søren Kierkegaards Skrifter, Bd. 11. København: Gads forlag 2006, S. 155.

139 »Dieser Mensch lebt in der Endlichkeit, aber er hat nicht sein Leben in ihr. Sein Leben hat wie das eines anderen die verschiedenen Prädikate einer menschlichen Existenz, aber er ist in ihnen wie der, der in den geliehenen Kleidern eines Fremden dahergeht. Er ist ein Fremder in der Welt der Endlichkeit, aber er bestimmt nicht durch eine ausländische Kleidung seine Unterschiedlichkeit von der Weltlichkeit (das wäre ein Widerspruch, da er sich ja dadurch gerade weltlich bestimmen würde); er ist inkognito, aber sein Inkognito besteht gerade darin, daß er ganz so wie alle anderen aussieht.« (Søren Kierkegaard: Afsluttende uvidenskabelig Efterskrift, Søren Kierkegaards Skrifter, Bd. 7, Kopenhagen: Gads forlag 2003, S. 373. Hier verwendet: Søren Kierkegaard: Abschließende wissenschaftliche Nachschrift zu den Philosophischen Brocken, Teil 2. Gütersloher Verlagshaus 1994, S. 116.)

140 Kierkegaard hat nirgends eine Gesamtdarstellung seiner Sicht auf die Hoffnung gegeben. Diese ist vielmehr, mitunter in

Form kurzer Anmerkungen, über eine Reihe seiner Werke verteilt, und es gibt entschieden mehr über sein Verständnis der Hoffnung zu sagen, als das, was ich in dieser kurzen Diskussion des Glaubensritters abgedeckt habe. Für eine gute, breitere Darstellung siehe Roe Fremstedal: Kierkegaard on Hope as Essential to Selfhood, in: Claudia Blöser & Titus Stahl (Red.): The Moral Psychology of Hope. London/ New York: Rowman & Littlefield 2020.

141 Augustin: Bekjennelser, übers. v. Oddmund Hjelde. Oslo: Aschehoug 1961, X.12–13, S. 185–189.

142 Ibid., Buch IX. Hier verwendet: Augustinus: Bekenntnisse. Übers. v. Herman Hefele. Berlin: Union Verlag 1961, S. 280.

143 Ibid., IV.10, S. 69. Hier verwendet: Augustinus: Bekenntnisse, übers. Herman Hefele. Berlin: Union Verlag 1961, S. 113.

144 Ibid., IV.11, S. 70.

145 John Maynard Keynes: A Tract on Monetary Reform. Amherst NY: Prometheus Books 2000, S. 80.

146 E. M. Cioran: Sønderrevet, S. 141.

147 Aristoteles: Retorikk, 1382b.

148 Max Brod: Franz Kafka: Eine Biographie. Berlin: S. Fischer Verlag 1954, S. 95.

149 Immanuel Kant: Kritikk av den rene fornuft, übers. v. Steinar Mathisen, Camilla Serck-Hansen & Øystein Skar. Oslo: Pax 2005, A 804f. / B 832f. Hier verwendet: Kant: Kritik der einen Vernunft; http://www.zeno.org/Philosophie/M/Kant,+ImmanuelKritik+der+reinen+Vernunft/II.+Transzendentale+Methodenlehre/2.+Hauptst%C3%BCck.+Der+Kanon+der+reinen+Vernunft/2.+Abschnitt.+Von+dem+Ideal+des+h%C3%B6chsten+Guts,+als+einem+Bestimmungsgrunde+des+letzten+Zwecks+der+reinen+Vernunft

150 Johann Wolfgang von Goethe: An C. G. Voigt, Weimar 19. Dezember 1798 in: Immanuel Kant: Anthropologie in pragmatischer Hinsicht. Hamburg: Felix Meiner 1980, S. 337.

151 Immanuel Kant: Briefe 1789-1794, in: Kants gesammelte Schriften, Bd. XI, Preußische Akademie der Wissenschaften (Red.). Berlin/New York: de Gruyter 1902ff, S. 273.

152 Ibid., S. 401f. Hier verwendet: S. 334, S. 401f.

153 Albert Camus: Myten om Sisyfos, übers. v. Bernt Vestre. Oslo: Cappelen 1994, S. 7. Hier verwendet: Albert Camus: Der Mythos von Sisyphos, übers. v. Hans Georg Brenner und Wolfdietrich Rasch. Hamburg: Rowohlt 1993, S. 9.

154 Kant: Briefe, S. 484ff. In einem Brief an Karl Leonard Reinhold schreibt Kant indessen, dass er plane, Herberts zweiten Brief zu beantworten (ibid., S. 432).

155 Vgl. Bernhard Ritter: Solace or Counsel for Death, in: Corey W. Dyck: Women and Philosophy in Eighteenth Century Germany. Oxford: Oxford University Press 2021, S. 137–156.
156 Immanuel Kant: Hva er mennesket? Antropologi i pragmatisk perspektiv, übers. v. Øystein Skar. Oslo: Pax 2002, § 76, S. 143. Hier verwendet: Immanuel Kant: Anthropologie in pragmatischer Hinsicht. Leipzig: Verlag von Felix Meiner 1912, S. 188.
157 Immanuel Kant: Om ordtaket: ‚Det kan være riktig i teorien, men duger ikke i praksis, S. 59-73, übers. v. Øystein Skar, in: Lars Fr. H. Svendsen (Red.): Liberalisme: Politisk frihet fra John Locke til Amartya Sen. Oslo: Universitetsforlaget 2009, S. 60.
158 Immanuel Kant: Kritik der Urteilskraft, in: Kants gesammelte Schriften, Bd. V, Preußische Akademie der Wissenschaften (Red.). Berlin/New York: de Gruyter 1902ff, S. 434n. Vgl. Immanuel Kant: Über das Mißlingen aller philosophischen Versuche in der Thedicee, in: Kants gesammelte Schriften, Bd. VIII, Preußische Akademie der Wissenschaften (Red.). Berlin/New York: de Gruyter 1902ff, S. 259.
159 Immanuel Kant: Muthmaßlicher Anfang der Menschengeschichte, in: Kants gesammelte Schriften, Bd. VIII, Preußische Akademie der Wissenschaften (Red.). Berlin/New York: de Gruyter 1902ff, S. 122.
160 Immanuel Kant: Kritikk av den rene fornuft, A 809 / B 837.
161 Siehe besonders Immanuel Kant: Kritikk av den praktiske fornuft, übers. v. Øystein Skar. Oslo: Aschehoug S. 156–167.
162 Ibid., S. 158.
163 Immanuel Kant: Die Metaphysik der Sitten, in: Kants gesammelte Schriften, Bd. VI, Preußische Akademie der Wissenschaften (Red.). Berlin/New York: de Gruyter 1902ff, S. 482.
164 Immanuel Kant: Über den Gemeinspruch: Das Mag in der Theorie Richtig sein, taugt aber nicht für die Praxis, in: Kants gesammelte Schriften, Bd. VIII, Preußische Akademie der Wissenschaften (Red.). Berlin/New York: de Gruyter 1902ff, S. 310. Spezifischer wird der Fortschritt dadurch hervorgezwungen, dass der Mensch einen Gegensatz in sich trägt, was Kant als »unsoziale Sozialität« bezeichnet, wobei der Mensch sowohl einen Drang zur Sozialisierung als auch einen Drang zur Individualisierung hat. (Immanuel Kant: Idee zu einer allgemeinen Geschichte in weltbürgerlicher Absicht, in: Kants gesammelte Schriften, Bd. VIII, Preußische Akademie der Wissenschaften (Red.). Berlin/New York: de Gruyter 1902ff, S. 20f.) Diese Naturanlage bei den Menschen führe zu gesellschaftlichen Gegensätzen, welche die Geschichte und

die Menschheit voranbringen. Die Gegensätze führten zu Revolutionen, Kriegen und anderen Gewalthandlungen, auf historischer Ebene jedoch wirkten genau diese destruktiven Ereignisse positiv. Kant behauptet, der Krieg sei ein Werkzeug im Dienst des Fortschritts. (Kant: Kritik der Urteilskraft, S. 433.)

165 Immanuel Kant: Idee zu einer allgemeinen Geschichte in weltbürgerlicher Absicht, S. 21.

166 Immanuel Kant: Hva er mennesket?, § 61, S. 125.

167 Immanuel Kant: Muthmaßlicher Anfang der Menschengeschichte, S. 116.

168 Immanuel Kant: Recencionen von I. G. Herders Ideen zur Philosophie der Geschichte der Menschheit, in: Kants gesammelte Schriften, Bd. VIII, Preußische Akademie der Wissenschaften (Red.). Berlin/New York: de Gruyter 1902, S. 65; vgl. Kant: Muthmaßlicher Anfang der Menschengeschichte, S. 123.

169 Immanuel Kant: Idee zu einer allgemeinen Geschichte in weltbürgerlicher Absicht, S. 17.

170 Immanuel Kant: Til den evige fred, übers. v. Øystein Skar. Oslo: Aschehoug 2002, S. 39.

171 Immanuel Kant: Über den Gemeinspruch: Das Mag in der Theorie Richtig sein, taugt aber nicht für die Praxis, S. 309f.

172 Theodor W. Adorno: Negative Dialektik. Frankfurt a. M.: Suhrkamp 1966, S. 378.

173 Ibid., S. 272.

174 Ibid., S. 399.

175 Jonathan Lear: Radical Hope. Cambridge, MA: Harvard University Press 2006, S. 97.

176 Vaclav Havel: Disturbing the Peace, übers. v. Paul Wilson. New York: Vintage 1991, S. 181.

177 Vaclav Havel: The Art of the Impossible, übers. v. Paul Wilson u. a. New York: Fromm International 1997, S. 239.

178 Mara van der Lugt: Dark Matters: Pessimism and the Problem of Suffering. Princeton: Princeton University Press 2021, besonders Kap. 2.

179 Dies fiel mehr oder weniger mit der Theodizee-Problematik zusammen, wie sie sich in der modernen Philosophie ausspielte. Ausführlicher habe ich über die Theodizee in Ondskapens filosofi, 2. Aufl., Oslo: Universitetsforlaget 2013, S. 37–72 geschrieben und werde die dort erwähnten Aspekte hier nicht wiederholen.

180 Samuel Beckett: Sluttspel, übers. v. Bjørn Endreson, in: Skodespel I. Oslo: Document 1993, S. 129f. Hier verwendet: Samuel

Beckett: Endspiel, übers. v. Elmar Tophoven. Frankfurt a. M: Suhrkamp 1964, S. 71.

181 Arthur Schopenhauer: Die Welt als Wille und Vorstellung I, Sämtliche Werke, Band I. Frankfurt a. M.: Suhrkamp Verlag 1986, S. 537; Arthur Schopenhauer: Parerga und Paralipomena II, Sämtliche Werke, Band V. Frankfurt a. M.: Suhrkamp Verlag 1986, S. 354, 358.

182 Schopenhauer: Die Welt als Wille und Vorstellung I, S. 447.

183 Arthur Schopenhauer: Die Welt als Wille und Vorstellung II, Sämtliche Werke, Band II. Frankfurt a. M.: Suhrkamp Verlag 1986, S. 825.

184 Ibid., S. 747.

185 Schopenhauer: Parerga und Paralipomena II, S. 688. Vgl. Schopenhauer: Die Welt als Wille und Vorstellung I, S. 279f.

186 Schopenhauer: Parerga und Paralipomena II, S. 349.

187 Schopenhauer: Die Welt als Wille und Vorstellung I, S. 142.

188 Ibid., S. 432. Vgl. Arthur Schopenhauer: Parerga und Paralipomena I, Sämtliche Werke, Band IV. Frankfurt a. M.: Suhrkamp Verlag 1986, S. 418f. und Schopenhauer: Parerga und Paralipomena II, S. 438.

189 Schopenhauer: Die Welt als Wille und Vorstellung II, S. 629.

190 Wittgenstein: Filosofiske undersøkelser, II.xi, S. 221-259.

191 Jean-Jacques Rousseau: Letter from J.-J. Rousseau to Mr. De Voltaire, August 18, 1756, übers. v. Judith R. Bush u. a., in: Mark Larrimore (Red.): The Problem of Evil: A Reader. Oxford: Blackwell 2001, S. 213.

192 François-Marie Arouet de Voltaire: Candide eller optimismen, übers. v. Paul René Gaugin. Oslo: Gyldendal 2000, S. 55. Hier verwendet: https://www.projekt-gutenberg.org/voltaire/candide2/chap019.html.

193 Håvamål, in: Edda-dikt, Bd. 1, übers. v. Knut Ødegård. Oslo: Cappelen Damm 2014, V. 55, S. 113. Hier verwendet: http://oaks.nvg.org/havamal-simrock.html

194 Ian Jarvie & Sandra Pralong (Red.): Popper's Open Society after Fifty Years. London: Routledge 1999, S. 40.

195 Erving Goffman: The Presentation of Self in Everyday Life. New York: Doubleday 1959, S. 59.

196 Vgl. Michael Ignatieff: On Consolation. Finding Solace in Dark Times. New York: Metropolitan Books 2021, Kap. 3.

197 Aristoteles: Den nikomakiske etikk, 1106b19–24. Hier verwendet: https://www.projekt-gutenberg.org/aristote/nikomach/niko0205.html

198 G. W. F. Hegel: Enzyklopädie der philosophischen Wissenschaften I, Werke Bd. 8. Frankfurt a. M.: Suhrkamp 1986,

§ 410. Siehe auch Aristoteles: Den nikomakiske etikk, 1152a25ff. Hier verwendet: G. W. F. Hegel: Enzyklopädie der philosophischen Wissenschaften im Grundrisse. Berlin: Akademie-Verlag 1975, S. 340.

199 Nick Cave: The Red Hand Files # 178, Dezember 2021. https://www.theredhandfiles.com/do-you-have-hope/

200 Nick Cave: The Red Hand Files # 190, April 2022. https://www.theredhandfiles.com/do-you-still-believe-in-us/

201 Theocritus: Theocritus: Edited with a Translation and Commentary by A. S. F. Gow. Cambridge: Cambridge University Press 1952, Idyll IV, v. 52, S. 37. Hier verwendet: http://www.zeno.org/Literatur/M/Theokrit/Lyrik/Idyllen

202 Vgl. Anthony J. Steinbock: The Phenomenology of Despair, International Journal of Philosophical Studies 3/2007, S. 439.

203 Martin Heidegger: Nietzsche, Erster Band. Pfullingen: Neske 1989, S. 119.

204 Martin Heidegger: Hölderlins Hymnen »Germanien« und »Der Rhein«, Gesamtausgabe Bd. 39. Vittorio, Frankfurt a. M.: Klostermann 1980, S. 140.

205 Heidegger: Hölderlins Hymnen, S. 89.

206 Martin Heidegger: Væren og tid, übers. v. Lars Holm-Hansen. Oslo: Pax 2007, §29, S. 158.

207 Heidegger: Hölderlins Hymnen, S. 142.

208 Heidegger: Væren og tid, §68b, S. 352. Hier verwendet: Martin Heidegger: Sein und Zeit. Tübingen: Max Niemeyer Verlag 1979, S. 345.

209 Siehe besonders Heidegger: Væren og tid, §31. Hier verwendet: Martin Heidegger: Sein und Zeit. Tübingen: Max Niemeyer Verlag 1979, S. 143.

210 Auffallend ist indessen, dass Heidegger in seiner gesamten Autorenschaft von mehr als hundert Bänden über die kurze Passage in *Sein und Zeit* hinaus die Hoffnung kaum erwähnt, nicht zuletzt, weil es ein Thema ist, das ausgezeichnet in seine Philosophie passen würde und wo man zwei recht unterschiedliche Analysen der Hoffnung in der frühen und späten Periode seines Schaffens vermuten könnte, indem nämlich frühe Heidegger das Wort für eine aktivere Hoffnung und der späte für eine passivere ergriffen hätte. Diese Analysen sind in seinem Gesamtwerk nicht zu finden. Interessanterweise taucht Hoffnung meist nur als Teil des Ausdrucks »hoffnungslos« auf, vorzugsweise als Teil einer Beschreibung dessen, wie man beim Philosophieren nicht vorgehen sollte. Es ist schwer, sich einen sachlichen Grund dafür vorzustellen, dass die Hoffnung in Heideggers Werken im Großen und Ganzen durch Ab-

wesenheit glänzt. Denkbar ist, dass der Begriff seinem Geschmack nach zu sehr an die christliche Metaphysik gebunden ist. Es ist anzumerken, dass eines der Werke, in denen der Ausdruck Hoffnung ein paar Mal auftaucht, seine Vorlesungen über Religionsphänomenologie ist, jedoch in einer Weise, die nicht nennenswert das erhellen kann, was er in *Sein und Zeit* schreibt (Martin Heidegger: Phänomenologie des religiösen Lebens, Gesamtausgabe Bd 60. Frankfurt a. M.: Klostermann 1995). Möchte man eine Art sachlichen Grund für die Auslassung der Hoffnung in Heideggers Analysen nennen, besteht dieser wohl darin, dass sie als ein »Konkurrent« zu seinen bevorzugten Begriffen der Fürsorge, in seiner frühen Philosophie, und des Wartens, in der späten, erscheinen könnte. Letzteres wird von einem Fragment in einem kürzlich herausgegebenen Band mit Skizzen und Entwürfen gestützt, worin Heidegger die Hoffnung als solche erwähnt und behauptet, es bestünde ein abgrundtiefer Unterschied zwischen Warten und Hoffen, und er weist die Hoffnung zurück, weil sie ein Ausdruck für das sei, was er Machenschaft nennt, ein berechnendes Auftreten, bei dem man versucht, sich der Welt zu bemächtigen (Martin Heidegger: Ergänzungen und Denksplitter, Gesamtausgabe Bd. 91. Frankfurt a. M.: Klostermann 2022, S. 662). Dies ist indessen so knapp formuliert, dass es keine Grundlage für eine weitere Analyse bietet.

211 Otto Friedrich Bollnow: Das Wesen der Stimmungen. Frankfurt a. M.: Klostermann 1995, S. 68.

212 Martin Heidegger: Überlegungen XII–XV (Schwarze Hefte 1939–1941), Gesamtausgabe Bd. 96. Frankfurt a. M.: Klostermann 2014, S. 217.

213 Otto Friedrich Bollnow: Neue Geborgenheit. Das Problem einer Überwindung des Existentialismus, Schriften Bd. V. Würzburg: Könighausen & Neumann 2011, S. 57–86.

214 Ibid., S. 57. Hier verwendet: Otto Friedrich Bollnow: Neue Geborgenheit. Das Problem einer Überwindung des Existentialismus. Stuttgart und Köln: Verlag W. Kohlhammer 1955, S. 85.

215 Bollnow zielt hingegen darauf ab, eine Kritik gegen den Kern in Heideggers Existenzialanalyse zu richten, worin er behauptet, dass die Sorge nur in das Große greift, ohne dass die Hoffnung dem eine Richtung gibt. (Ibid., S. 80; Hier verwendet: Otto Friedrich Bollnow: Neue Geborgenheit. Das Problem einer Überwindung des Existentialismus. Stuttgart und Köln: Verlag W. Kohlhammer 1955, S. 113/114.). Ich meinerseits bin nicht überzeugt, dass Hoffnung grundlegender

ist als Sorge. Genauer gesagt sehe ich nicht, dass Bollnow gezeigt hätte, dass Hoffnung die Rolle einer Grundstruktur in der Zeitperspektive erfüllen kann. Eine tiefergehende Diskussion des Verhältnisses zwischen Hoffnung und Sorge werde ich hier nicht vornehmen.

216 Ibid., S. 70.

217 Ibid., S. 76. Hier verwendet: Otto Friedrich Bollnow: Neue Geborgenheit. Das Problem einer Überwindung des Existentialismus. Stuttgart und Köln: Verlag W. Kohlhammer 1955, S. 110-111.

218 Primo Levi: Hvis dette er et menneske, übers. v. Tommy Watz. Oslo: Dreyer 2020, S. 226. Hier verwendet: Primo Levi: Ist das ein Mensch? Übers. v. Heinz Riedt. München: Carl Hanser Verlag 1997, S. 212.

219 Ibid., S. 165. Hier verwendet: Primo Levi: Ist das ein Mensch? Übers. v. Heinz Riedt. München: Carl Hanser Verlag 1997, S. 146.

220 Ibid., S. 119. Hier verwendet: Primo Levi: Ist das ein Mensch? Übers. v. Heinz Riedt. München: Carl Hanser Verlag 1997, S. 112.

221 Vgl. Matthew Ratcliffe: Experiences of Depression: A Study in Phenomenology. Oxford: Oxford University Press 2015, Kap. 4. Für eine Übersicht der wichtigsten empirischen Funde bezüglich des Verhältnisses zwischen Hoffnung und Depression, siehe Lorie A. Ritschel & Christopher S. Sheppard: Hope and Depression, in: Matthew W. Gallagher & Shane J. Lopez (Red.): The Oxford Handbook of Hope. Oxford: Oxford University Press 2018.

222 Jens C. Thimm, Arne Holte, Tim Brennen & Catharina E. A. Wang: Hope and expectancies for future events in depression, Frontiers in Psychology 4/2013.

223 Vgl. Shelley A. Fahlman u. a.: Does a Lack of Life Meaning Cause Boredom? Results from Psychometric, Longitudinal, and Experimental Analyses, Journal of Social and Clinical Psychology 3/2009; Yael K. Goldberg u. a.: Boredom: An Emotional Experience Distinct from Apathy, Anhedonia, or Depression, Journal of Social and Clinical Psychology 6/2011.

224 Fernando Pessoa: Uroens bok, übers. v. Christian Rugstad. Oslo: Solum Forlag, 1997, S. 288.

225 Søren Kierkegaard: Enten-Eller. Erster Teil, Søren Kierkegaards Skrifter, Bd. 2, Kopenhagen: Gads forlag 1997, S. 46. Hier verwendet: Søren Kierkegaard: Entweder – Oder. Übers. v. Christoph Schrempf. Leipzig: Dieterich'sche Verlagsbuchhandlung, 1939, S. 24.

226 Ibid., S. 279.
227 Ausführlicher über acedia habe ich geschrieben in: Lars Fr. H. Svendsen: Kjedsomhetens filosofi. Oslo: Universitetsforlaget 1999, S. 50–53.
228 Jonathan Lear: Radical Hope, Cambridge, MA: Harvard University Press 2006, S. 103. Hier verwendet: Jonathan Lear: Radikale Hoffnung. Ethik im Angesicht kultureller Zerstörung. Übers. v. Jens Pier. Berlin: Suhrkamp 2020, S. 155.
229 Ibid., S. 39f.
230 Ibid., S. 97. Hier verwendet: Jonathan Lear: Radikale Hoffnung. Ethik im Angesicht kultureller Zerstörung. Übers. v. Jens Pier. Berlin: Suhrkamp 2020, S. 149.
231 Ibid., S. 51.
232 Matthew Ratcliffe: What is it to lose hope?, Phenomenology and the Cognitive Sciences 4/2013.
233 Vgl. Matthew Ratcliffe: Feelings of Being: Phenomenology, Psychiatry and the Sense of Reality, Oxford: Oxford University Press 2008.
234 Joseph Godfrey: A Philosophy of Human Hope, Boston: Martinus Nijhoff 1987, S. 3.
235 Gabriel Marcel: The Philosophy of Existentialism, übers. v. Manya Harari, New York: Citadel 1995, S. 28.
236 Kant: Hva er mennesket? Antropologi i pragmatisk perspektiv, § 76, S. 143. Hier verwendet: Kant: Anthropologie in pragmatischer Hinsicht, S. 188.
237 Ludwig Wittgenstein: Tractatus logico-philosophicus, Werkausgabe in 8 Bänden, Bd. 1. Frankfurt a. M.: Suhrkamp 1984, § 6.43.
238 Ludwig Binswanger: Dream and Existence, übers. v. Jacob Needleman. Review of Existential Psychology & Psychiatry 1/1984–85, S. 81.
239 Cioran: A Short History of Decay, S. 25.
240 E. M. Cioran: The Trouble with Being Born, übers. v. Richard Howard. New York: Arcade Publishing 1998, S. 54.
241 Cioran: A Short History of Decay, S. 88.
242 Camus: Myten om Sisyfos.
243 Ibid., S. 83f. Hier verwendet: Camus: Der Mythos von Sisyphos, S. 86.
244 Ibid., S. 47. Hier verwendet: Camus: Der Mythos von Sisyphos, S. 49.
245 Albert Camus: Lyrical and Critical Essays, übers. v. Ellen Conroy Kennedy. New York: Vintage Books 1970, S. 92.
246 Peter Wessel Zapffe: Om det tragiske. Oslo: Pax 2015, S. 18.
247 Ibid., S. 69.

248 Ibid., S. 99.
249 Ibid., S. 161; Vgl. S. 276.
250 Ibid., S. 181.
251 Peter Wessel Zapffe: Hvad er Tindesport?, in: Barske glæder. Oslo: Pax 1997, S. 96.
252 Galen Strawson: Against Narrativity, Ratio 4/2004.
253 Ibid., S. 433.
254 Ibid., S. 431. Hier verwendet: http://www.zeno.org/Philosophie/M/Kierkegaard,+S%C3%B8ren/Entweder-Oder/Erster+Teil/Die+Wechsel-Wirtschaft
255 Galen Strawson: Things That Bother Me: Death, Freedom, the Self, Etc. New York: New York Review of Books 2018, 16f.
256 Zitiert nach Victor Bockris: The Life and Death of Andy Warhol. London: Fourth Estate 1998, S. 225.
257 Galen Strawson: Episodic Ethics, in: Daniel D. Hutto (Red.): Narrative and Understanding Persons. Cambridge: Cambridge University Press 2007, S. 109.
258 Paul Ricœur: Eksistens og Hermeneutikk, übers. v. H.H. Ystad. Aschehoug, Oslo 1999.
259 Christine Korsgaard: The Sources of Normativity. Cambridge: Cambridge University Press 1996, S. 101.
260 Friedrich Nietzsche: Avgudenes ragnarok. Eller hvordan man filosoferer med hammeren, übers. v. Eric Lawrence Wiik. Oslo: Spartacus 2008, S. 11. Hier verwendet: Friedrich Nietzsche: Götzendämmerung. Stuttgart: Alfred Kröner Verlag 1954, S. 82.
261 Nietzsche: Slik talte Zarathustra, Teil IV.i, S. 265. Hier verwendet: Friedrich Nietzsche: Also sprach Zarathustra. München: dtv/de Gruyter 2007, S. 295.
262 Friedrich Nietzsche: Hinsides godt og ondt, übers. v. Trond Berg Eriksen. Oslo: Dreyer 1989, §225, S. 171.
263 John Stuart Mill: Utilitarianism, in: Essays on Ethics, Religion and Society. London: Routledge 1969, S. 215.
264 Hans-Georg Gadamer: Hermeneutische Entwürfe. Tübingen: Mohr Siebeck 2000, S. 218. Vgl. Hans-Georg Gadamer: Wahrheit und Methode. Grundzüge einer philosophischen Hermeneutik. Gesammelte Werke Bd. 1. Tübingen, J. C. B. Mohr 1990, S. 355.
265 Percy Bysshe Shelley: Prometheus Unbound, in: The Major Works. Oxford: Oxford University Press 2009, Teil 4, 573f.

Literaturverzeichnis

Adorno, Theodor W.: Negative Dialektik, Frankfurt a. M.: Suhrkamp 1966.

Allison, Henry E.: Kant's Theory of Freedom, Cambridge: Cambridge University Press 1990.

Aquinas, Thomas: Orden og mysterium, übers. v. Vegard Skånland, Oslo: Dreyer 1964.

Arendt, Hannah: The Origins of Totalitarianism, San Diego/New York/London: Harcourt Brace & Company 1979.

Arendt, Hannah: Vita activa: Det virksomme liv, übers. v. Christian Janss, Oslo: Pax 1996.

Aristoteles: Den nikomakiske etikk, übers. v. Øyvind Rabbås und Anfinn Stigen, Oslo: Bokklubben Dagens Bøker 1999.

Aristoteles: Retorikk, übers. v. Tormod Eide, Oslo: Vidarforlaget 2006.

Aristoteles: Om søvn og våkenhet, in: Parva naturalia, übers. v. Mette Heuch Berg, Oslo: Vidarforlaget 2020.

Aristoteles: Om spådom under søvn, in: Parva naturalia, übers. v. Mette Heuch Berg, Oslo: Vidarforlaget 2020.

Aristoteles: Om hukommelse og erindring, in: Parva naturalia, übers. v. Mette Heuch Berg, Oslo: Vidarforlaget 2020.

Augustin: Bekjennelser, übers. v. Oddmund Hjelde, Oslo: Aschehoug 1961.

Augustin: De civitate Dei – Gudsstaten eller Guds by, übers. v. Reidar Aasgaard, Oslo: Pax 2002.

Beckett, Samuel: Sluttspel, übers. v. Bjørn Endreson, in: Skodespel I, Oslo: Document 1993.

Ben-Ze'ev, Aaron: The Subtlety of Emotions, Cambridge, MA/London: The MIT Press 2000.

Bloch, Ernst: Das Prinzip Hoffnung, Frankfurt a. M.: Suhrkamp 1985.

Binswanger, Ludwig: Dream and Existence, übers. v. Jacob Needleman, Review of Existential Psychology & Psychiatry, 1/1984–85.

Bockris, Victor: The Life and Death of Andy Warhol, London: Fourth Estate, 1998.

Bollnow, Otto Friedrich: Das Wesen der Stimmungen, Frankfurt a. M.: Klostermann 1995.

Bollnow, Otto Friedrich: Neue Geborgenheit. Das Problem einer Überwindung des Existentialismus, Schriften Band V, Würzburg: Königshausen & Neumann 2011.

Bourke, Joanna: Fear: A Cultural History, London: Virago 2005.

Bovens, Luc: The Value of Hope, Philosophy and Phenomenological Research 3/1999.
Bradley, Francis Herbert: Aphorisms, Oxford: Clarendon Press 1930.
Brod, Max: Franz Kafka: Eine Biographie, Berlin: S. Fischer Verlag 1954.
Camus, Albert: Lyrical and Critical Essays, übers. v. Ellen Conroy Kennedy, New York: Vintage Books 1970.
Cairns, Douglas: Hope in Archaic and Classical Greek, in: Claudia Blöser & Titus Stahl (Red.): The Moral Psychology of Hope, London/New York: Rowman & Littlefield 2020.
Camus, Albert: Myten om Sisyfos, übers. v. Bernt Vestre, Oslo: Cappelen 2021.
Cassirer, Ernst: Et essay om mennesket, übers. v. Eva Wyller, Oslo: Aschehoug 1965.
Cave, Nick: The Red Hand Files # 178, Dezember 2021, https://www.theredhandfiles.com/do-you-have-hope/.
Cave, Nick: The Red Hand Files # 190, April 2022, https://www.theredhandfiles.com/do-you-still-believe-in-us/.
Cioran, E. M.: On the Heights of Despair, übers. v. Ilinca Zarifopol-Johnston, Chicago/London: The University of Chicago Press 1992.
Cioran, E. M.: Sønderrevet, Oslo: Document Forlag 1993.
Cioran, E. M.: The Trouble with Being Born, übers. v. Richard Howard, New York: Arcade Publishing 1998.
Cioran, E. M.: A Short History of Decay, übers. v. Richard Howard, London: Penguin 2010.
Descartes, René: The Passions of the Soul, in: The Philosophical Writings of Descartes Vol. I, übers. v. John Cottingham u. a., Cambridge: Cambridge University Press 1985.
Dewey, John: Analysis of Reflective Thinking, The Later Works, Bd. 8, Carbondale: Southern Illinois University Press 1986.
Dewey, John: Liberalism and Social Action, The Later Works, Bd. 11, Carbondale: Southern Illinois University Press 1987.
Ehrenreich, Barbara: Pathologies of Hope, Harper's Magazine 7. Februar 2007.
Ekman, Paul: An Argument for Basic Emotions, in: Cognition and Emotion 6/1992.
Epictetus: Handbook of Epictetus, übers. v. Nicholas P. White, Indianapolis/Cambridge: Hackett 1983.
Fahlman, Shelley A. u. a.: Does a Lack of Life Meaning Cause Boredom? Results from Psychometric, Longitudinal, and Experimental Analyses, Journal of Social and Clinical Psychology 3/2009.
Frankl, Viktor: Man's Search for Meaning, New York: Washington Square Press 1985.

Fremstedal, Roe: Kierkegaard on Hope as Essential to Selfhood, in: Claudia Blöser & Titus Stahl (Red.): The Moral Psychology of Hope, London/New York: Rowman & Littlefield 2020.

Gadamer, Hans-Georg: Wahrheit und Methode. Grundzüge einer philosophischen Hermeneutik. Gesammelte Werke Band 1, Tübingen: J. C. B. Mohr 1990.

Gadamer, Hans-Georg: Hermeneutische Entwürfe, Tübingen: Mohr Siebeck 2000.

Gallagher, Matthew W. & Shane J. Lopez (Red.): The Oxford Handbook of Hope, Oxford: Oxford University Press 2018.

Getty, J. Arch & Oleg V. Naumov: The Road to Terror: Stalin and the Self-Destruction of the Bolsheviks, 1932–39, New Haven/London: Yale University Press 1999.

Godfrey, Joseph: A Philosophy of Human Hope, Boston: Martinus Nijhoff 1987.

Goffman, Erving: The Presentation of Self in Everyday Life, New York: Doubleday 1959.

Goldberg, Yael K. u. a.: Boredom: An Emotional Experience Distinct from Apathy, Anhedonia, or Depression, Journal of Social and Clinical Psychology 6/2011.

Goethe, Johann Wolfgang von: Faust. Der Tragödie erster und zweiter Teil. Urfaust. München: C. H. Beck 2007.

Goethe, Johann Wolfgang von: An C. G. Voigt, Weimar, 19. Dezember 1798, in: Immanuel Kant: Anthropologie in pragmatischer Hinsicht, Hamburg: Felix Meiner 1980.

Havel, Vaclav: Disturbing the Peace, übers. v. Paul Wilson, New York: Vintage 1991.

Havel, Vaclav: The Art of the Impossible, übers. v. Paul Wilson u. a., New York: Fromm International 1997.

Hegel, G. W. F.: Enzyklopädie der philosophischen Wissenschaften I, Werke Bd. 8, Frankfurt a. M.: Suhrkamp 1986.

Heidegger, Martin: Die Grundbegriffe der Metaphysik: Welt, Endlichkeit, Einsamkeit, Gesamtausgabe Band 29/30, Frankfurt a. M.: Klostermann 1992.

Heidegger, Martin: Hölderlins Hymnen »Germanien« und »Der Rhein«, Gesamtausgabe 39, Vittorio, Frankfurt a. M.: Klostermann 1980.

Heidegger, Martin: Phänomenologie des religiösen Lebens, Gesamtausgabe Bd. 60, Frankfurt a. M.: Klostermann 1995.

Heidegger, Martin: Ergänzungen und Denksplitter, Gesamtausgabe Bd. 91, Frankfurt a. M.: Klostermann 2022.

Heidegger, Martin: Überlegungen XII–XV (Schwarze Hefte 1939–1941), Gesamtausgabe Bd. 96, Frankfurt a. M.: Klostermann 2014.

Heidegger, Martin: Nietzsche, Erster Band, Pfullingen: Neske 1989.

Heidegger, Martin: Væren og tid, übers. v. Lars Holm-Hansen, Oslo: Pax 2007.

Hesiod: Arbeid og dager, in: Theogonien. Arbeid og dager. Skjoldet, übers. v. Aslak Rokstad, Oslo: Gyldendal 2014.

Hobbes, Thomas: On the Citizen, übers. v. Richard Tuck und Michael Silverthorne, Cambridge: Cambridge University Press 1998.

Hobbes, Thomas: Leviathan, übers. v. Olav Lausund, Oslo: Vidarforlaget 2012.

Hosking, Geoffrey: Trust. A History, Oxford: Oxford University Press, 2014.

Hume, David: Essays. Moral, Political, and Literary, Indianapolis: Liberty Fund 1985.

Hume, David: En avhandling om menneskets natur, übers. v. Erik Ringen u. a., Oslo: Pax 2009.

Håvamål, in: Edda-dikt, Bd. 1, übers. v. Knut Ødegård, Oslo: Cappelen Damm 2014.

Ignatieff, Michael: On Consolation. Finding Solace in Dark Times, New York: Metropolitan Books 2021.

James, William: The Will to Believe and Other Essays, New York: Dover Publications 1956.

Jarvie, Ian & Sandra Pralong (Red.): Popper's Open Society after Fifty Years, London: Routledge 1999.

Kant, Immanuel: Kritik der Urteilskraft, in: Kants gesammelte Schriften, Bd. V, Preußische Akademie der Wissenschaften (Red.), Berlin/New York: de Gruyter 1902.

Kant, Immanuel: Die Metaphysik der Sitten, in: Kants gesammelte Schriften, Bd. VI, Preußische Akademie der Wissenschaften (Red.), Berlin/New York: de Gruyter 1902.

Kant, Immanuel: »Über das Mißlingen aller philosophischen Versuche in der Thedicee«, in: Kants gesammelte Schriften, Bd. VIII, Preußische Akademie der Wissenschaften (Red.), Berlin/New York: de Gruyter 1902.

Kant, Immanuel: Muthmaßlicher Anfang der Menschengeschichte, in: Kants gesammelte Schriften, Bd. VIII, Preußische Akademie der Wissenschaften (Red.), de Gruyter, Berlin/New York 1902.

Kant, Immanuel: Über den Gemeinspruch: Das Mag in der Theorie Richtig sein, taugt aber nicht für die Praxis, in: Kants gesammelte Schriften, Bd. VIII, Preußische Akademie der Wissenschaften (Red.), de Gruyter, Berlin/New York 1902ff.

Kant, Immanuel: Idee zu einer allgemeinen Geschichte in weltbürgerlicher Absicht, in: Kants gesammelte Schriften, Bd. VIII, Preußische Akademie der Wissenschaften (Red.), de Gruyter, Berlin/New York 1902.

Kant, Immanuel: Recencionen von I. G. Herders Ideen zur Philosophie der Geschichte der Menschheit, in: Kants gesammelte Schriften, Bd. VIII, Preußische Akademie der Wissenschaften (Red.), de Gruyter, Berlin/New York 1902.

Kant, Immanuel: Briefe 1789–1794, in: Kants gesammelte Schriften, Bd. XI, Preußische Akademie der Wissenschaften (Red.), Berlin/New York: de Gruyter 1902.

Kant, Immanuel: Hva er mennesket? Antropologi i pragmatisk perspektiv, übers. v. Øystein Skar, Oslo: Pax 2002.

Kant, Immanuel: Til den evige fred, übers. v. Øystein Skar, Oslo: Aschehoug 2002.

Kant, Immanuel: Kritikk av den rene fornuft, übers. v. Steinar Mathisen, Camilla Serck-Hansen & Øystein Skar, Oslo: Pax 2005.

Kant, Immanuel: Kritikk av den praktiske fornuft, übers. v. Øystein Skar, Oslo: Aschehoug 2007.

Kant, Immanuel: Om ordtaket: ‚Det kan være riktig i teorien, men duger ikke i praksis, S. 59-73, übers. v. Øystein Skar, in: Lars Fr. H. Svendsen (Red.): Liberalisme: Politisk frihet fra John Locke til Amartya Sen, Oslo: Universitetsforlaget 2009.

Kant, Immanuel: Besvarelse av spørsmålet: Hva er opplysning?, in: Filosofiens frihet, übers. v. Øystein Skar, Oslo: Pax 2021.

Keynes, John Maynard: A Tract on Monetary Reform. Amherst NY: Prometheus Books 2000.

Kierkegaard, Søren: Enten-Eller. Erster Teil, Søren Kierkegaards Skrifter, Bd. 2, Kopenhagen: Gads forlag 1997.

Kierkegaard, Søren: Frygt og Bæven, Søren Kierkegaards Skrifter, Bd. 4, Kopenhagen: Gads forlag 1998.

Kierkegaard, Søren: Afsluttende uvidenskabelig Efterskrift, Søren Kierkegaards Skrifter, Bd. 7, Kopenhagen: Gads forlag 2003.

Kierkegaard, Søren: Sygdommen til Døden, Søren Kierkegaards Skrifter, Bd. 11, Kopenhagen: Gads forlag 2006.

Korsgaard, Christine: The Sources of Normativity, Cambridge: Cambridge University Press 1996.

Laertius, Diogenes: Lives of Eminent Philosophers, übers. v. Stephen White, Cambridge: Cambridge University Press 2020.

Lear, Jonathan: Radical Hope, Cambridge, MA: Harvard University Press 2006.

Levi, Primo: Hvis dette er et menneske, übers. v. Tommy Watz, Oslo: Dreyer 2020.

Locke, John: An Essay Concerning Human Understanding, London: Penguin 2004.

Lugt, Mara van der: Dark Matters: Pessimism and the Problem of Suffering, Princeton: Princeton University Press 2021.

Marcel, Gabriel: The Philosophy of Existentialism, übers. v. Manya Harari, New York: Citadel 1995.
Martin, Adrienne: How We Hope: A Moral Psychology. Princeton/Oxford: Princeton University Press 2014.
Marx, Karl: Kritikk av Gotha-programmet (1875), in: Fredrik Engelstad (Red.): Det beste av Karl Marx, Oslo: Oktober 1992.
McGeer, Victoria: The Art of Good Hope, Annals of the American Academy of Political and Social Science 592/2004.
Meirav, Ariel: The Nature of Hope, Ratio 2/2009.
Milona, Michael: Finding Hope, Canadian Journal of Philosophy 5/2019.
Mill, John Stuart: Theism, in: Essays on Ethics, Religion and Society, London: Routledge 1969.
Mill, John Stuart: Utilitarianism, in: Essays on Ethics, Religion and Society, London: Routledge 1969.
Miller, William Ian: Outrageous Fortune: Gloomy Reflections on Luck and Life, New York: Oxford University Press 2021.
Montaigne, Michel de: Essays. Erstes Buch, übers. v. Beate Vibe, Oslo: Aschehoug, 2004.
Montaigne, Michel de: Essays. Drittes Buch, übers. v. Beate Vibe, Oslo. Aschehoug, 2008.
Nietzsche, Friedrich: Hinsides godt og ondt, übers. v. Trond Berg Eriksen, Oslo: Dreyer 1989.
Nietzsche, Friedrich: Morgenrøde, übers. v. Stian M. Landgaard, Oslo: Spartacus 2007.
Nietzsche, Friedrich: Antikrist, übers. v. Bjørn Christian Grønner, Oslo: Spartacus 2008
Nietzsche, Friedrich: Avgudenes ragnarok. Eller hvordan man filosoferer med hammeren, übers. v. Eric Lawrence Wiik, Oslo: Spartacus 2008.
Nietzsche, Friedrich: Den muntre vitenskapen, übers. v. Øystein Skar, Oslo: Spartacus 2010.
Nietzsche, Friedrich: Ecce Homo. Hvordan man blir det man er, übers. v. Trond Berg Eriksen, Oslo: Spartacus 2011.
Nietzsche, Friedrich: Menneskelig, altfor menneskelig. En bok for frie ånder, übers. v. Øystein Skar und Steinar Mathisen, Oslo: Spartacus 2012.
Nietzsche, Friedrich: Slik talte Zarathustra, übers. v. Bjørn Christian Grønner, Oslo: Spartacus 2022.
Ortony, Andrew u. a.: The Cognitive Structure of the Emotions, Cambridge: Cambridge University Press, 1998.
Pessoa, Fernando: Uroens bok, übers. v. Christian Rugstad, Oslo: Solum Forlag 1997.

Pettit, Philip: Hope and Its Place in Mind, The Annals of the American Academy of Political and Social Science 592/2004.
Platon: Lovene, übers. v. Tormod Eide, Oslo: Vidarforlaget 2002.
Popper, Karl R.: The Open Society and Its Enemies. Volume One: The Spell of Plato, London: Routledge 2005.
Ratcliffe, Matthew: Feelings of Being: Phenomenology, Psychiatry and the Sense of Reality, Oxford: Oxford University Press 2008.
Ratcliffe, Matthew: What is it to lose hope?, Phenomenology and the Cognitive Sciences 4/2013.
Ratcliffe, Matthew: Experiences of Depression: A Study in Phenomenology, Oxford: Oxford University Press 2015.
Rawls, John: Political Liberalism, erweiterte Ausgabe, New York: Columbia University Press 1996.
Rawls, John: The Law of Peoples, Cambridge, MA: Harvard University Press 1999.
Rawls, John: Justice as Fairness – A Restatement, Cambridge, MA: Harvard University Press 2001.
Ricœur, Paul: Eksistens og hermeneutikk, übers. v. H. H. Ystad, Oslo: Aschehoug 1999.
Ritter, Bernhard: Solace or Counsel for Death, in: Corey W. Dyck: Women and Philosophy in Eighteenth Century Germany, Oxford: Oxford University Press 2021.
Rioux, Catherine: Hope: Conceptual and Normative Issues, Philosophy Compass 3/2021.
Ritschel, Lorie A. & Christopher S. Sheppard: Hope and Depression, in: Gallagher, Matthew W. & Shane J. Lopez (Red.): The Oxford Handbook of Hope, Oxford: Oxford University Press 2018.
Rochefoucauld, François de La: Maksimer, übers. v. Anne-Lisa Amadou, Oslo: Gyldendal 2004.
Rousseau, Jean-Jacques: Letter from J.-J. Rousseau to Mr. De Voltaire, 18. August 1756, übers. v. Judith R. Bush u. a., in: Mark Larrimore (Red.): The Problem of Evil: A Reader, Oxford: Blackwell 2001, S. 213.
Schlegel, Friedrich: Lucinde, übers. v. Sverre Dahl, Oslo: Bokvennen 1994.
Schlögel, Karl: Moscow, 1937, übers. v. Rodney Livingstone, Cambridge: Polity Press 2012.
Schopenhauer, Arthur: Die Welt als Wille und Vorstellung I, Sämtliche Werke, Bd. I, Frankfurt a. M.: Suhrkamp Verlag 1986.
Schopenhauer, Arthur: Die Welt als Wille und Vorstellung II, Sämtliche Werke, Bd. II, Frankfurt a. M.: Suhrkamp Verlag 1986.
Schopenhauer, Arthur: Arthur Parerga und Paralipomena I, Sämtliche Werke, Bd. IV, Frankfurt a. M.: Suhrkamp Verlag 1986.

Schopenhauer, Arthur: Parerga und Paralipomena II, Sämtliche Werke, Bd. V, Frankfurt a. M.: Suhrkamp Verlag 1986.
Segal, Gabriel & Mark Textor: Hope as a Primitive Mental State, Ratio 2/2015.
Shearer, David R.: Policing Stalin's Socialism: Repression and Social Order in the Soviet Union, 1924–1953, New Haven/London: Yale University Press 2009.
Shelley, Percy Bysshe: Prometheus Unbound, in: The Major Works, Oxford: Oxford University Press 2009.
Shklar, Judith N.: Political Thought and Political Thinkers, Chicago: The University of Chicago Press 1998.
Snyder, C. R.: The past and possible futures of hope, Journal of Social and Clinical Psychology 1/2000.
Solomon, Robert C.: Back to Basics: On the Very Idea of ‚Basic Emotions, in: Not Passion's Slave: Emotions and Choice, Oxford: Oxford University Press 2003.
Sousa, Ronald de: Self-deceptive Emotions, in: Amélie Oksenberg Rorty (Red.): Explaining Emotions, Berkeley: University of California Press 1980.
Spinoza, Benedict: Short Treatise on God, Man, and His Well-Being, in: Complete Works, übers. v. Samuel Shirley, Indianapolis/Cambridge: Hackett 2002.
Spinoza, Baruch de: Etikk, übers. v. Ragnar Hertzberg Næss, Oslo: Pax 2002.
Spinoza, Baruch: Teologisk-politisk avhandling, in: Teologisk-politisk avhandling. Politisk avhandling, übers. v. Ragnar Næss & Marius Middelthon, Oslo: Solum Bokvennen Vidarforlaget 2020.
Spinoza, Baruch: Politisk avhandling, in: Teologisk-politisk avhandling. Politisk avhandling, übers. v. Ragnar Næss & Marius Middelthon, Oslo: Solum Bokvennen Vidarforlaget 2020.
Steinberg, Justin: Spinoza's Political Psychology. The Taming of Fortune and Fear, Cambridge: Cambridge University Press 2018.
Steinbock, Anthony J.: The Phenomenology of Despair, International Journal of Philosophical Studies 3/2007.
Stockdale, Katie: Emotional Hope, in: Claudia Blöser & Titus Stahl (Red.): The Moral Psychology of Hope, London/New York: Rowman & Littlefield 2020.
Strawson, Galen: Against Narrativity, Ratio 4/2004.
Strawson, Galen: Episodic Ethics, in: Daniel D. Hutto (Red.): Narrative and Understanding Persons, Cambridge: Cambridge University Press 2007.
Strawson, Galen: Things That Bother Me: Death, Freedom, the Self, Etc., New York: New York Review of Books 2018.

Svendsen, Lars Fr. H.: Kjedsomhetens filosofi, Oslo: Universitetsforlaget 1999.
Svendsen, Lars Fr. H.: Ondskapens filosofi, 2. Auflage. Oslo: Universitetsforlaget 2013.
Svendsen, Lars Fr. H.: Frihetens filosofi, Oslo: Universitetsforlaget 2013.
Svendsen, Lars Fr. H.: Å forstå dyr: Filosofi for hunde - og katteelskere, Oslo: Kagge 2018.
Theocritus: Theocritus: Edited with a Translation and Commentary by A. S. F. Gow, Cambridge: Cambridge University Press 1952.
Thimm, Jens C., Arne Holte, Tim Brennen, Catharina E. A. Wang: Hope and expectancies for future events in depression, Frontiers in Psychology 4/2013.
Thukydides: Peloponneserkrigen, Bd. 2, übers. v. Henning Mørland, Oslo: Aschehoug, 1999.
Voltaire, François-Marie Arouet de: Candide eller optimismen, übers. v. Paul René Gaugin, Oslo: Gyldendal 2000.
Walker, Margaret Urban: Moral Repair: Reconstructing Moral Relations after Wrongdoing, Cambridge: Cambridge University Press 2006.
Walzer; Michael: On Negative Politics, in: Bernard Yack (Red.): Liberalism without Illusions, Chicago: University of Chicago Press 1996.
Weber, Max: Den protestantiske etikk og kapitalismens ånd, übers. v. Sverre Dahl, Oslo: Pax 1995.
Williams, Bernard: Truth, Politics, and Self-Deception, Social Research 3/1996.
Wittgenstein, Ludwig: Tractatus logico-philosophicus, Werkausgabe in 8 Bänden, Bd. 1, Frankfurt a. M.: Suhrkamp 1984.
Wittgenstein, Ludwig: Philosophische Bemerkungen. Werkausgabe in 8 Bänden. Bd. 2. Frankfurt a. M.: Suhrkamp 1984.
Wittgenstein, Ludwig: Philosophische Grammatik. Werkausgabe in 8 Bänden. Bd. 4. Frankfurt a. M.: Suhrkamp 1984.
Wittgenstein, Ludwig: Bemerkungen über die Philosophie der Psychologie II, Werkausgabe in 8 Bänden, Bd. 7, Frankfurt a. M.: Suhrkamp 1984.
Wittgenstein, Ludwig: Philosophical Occasions 1912–1951, Indianapolis & Cambridge: Hackett Publishing Company 1993.
Wittgenstein, Ludwig: Filosofiske undersøkelser, übers. v. Mikkel B. Tin, Oslo: Pax 1997.
Zapffe, Peter Wessel: Hvad er Tindesport?, in: Barske glæder, Oslo: Pax 1997.
Zapffe, Peter Wessel: Om det tragiske, Oslo: Pax 2015.

Personenregister

A
Achmatowa, Anna 185
Adorno, Theodor W. 186 f.
Alighieri, Dante 102
Aquin, Thomas von 102, 155
Arendt, Hannah 103, 117
Aristoteles 21, 30, 136–140, 166, 212 f., 280
Augustinus 155, 157 f., 161 f.

B
Bayle, Pierre 192
Beckett, Samuel 194
Binswanger, Ludwig 242
Bloch, Ernst 18 f.
Bollnow, Otto Friedrich 223, 227 f., 238, 287 f.
Borg, Björn 58 f., 89
Bovens, Luc 60 f., 143
Bradley, Francis Herbert 121
Brod, Max 167

C
Camus, Albert 175, 247 ff., 253
Cave, Nick 215
Cicero 212
Cioran, Emil M. 79 f., 164, 242

D
Descartes, René 54 f.
Dewey, John 129 f.

E
Ehrenreich, Barbara 83
Ekman, Paul 272
Epiktet 76

F
Frankl, Viktor 56
Frazer, James George 86 f.

G
Gadamer, Hans-Georg 268
Godfrey, Joseph J. 238
Goethe, Johann Wolfgang von 45 f., 172
Goffmann, Erving 211

H
Havel, Václav 191
Hegel, Georg Wilhelm Friedrich 214
Hegesias 192
Heidegger, Martin 223–227, 238 f., 241, 286 f.
Herbert, Franz Paul von 172
Herbert, Maria von 121, 169, 172–177, 180, 185, 282
Hesiod 13, 15
Hobbes, Thomas 54 f., 107, 114, 118
Hume, David 54 f., 88, 90

J
James, William 103

K
Kafka, Franz 167
Kant, Immanuel 21, 125, 156, 169, 171 ff., 175–187, 194, 206, 208, 241, 274, 282 ff.
Kazantzakis, Nikos 221
Keynes, John Maynard 164
Kierkegaard, Søren 155, 158 ff., 234, 241, 281
Korsgaard, Christine 261

L
Laertios, Diogenes 136
Laplace, Pierre-Simon 103 f.
Lear, Jonathan 186 f., 235–239
Leibniz, Gottfried Wilhelm 192 f., 195
Levi, Primo 230 f.
Locke, John 54 f.
Lugt, Mara van der 193

M
Marcel, Gabriel 155 f., 239 f.
Martin, Adrienne 63 ff.
Marx, Karl 76, 279
McEnroe, John 58 f.
McGeer, Victoria 141
Miller, William Ian 80 f.
Mill, John Stuart 88, 265
Montaigne, Michel de 48

N
Nietzsche, Friedrich 15, 75–79, 264

P
Paulus 29, 235
Pessoa, Fernando 234
Pettit, Philip 61 ff.
Platon 271
Popper, Karl R. 129, 208 f.
Putin, Wladimir 33, 124 f., 203

R
Ratcliffe, Matthew 238
Rawls, John 126, 128
Ricœur, Paul 260
Rochefoucauld, François de La 67
Rousseau, Jean-Jaques 200

S
Schlegel, Friedrich 46
Schopenhauer, Arthur 78, 85, 172, 193–198
Shelley, Percy Bysshe 268
Shklar, Judith 120 f.
Snyder, Charles R. 67 f.
Spinoza, Baruch de 21, 95–99, 111–118, 120, 276 ff.
Stockdale, Katie 36, 39
Strawson, Galen 256–259

T
Talking Heads 162
Theokrit 221
Thukydides 11
Thunberg, Greta 147
Trier, Lars von 68
Trump, Donald 124 f.

V
Voltaire, François-Marie Arouet 192 f., 200

W
Walker, Margaret Urban 70
Walzer, Michael 122
Warhol, Andy 258
Weber, Max 104 f.
Williams 85
Williams, Bernard 84
Wittgenstein, Ludwig 34, 40–43, 70, 86 f., 199, 241

Z
Zapffe, Peter Wessel 250, 252–255

Das vorangestellte Zitat stammt von Don DeLillo: *White Noise*.
Hier verwendet: *Weißes Rauschen*, KiWi, Köln, 2018, S. 224. Übers. v. Helga Pfetsch.

Wo nicht anders gekennzeichnet, sind die Übersetzungen der verwendeten Zitate durch Daniela Stilzebach erfolgt.

Aus Gründen der besseren Lesbarkeit wird in der Übersetzung auf geschlechterneutrale Sprachformen verzichtet. Sämtliche Personenbezeichnungen gelten gleichermaßen für alle Geschlechter.

Die Arbeit an dieser Übersetzung wurde gefördert durch Norwegian Literature Abroad – NORLA.

Möchten Sie regelmäßig über neue Veröffentlichungen und Veranstaltungen informiert werden sowie exklusive Einblicke erhalten? Dann abonnieren Sie unseren Newsletter!

Es ist ganz einfach – besuchen Sie unsere Internetseite oder nutzen Sie den beigefügten QR-Code, um sich anzumelden.

Wir freuen uns darauf, Sie willkommen zu heißen!

Bibliografische Information der Deutschen Nationalbibliothek
Die Deutsche Nationalbibliothek verzeichnet diese Publikation in der Deutschen Nationalbibliografie; detaillierte bibliografische Daten sind im Internet über http://dnb.d-nb.de abrufbar.

Es ist nicht gestattet, Texte dieses Buches zu scannen, in PCs oder auf CDs zu speichern oder mit Computern zu verändern oder einzeln oder zusammen mit anderen Bildvorlagen zu manipulieren, es sei denn mit schriftlicher Genehmigung des Verlages.

Alle Rechte vorbehalten

© by S. Marix Verlag in der Verlagshaus Römerweg GmbH, Wiesbaden 2024
© Lars Fr. H. Svendsen, first published by Kagge 2023,
published in agreement with Oslo Literary Agency.
Lektorat: Tabea A. Rotter, Wiesbaden
Cover: Karina Bertagnolli, Wiesbaden; Anja Carrà, Weimar
Satz und Bearbeitung: Anja Carrà, Weimar
Der Titel wurde in der Adobe Caslon Pro gesetzt.
Gesamtherstellung: CPI books GmbH – Germany

ISBN: 978-3-7374-1234-6

Mehr über Ideen, Autor:innen und Programm des Verlags finden Sie auf www.verlagshausroemerweg.de und in Ihrer Buchhandlung.